U0359713

普通高等教育工商管理"十二五"规划教材
编审委员会名单

主 任　高　闯

副主任　徐向艺　刘延平　高俊山

委 员　（按姓氏笔画排序）

王　晗（大连交通大学）

王　震（中国石油大学，北京）

王忠伟（辽宁科技大学）

王家斌（沈阳师范大学）

牛东晓（华北电力大学）

刘　冰（山东工商学院）

刘延平（北京交通大学）

李　健（北京理工大学）

李志强（山西大学）

李福学（渤海大学）

杨俊青（山西财经大学）

张兆响（山东工商学院）

张青山（沈阳工业大学）

张梦霞（首都经济贸易大学）

孟　越（沈阳理工大学）

赵　晶（中国人民大学）

赵文辉（北京大学）

徐向艺（山东大学）

高　闯（首都经济贸易大学）

高俊山（北京科技大学）

黄忠东（徐州工程学院）

梅　强（江苏大学）

雷银生（武汉工业学院）

魏农建（上海对外贸易学院）

普通高等教育工商管理

『十二五』规划教材

会计学

孟越 主编

范抒 陈国宏 副主编

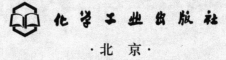

化学工业出版社

·北京·

会计是以货币为主要计量单位，采用一系列的专门方法，对企业、行政事业单位的经济活动进行连续、系统、全面、综合的核算和监督，并在此基础上对经济活动进行分析、考核和检查，促使单位提高经济效益，并向有关各方提供会计信息的一种管理活动。会计知识是管理者必备的知识，会计学不单是会计专业必修的课程，也是经济、管理类专业的必修课程。本书在广泛吸收会计学领域最新成果的基础上，系统地介绍了会计的基本知识。读者通过对本书的学习，可以提高其使用会计信息的能力，具备从事经济管理工作所必需的业务知识和工作能力。

　　本书适合作为普通高等院校经济管理类专业的教材，同时也可以作为企业管理人员自学参考用书。

图书在版编目（CIP）数据

会计学/孟越主编. —北京：化学工业出版社，
2011.2（2021.6重印）
普通高等教育工商管理"十二五"规划教材
ISBN 978-7-122-10495-3

Ⅰ.会…　Ⅱ.孟…　Ⅲ.会计学-高等学校-教材
Ⅳ.F230

中国版本图书馆 CIP 数据核字（2011）第 015874 号

责任编辑：宋湘玲　　　　　　　　文字编辑：李　玥
责任校对：洪雅姝　　　　　　　　装帧设计：尹琳琳

出版发行：化学工业出版社（北京市东城区青年湖南街 13 号　邮政编码 100011）
印　　装：北京虎彩文化传播有限公司
787mm×1092mm　1/16　印张 18　字数 443 千字　　2021 年 6 月北京第 1 版第 7 次印刷

购书咨询：010-64518888　　　　　　　售后服务：010-64518899
网　　址：http://www.cip.com.cn
凡购买本书，如有缺损质量问题，本社销售中心负责调换。

定　　价：38.00 元

前　言

"经济越发展，会计越重要"，看不懂财务报告的企业管理人员就如同看不懂驾驶仪表的司机一样，是非常可怕的事情。会计知识是管理者必备的知识，会计学不单是会计专业必修的课程，也是经济、管理类专业的必修课程。经济越发展，会计越需要改革。中国的会计改革，一要满足中国经济改革和发展的要求，二要考虑中国会计实务界对会计理论与操作的需要。会计改革的重点在于会计理论体系与方法体系的完善，会计改革的关键在于会计教育的改革，会计教育改革的基础在于会计教材建设与人才培养。因此，建立一套体系科学、内容新颖、切合实际的会计学教材，既是当前经济发展与会计改革的要求，也是培养高素质经济管理人才的需要。

应当看到，经济、管理人员与专业的会计人员不同，他们学习会计是为了提高其使用会计信息的能力，即能够看懂财务报表，能够利用财务报表分析企业的财务状况和经营成果、评价企业的经营业绩，能够利用会计信息进行经济预测和决策。基于上述定位，我们根据最新修订和颁布的《企业会计准则》，并参照国际惯例，在广泛征求高校教师、学生及实务界对既有会计学教材意见与建议的基础之上，组织多位在各自领域有突出研究专长和丰富教材编写经验的教授、专家，对新的会计学教材的编写原则、体系结构和基本内容进行了充分的探讨，旨在编制适合经管类专业的会计学教材。

本书编写的原则与特色如下。

（1）理论与实践相结合　会计学作为经济应用学科，其教材既要讲清理论，又要注重应用。教材编写既要从理论高度进行概括和解释，又要运用基本原理去解决实际问题，提高学生分析、解决问题的能力。为实现上述目标，本书除基本内容外，还编写了配套的习题与案例，有利于锻炼学生综合分析问题和解决问题的能力。

（2）教材与科研相结合　教材建设要吸取相关领域的最新科研成果，使教材内容反映本课程的最新研究状况。科研工作要为教学服务，针对教学中的问题和教学改革的要求进行专题研究。通过教学与科研互动，完善教材内容，提高教材质量。

（3）"通"与"专"相结合　"通"与"专"是现代高等教育的一对矛盾。会计学作为一个相对独立的学科，其课程内容和教学安排既要体现本学科的特殊性，又不能完全割裂与其他学科之间的必要的联系。因此，本书尽量兼顾经管专业校内学生与校外学生的需要。

（4）定位准确，务实性强　在介绍会计核算内容的同时，突出强调会计核算与企业管理的关系，使学生在较短的时间内，在基本掌握会计核算内容的基础上，能够把握阅读会计报表的方法和分析会计报表的技巧，以便对公司的基本经营状况作出判断。

根据以上特色，本书除了适用于经济、管理类本科专业外，也可以作为工商管理硕士(MBA)、在职管理干部和经济管理专业成人教育的培训教材。教材配套有电子教案、习题答案及试题，可为选用本教材的教师免费提供，如有需要请登录教学资源网 www. ci-pedu. com. cn 下载或联系 1172741428@qq. com.

本书共分十三章，主要由沈阳理工大学和沈阳师范大学教师合作完成编写。其中第一、第十二、第十三章由孟越编写；第二、第三章由陈国宏编写；第四、第七章由吕智杰编写；第五、第六章由范抒编写；第八、第九章由刘胜英编写；第十、第十一章由王华编写。全书由孟越、范抒修改审定。另外，安维东、侯军莉、武剑在案例、会计准则、会计制度资料收集与录入方面做了大量工作。

　　由于作者水平所限，书中可能有不妥之处，恳请广大读者批评指正，以便日后修改和完善。

编　者

2010 年 11 月

目　　录

第一章　绪　论

本章学习目的

- 理解会计的定义
- 理解会计的职能、目标、对象、会计要素的含义及其之间的联系
- 了解会计产生与发展的历史
- 掌握会计核算的基本方法

导入案例 ▶▶▶▶

刚刚考入大学会计专业的小杨，高高兴兴地回到老家。家乡的伯父向小杨提出了一个问题："小杨，会计有什么可学的，不就是记记账吗，咱村的李大爷没有学过会计，照样在咱村当了10多年的会计！""这……"，小杨摸了摸自己的脑袋，不知道该如何回答。当会计真的不需要学习吗？

资料来源：114学习网—管理文库，作者略有删改。

会计是我们日常生活中经常遇到的一个名词，也是各行各业都离不开的一个职业。那么到底什么是会计？会计有什么用？会计有哪些方法呢？本章将从会计的产生开始，系统地阐述会计的产生与发展，分析会计的概念与职能及会计的基本方法。

第一节　会计的涵义、产生与发展

会计本身是一个不断发展的概念，在不同时期，会计的内涵和外延也不尽相同，会计的概念应在实践中不断充实和完善。会计定义应包括会计主体、会计特点、会计方法、会计目的和会计职能等内容。

一、会计的涵义

现阶段会计的定义可表述为：会计是以货币为主要计量单位，采用一系列的专门方法，对企业、行政事业单位的经济活动进行连续、系统、全面、综合的核算和监督，并在此基础上对经济活动进行分析、考核和检查，促使单位提高经济效益，并向有关各方提供会计信息的一种管理活动。

企业会计按其报告的对象不同，有财务会计和管理会计之分。财务会计主要侧重于过去的信息，向企业外部关系人提供企业财务状况、经营成果和现金流量情况等信息；管理会计主要侧重于未来信息，向企业内部管理者提供进行经营策划、经营管理、预测决策所需的相关信息。

根据会计的发展和会计的定义，可以看出会计具有以下四个基本特点。

（一）会计以货币为主要计量单位

对经济活动过程的记录常采用的计量单位有：实物量度（如件、台、米、千克等）、劳动量度（如工作日、工作小时等）、货币量度（如元、角、分等）。在计量单位的采用上，会计存在着自己的特点，即以货币为主要计量单位。因为货币是特殊的商品，具有价值尺度的功能，以货币方式提供的信息具有可比性，有利于企业外部关系人进行经济决策时使用。同时在会计核算过程中辅以实物计量和劳动计量，以提供详细、具体的会计信息，有利于企业内部的经济管理。

（二）会计核算以真实、合法的会计凭证为依据

会计提供的经济信息要保证真实可靠。因此，在会计核算过程中，必须并按有关规定对凭证进行严格的审核，审核无误后才能作为进行会计核算的依据。

（三）会计对经济活动要进行连续、系统、全面、综合的核算和监督

连续性就是要求对经济活动过程中发生的具体事项，按照发生的时间顺序，不间断地加以记录，以反映出经济业务的连续过程；系统性表现在对各项经济活动既要进行相互联系的记录，又要进行必要的、科学的分类；全面性就是对各项经济活动的来龙去脉必须进行全面记录、计量，不得遗漏。综合性表现在由于以货币为统一计量单位，所以能够提供总括反映各项经济活动的价值指标。

（四）会计以财务会计报告为最终成果

会计的账户和账簿不能反映单位经济业务的全貌，因此，必须通过编制财务会计报告，为企业经营管理提供总括的会计核算资料。财务会计报告是会计核算的载体。它以会计账簿资料为主要依据，以货币为计量单位，全面总结反映会计主体在一定时期内的财务状况、经营成果和现金流量。它是会计主体对经济活动进行事前预测、决策、日常控制，以及事后检查、分析的重要依据。

二、会计的产生与发展

会计是一定环境下的会计，会计与环境有密切的关系。客观需要才产生会计并发展会计。会计所处的环境是一定历史条件下的经济环境、政治环境、文化环境和社会环境。会计环境直接影响会计的产生和发展。

（一）会计的产生

会计所处的各种环境都综合地对会计的产生和发展产生影响，但会计发展的主要动因是什么，需要进行全面分析。在客观环境对会计的影响中，经济环境对会计的影响是决定性的。经济环境中的经济，一般是指物质资料的生产及相应的交换、分配和消费等各种经济活动，即物质生产与再生产的活动。物质资料生产是会计产生和发展的基础。由于生产的发展，人们关心生产投入的耗费和产出的成果，以及投入和产出的效益和成果分配的状况，从而要求并促进了对其核算和管理。生产越发展，对生产的核算与管理越重要。所以，会计的产生和发展在于生产，在于经济环境。生产（经济）对会计产生和发展的决定性影响表现在：第一，基础性，再生产的条件、要素、内容、特点、结构、环节、水平、目标、组织、管理和体制，相应决定或影响会计的条件、要素、内容、特点、结构、环节、水平、目标、组织、管理和体制，再生产以货币形式的投入耗费和产出成果，需要会计进行核算、提供信息、组织和管理；第二，促进性，生产在规模、结构、水平、质量、技术、管理等方面的提高或发展，相应促进会计在内容、结构、水平、质量、技术、管理等方面的提高或发展。会计的发展在受到生产（经济）决定性影响的同时，还直接或间接地受到其他环境

的影响。

生产的发展和需要产生了会计。在原始社会初期，生产比较简单，人们对生产的耗费与成果的关心，是通过头脑的记忆或一定方式记载，如绘图记事、刻画记事和结绳记事等。到了原始社会的中期，第一次社会大分工，畜牧业和农业分开，生产发展到了有剩余产品，有了物物交换，人们关心有多少剩余产品，剩余产品怎样分配和交换，从而促进了对其进行计算和管理。到了原始社会的末期，第二次社会大分工，手工业和农业分开，有了商品生产，交换扩大，并形成以某种商品（如麻布、上衣、茶叶等）为"一般等价物"进行交换的局面；人们对生产的耗费与成果的关心，从生产过程中一种必要的附带工作，逐步形成为一种专门的工作，有专门的人员对其进行核算和管理。正如马克思发现原始社会末期，在远古的印度公社中，已经有"一个记账员，登记农业账目，登记和记录与此有关的一切事项"。

（二）会计的发展

随着生产的发展，会计也在发展。到了奴隶社会，由于生产力的发展，使简单的会计计算和会计管理工作有了进一步的发展，并在一定阶段产生了奴隶制国家的政府会计。在奴隶制社会的周朝，就开始设有"司会"，为计官之长，主管会计。其职能是："掌国之官府、郊野、县都之百物财用。凡在书契版图者之贰，以逆群史之治，而听其会计。""司会"既要管理（"掌"）国家和地方百物财用，又要利用账册、公文（"书契"）等以考核（"逆"）各地方官吏的行政工作，而检查（"听"）他们的会计工作。在西方，如古埃及、古巴比伦、古希腊和古罗马，会计的职权也都掌握在宫廷和教堂的奴隶主和农奴主手中。

到了封建社会，生产力有了新的发展，为适应地主阶级通过地租、捐税和高利贷对农民进行残酷剥削的需要，会计也有了相应的发展。我国战国时期（公元前475年～公元前221年）进入了封建社会，已有黄金白银为货币。在鲁国的孔子以"尝为委吏矣，曰'会计当而已矣'"，表明他在作管理仓库的小官（会计）时，要求会计做到"当"——计算要正确，收支要平衡，管理要适宜。西汉（公元前206年～公元25年）有"钱谷账"，分设"钱出入簿"、"谷出入簿"。唐元和二年（公元807年），李吉甫撰《元和国计簿》十卷，大和元年（公元827年），韦处厚作《大和国计簿》二十卷，是我国最早的会计专著。唐宪宗元和元年（公元806年），出现"飞钱"——具有纸币性质，类似汇票。宋朝的收支登记在"会计录"上，如景德四年（公元1007年），三司使丁谓主编《景德会计录》六卷。宋神宗熙宁七年（公元1075年）"沼置三司会计司"。宋高宗（公元1127年～公元1162年）在太府寺中专设有"审计司"，掌管查账的工作。这是我国专设会计、审计机构的创始。宋代"四柱清册"式会计方法（旧管＋新收－开除＝实在）的运用，使我国会计达到比较科学、系统、完善的地步。北宋淳化五年（公元994年），已运用"四柱清册"式会计方法。（英国在1855年才用法案形式固定下列公式：上期结存＋本期收入－本期支出＝本期结存。）北宋时期已出现"交子"——纸币的开始。明朝末年，商界有人把"官厅会计"的账簿格式及登记方法改为适应商界的"龙门账"。鸦片战争前的清朝，在较大的工场手工业中，已专设"账房"，设置账簿，考核费用、成本与利润。

到了资本主义社会，随着工业、农业、商业、对外贸易的发展，资本家为了获取更大的利润，要求加强对经济的管理，使会计得到进一步的发展。早在公元15世纪末，在意大利已初步形成了借贷复式记账法。1494年意大利数学家、天主教修道士卢卡·帕乔利，发表《算术、几何、比及比例概要》一书，其中第三篇"计算和记录的详论"（通称"簿记论"），系统地论述了借贷复式记账原理及其运用。从 18 世纪 30 年代开始至 19 世纪中期，欧美各国先后完成了产业革命，实现了由手工业生产到机器大生产，标志着资本主义制度的最终确定。19 世纪末至 20 世纪初，资本主义进入帝国主义阶段，垄断组织成为全部经济生活的基础，股份公司的发展，产生了所谓"管理革命"，要求会计进一步结合于管理。20 世纪 20 年代末，特别是第二次世界大战后，随着现代化大生产的发展，各种先进科学和技术被广泛用于管理方面，会计也全面着眼于管理，形成了以成本管理为中心内容的管理会计。

在中国，1840 年鸦片战争后，西式复式记账方法开始传入。1908 年大清银行创办，开始引入借贷记账法。蔡锡勇的《连环账谱》于 1905 年出版，该书系统地介绍了复式记账原理。谢霖与孟森合编的《银行簿记学》于 1907 年在东京出版，该书介绍了借贷复式记账方法。立信会计事业创始人潘序伦，在 20 世纪 30 年代初，组织编写出版了《立信会计丛书》，共编译会计、审计书籍 50 余种，其中有潘序伦的《高级商业簿记教科书》和《会计学》，顾准的《银行会计》。徐永祚的《改良中式簿记概说》于 1933 年出版，该书系统地论述了改良中式簿记的理论与方法。雍家源的《中国政府会计论》于 1933 年出版。这些著作的出版对推动中国会计学的发展起到积极作用。

中华人民共和国成立后，建立了我国社会主义会计，在国家有关部门的领导下，先后制定了有关会计核算和管理方面的会计制度，使我国逐步建立起社会主义会计体系。早在新中国成立之初，向前苏联学习而建立我国的社会主义会计，虽有全盘照搬的缺点，但基本上还是适应了当时经济恢复和发展的需要。1958 年的"大跃进"，对会计工作进行改革，不适当地推行"无账会计"，使会计工作出现混乱。1962 年开始，贯彻"调整、巩固、充实、提高"的方针，会计工作又得到恢复。1963 年 1 月 30 日国务院发布《会计人员职权试行条例》，对加强会计监督，维护财经纪律，促进国民经济发展起了很大作用。"文化大革命"对会计工作的破坏，不搞会计核算，不要会计监督，致使国民经济也受到影响。粉碎"四人帮"后，党和国家非常重视会计工作，健全会计机构，充实会计人员，完善会计制度，并于 1978 年 9 月由国务院正式颁发了《会计人员职权条例》。1978 年 12 月党的十一届三中全会，作出了把工作重点转移到社会主义现代化建设上来的战略决策，1982 年 9 月党的第十二次代表大会提出把全部经济工作转到以提高经济效益为中心的轨道上来的方针，使会计工作以提高经济效益为中心，充分发挥其对经济活动进行核算和管理的作用，出现了新的局面。1985 年 1 月 21 日第六届全国人大常委会第九次会议通过并于 1985 年 5 月 1 日起施行的《中华人民共和国会计法》，标志着我国的会计工作走上了法治的轨道，这对加强我国的会计工作起到重要的作用。1990 年 12 月 31 日国务院发布《总会计师条例》，确定了总会计师的职权和地位，以便发挥总会计师在加强经济管理、提高经济效益中的作用。1992 年 10 月党的第十四次代表大会提出我国经济体制改革的目标是建立社会主义市场经济体制，使会计工作在邓小平理论的指导下，围绕社会主义市场经济体制的建立，进入发展的新阶段。1993 年 7 月 1 日施行财政部发布的《企业财务通则》和《企业会计准则》、十几种行业会计制度和财务制度，使我国的会计工作更好地适应市场经济的需要，并与国际会计准则相协调。1993 年 10 月 31 日第八届全国人大常委会第四次会议通过并于 1994 年 1 月 1 日起施行的《中华人民共和国注册会计师法》，有利于发展会计师事业，促进社会主义市场经济的健康发展。1995 年 10 月召开第四次全国会计工作会议，在全面总结"八五"期间会计工作取得成绩和经验的基础上，明确了未来 15 年会计改革与发展的目标和方向。1995 年 12 月 15 日财政部制定的《会计改革与发展纲要》，提出在"九五"期间，要建立与社会主义市场经济发展要求相适应的会计模式。1997 年 9 月，中国共产党第十五次代表大会上的报告为建设有中国特色会计进一步指明了方向。为了规范会计行为，保证会计资料真实、完整，加强经济管理和财务管理，提高经济效益，维护社会主义市场经济秩序，1999 年 10 月 31 日第九届全国人大常委会第十二次会议通过《中华人民共和国会计法》的第二次修订。2001 年 1 月 1 日开始施行新的不分行业的《企业会计制度》，继续推行已制定的企业会计准则。2002 年 11 月，中国共产党十六次代表大会提出社会更加和谐是我们党为之奋斗的一个重要目标。建设和谐社会需要相应建设和谐会计。为规范企业会计确认、计量和报告行为，保证会计信息质量，财政部于 2006 年 2 月 15 日发布《企业会计准则——基本准则》和企业会计具体准则38 项，自 2007 年 1 月 1 日起在上市公司范围内施行，鼓励其他企业执行。这将使会计工作和会计理论建设进入新的阶段。2007 年 10 月 15 日，中国共产党第十七次全国代表大会上的报告为会计的发展进一步指明了方向。实践证明，发展经济离不开会计，经济越发展，会计越重要。

会计是以货币为主要计量单位，连续、系统、全面地核算企业、事业、机关和其他单位资金运动的一个信息系统；是通过会计工作，实行经济责任制，保护企业、事业等单位财产的一种重要手段；是借助会计方法，对资金运动进行预测、决策、预算（计划）、监督、分析和考核，管好用好资金，讲求经济效益，降低成本，增加积累，进行经济管理的一项重要工作。

第二节　会计信息与会计目标

一、会计信息

（一）会计信息的概念

对会计系统的认识要用会计信息来体现。什么是会计信息，先要说明什么是信息。信息的定义多种多样，信息是指"通信系统传输和处理的对象，泛指消息和信号的具体内容和意义"；"信息是系统有序程度的度量；信息是人们对外界事物的某种了解和知识，它能减少人们决策时的不确定性。"

关于什么是会计信息也还没有统一确定的认识。在《经济大辞典——会计卷》中，将会计信息定义为"通过会计系统所提供的经济信息"。在《会计辞海》中，将会计信息定义为"按预定的要求，向使用者提供有助于决策和管理的财务信息和有关的其他经济信息"。还有诸如：会计信息是会计数据在经过加工处理后成为会计管理工作所需要的经济信息；会计信息是通过会计记录、整理、汇总、分析、预测提供企业经济活动的信息；会计信息是人们在经济活动过程中运用会计理论和方法，通过会计实践获得的反映会计主体的价值运动状况的经济信息；会计信息是由会计提供的有助于经济管理与经济决策的财务信息及与之有关的其他经济信息；会计信息是具有适合性、可检验性、公正性和可计量性的信息；会计信息是从作为前提和会计体系的特定信息处理体系中输出的资料；会计信息是反映财务会计的静态及动态情况的各项经济活动的数据资料；会计信息是为进行会计管理而收集、加工、整理存储数据资料，以及经过加工整理为达到控制的目的而输出的各种数据资料等。

以上对会计信息的各种认识，从形式逻辑关于下定义的要求分析，这些认识都是采用"种差＋属概念"的下定义方法，其区别在于种差不同和属概念不同，这种不同就表明对会计信息的认识不同。上述认识，基本上分为两种类型：第一种类型认为会计信息是一种信息

（或经济信息，或财务信息及其他经济信息），这种信息的特点（种差）表述不尽相同，有的抽象，有的具体，或用信息处理表示，或用信息用途表示。第二种类型认为会计是一种资料（或数据资料）；这种信息的特点（种差）是加工过程的数据资料，或输出的资料，或反映经济活动的数据资料。

关于会计信息的不同认识，主要值得研究的一个问题是会计信息的外延，即是只限于由数据（数字）资料体现的或以货币表现的内容才是会计信息，抑或包括非数据的资料体现的或非货币表现的内容。在上述各种认识中，大多数认为会计信息是以数据资料表示的，或经过加工处理而输出的数据资料。这种认识把会计信息等同为会计数据，也就是以货币形式表示的资料才是会计信息。事实上，随着市场经济的发展、会计职能的变化和会计作用的更大发挥，会计信息除包括以货币形式表现的数据资料外，还包括非货币形式表现的或非数据资料。当然，会计信息中主要是数据资料，以及会计凭证、会计账簿和会计报表为基本载体的数据资料；其他如以文件为载体的有关会计法律、法规、规章和政策，企业有关会计的制度、办法，会计部门的工作规程、工作报告等非数据资料，也是一种会计信息。会计信息中的数据资料和非数据资料，都是反映资金运动状况及其特征的资料。因此，会计信息是以货币形式的数据资料为主或结合其他资料，表明资金运动的状况及其特征的经济信息。这里：第一，会计信息是一种经济信息；第二，它的特点，一是体现会计信息内容的形式主要是以货币反映的数据资料，必要时使用其他资料，二是会计信息是表明资金运动的状况及其特征的，也就是说表明资金运动的状况及其特征的就是会计信息。

会计信息是以各种形式反映资金运动特征、运动状态和属性的经济信息；也就是说，凡以各种形式能反映资金运动的特征、运动状态和属性的就是会计信息。企业资金运动的具体内容是经济业务。企业一旦发生经济业务，就向各方面发出不同的信息，会计部门也从中取得所需的信息。如企业采购材料一批 40 000 元，材料已验收入库，货款已由银行支付，企业的材料增加 40 000 元，银行存款减少 40 000 元，这表明企业的货币资金（银行存款）有 40 000 元通过材料采购转化为储备资金。这是由发生材料采购业务而发出的会计信息。会计信息的显著特征是以货币为主要计量单位的价值反映。发生一笔经济业务，或汇总某项经济业务，计算某种会计指标，按会计核算的要求，应以货币为计量单位进行价值计算，用绝对数或相对数反映其内容。如销售甲种产品 600 件，每件售价 40 元，共计 12 000 元，已通过银行收款；这笔销售收入 12 000 元，是以绝对数反映的一种会计信息。又如企业某时期销售收入 1 600 000 元，利润 128 000 元，则销售利润率是 8%（128 000/1 600 000），这是以相对数表示的一种会计信息。当然，在会计工作中，还要利用以实物单位和劳动单位度量的各种信息。所以我们要明确会计信息的特征，以便会计部门能及时、正确、全面地向各方面提供会计信息。

在经济单位，会计信息的内容是企业、事业和其他单位表现为各种经济业务的资金运动。

（二）会计信息的要素

会计信息是由数据、载体和传递等基本要素构成的。

1. 数据

数据是指能描述经济业务的数字、字母、符号、字、图表等所组成的序列。用数据表明经济业务的发生，如从银行提取现金 20 000 元；用整理后的数据表明会计事项的处理，如根据上例经济业务编制会计分录：借记"库存现金"科目 20 000 元，贷记"银行存款"科目 20 000 元；用综合的数据反映企业一定时点和一定时期的资金运动情况，如编制各种会计报表。

2.载体

信息要依附一定的载体，信息是内容与信息载体的统一。会计信息的载体，一种是直接记录的载体，如纸张、磁盘和胶片等；在手工处理会计数据的条件下，会计信息的载体主要是纸张，如各种自制的和外来的原始凭证，根据原始凭证编制的记账凭证（收款凭证、付款凭证和转账凭证），根据记账凭证登记的会计账簿（总账、明细分类账和日记账）等，根据会计账簿和有关资料编制的会计报表。会计信息的另一种载体是处于运动状态的载体，如各种信号——电信号、声信号、光信号，会计信息常用的是电信号，如使用电话和电子计算机等。会计信息借助一定载体，才得以传输、加工和存储。

3.传递

信息是可以传递的，如信息不能传递，也就不存在信息。企业在经营活动中产生各种会计信息，在处理企业与国家财政、税务、银行等部门之间，企业与主管部门之间，企业与其他企业单位之间，企业与企业内部各单位之间，企业与职工之间的各种经济关系时，要传递各种会计信息。通过会计信息的传递，才能使会计核算体系成为有机的整体，使会计管理体系成为有效的指挥系统，促进企业经营活动的正常进行。

（三）会计信息的内容

会计信息的内容，是企业、事业和其他单位的资金运动。如工业企业会计信息的内容，是反映工业企业生产经营活动的资金运动，包括资金的筹集、使用、收回和分配，即资金的循环和周转。在实际工作中，资金运动表现为各种经济业务。各种经济业务相应表现为各种会计信息。企业的会计信息反映资金运动，而资金运动反映生产经营活动，生产经营活动的实际内容又主要是物资运动。如工业企业，会计信息反映的资金运动实际内容主要是生产经营活动中的物资运动。在生产经营活动的供应过程，企业通过材料采购，用货币资金购买材料而形成储备资金；在生产过程，耗用材料，支付工资，开支费用，产品形成成品资金，未完工的制品形成生产资金；在销售过程，产品销售而收回货币资金；如此循环往复使资金周转不息。从生产经营活动可以看出，物资运动伴随着资金运动，相应是会计信息的输入、加工、储存和输出的运动。在企业，物资运动既表现为资金运动，又依存于资金运动，资金是企业进行生产经营活动的前提条件之一，没有资金就不能采购材料、支付工资和开支费用；当然，物资运动的迟缓或停止，也影响资金运动的迟缓或停止，产品销售不出去，也收不回货币资金。但是，物资运动和资金运动都是在会计信息的作用下进行的。在企业，物资运动、资金运动和会计信息系统，一般叫物资流、资金流和会计信息流。

会计信息来自物资运动和资金运动，又作用于物资运动和资金运动。资金运动反映物资运动，会计信息依附于物资运动从而具有物质性。马克思曾说会计是对商品生产过程的"控制和观念总结"，很清楚，观念总结就是会计信息，它的内容来自商品生产过程。马克思在《资本论》二版中写道："观念的东西不外是移入人的头脑并在人的头脑中改造过的物质东西而已。"我们要明确会计依存于物资运动的客观性，一方面要使会计信息正确地反映物资运动，另一方面要利用会计信息，促进企业的生产经营活动，加速资金周转。

在企业实际会计工作中，会计信息与会计核算有密切的联系，可以说，历史上有了会计核算工作，就有了会计信息，只是不把它叫做会计信息。进入现代信息社会，在人们重视信息的条件下，在会计核算工作中，我们能更自觉地做好会计信息工作。会计信息与会计核算的密切关系，表现在它们的内容是相同的，会计核算的内容也就是会计信息反映的内容，因而，做好了会计核算工作，也就做好了会计信息工作，会计核算质量有保证，会计信息质量也就有了保证。

二、会计目标

会计目标就是会计工作所要达到的目的。在不同的会计发展阶段，会计的目标有所不同，随着会计的发展，会计目标也不断深化。在会计萌芽阶段，人们对日常生产和生活的简单记录，是为了分享劳动成果，以求共同生存；在漫长的自给自足的自然经济中，会计主要是管理赋税和钱物的工具；随着商品生产和交换的出现，会计发展到对经济活动的所得与所费进行比较，计算和反映经济活动的损益情况；当商品经济不断发展，出现公平竞争的市场经济时，社会各阶层（如投资者、债权人、管理者等）和各部门（如财政、税务、金融机构等）为了自身的经济利益，需要会计提供对自身的管理决策有用的会计信息。现阶段，我国会计的目标是要与社会主义市场经济体制相适应的，即为有关信息使用者提供对决策有用的会计信息。从现实情况看，会计信息的主要使用者包括以下几个方面。

（一）企业内部管理当局

企业内部管理当局利用会计信息为企业制定经营目标，评价为实现经营目标而付出的努力，以及在发现经营管理中存在问题或偏离经营目标时，采取必要的改进措施。企业经营管理者以会计信息为基础的短期经营决策包括：亏损产品是否停产？设备是购买还是租赁合算？存货库存多少比较合理？借入多少资金等？

（二）投资者和债权人

投资者和债权人是企业的资金供应者，他们十分关心资金的使用情况，现有投资者一般利用会计信息来评价经营者的经营业绩；潜在投资者为决定是否投资，往往需要会计信息来评估企业投资回报情况；现实债权人一般利用会计信息来评价企业的偿债能力，潜在债权人在贷出资金前也需要评估企业的到期偿债能力。所有这些都意味着资金供应者都需要分析企业的财务会计信息。

（三）政府管理机构

在市场经济条件下，政府的主要职能在于进行宏观调控管理，政府不仅要通过利率、税收等各种经济杠杆，发挥对市场主体的经济活动的调节作用，还要通过计划、政策等各种宏观手段，直接干预市场的运行。而科学合理的决策，不仅要求有较为科学的理论，还要求决策制定者充分了解、掌握社会经济活动的运行情况，其中有相当一部分情况来自会计信息系统。例如，税收机关对企业实行课税，而应纳税款是根据相关会计信息（销售收入等）计算出来的，因此，税收机关就必须了解企业的销售收入等会计记录是否真实、正确。

（四）其他信息使用者

其他信息使用者如企业职工和材料供应商等，其中：企业职工个人十分关心企业的稳定性和获利能力的信息，以及能使他们评估企业提供报酬、福利和就业机会的能力信息等；材料供应商也需要了解企业的会计信息，如果它所供应材料的常年"客户"，因经营不善突然停产或者其他原因，在短期内不再采购它所生产的材料，且这个客户所采购材料的比重相对较大，那么这种突然中止采购的行为，极有可能导致它的生产活动瘫痪，进而可能将其推向破产的境地。因此它们从自身利益出发，必然会关注客户的经营活动，并及时作出更换客户的决策，以免遭受损失。

第三节 会计的职能与会计任务

一、会计的职能

会计的职能是会计所固有的、客观存在的功能，是指人们在经济管理工作中运用会计做哪些方面的事情。随着社会经济的不断发展，会计职能的具体内容也在不断地发展变化，会计的职能包括会计的基本职能和会计的延伸职能。会计的基本职能是指财务会计的职能，即会计的核算与监督职能，会计的延伸职能主要指管理会计所具有的职能，包括规划的职能、组织的职能、控制的职能和评价的职能。

（一）会计的基本职能

1. 会计的核算职能

会计的核算职能，也叫反映职能，是指会计以货币为主要计量单位，通过确认、记录、计算、报告等环节，对特定对象的经济活动进行记账、算账、报账，为有关各方了解各个经济实体的经济活动状况提供真实、正确、完整、系统的会计信息。会计核算职能具有以下特点：第一，会计核算主要是从价值量上反映各经济实体的经济活动情况，为经济管理提供数据资料。第二，会计核算对经济活动的反映具有连续性、完整性和系统性。

2. 会计的监督职能

会计的监督职能是指会计人员在进行会计核算的同时，对特定对象经济业务的合法性和合理性进行审查。合法性的审查是指保证各项经济业务符合国家有关法律、法规的规定，严格遵守财经纪律，执行各项方针政策，杜绝违法乱纪行为；合理性的审查是指检查各项财务收支是否符合一定主体的财务收支计划，是否有利于预算目标的实现，是否有违背内部控制制度要求的现象，为增收节支、提高经济效益严格把关。会计监督职能具有以下特点。第一，会计监督主要是利用价值指标。会计核算通过价值指标综合地反映了经济活动过程及其结果。实现会计监督职能，要依据会计核算所提供的价值指标，对经济活动进行控制、考核和检查。第二，会计监督贯穿于经济活动的全过程，做到事前监督、事中监督、事后监督相结合。

会计核算职能与会计监督职能是相辅相成的。会计核算是会计监督的基础，通过会计核算生成的会计信息是会计监督的对象，所以，没有会计核算就无法进行会计监督；会计监督是会计核算的延伸与发展，没有会计监督，便不能实现会计的目标，只有严格的会计监督，会计核算所提供的数据资料才能在经济管理中发挥应有的作用。

（二）会计的延伸职能

管理会计的服务对象是企业内部的经营者与内部管理部门，为其提供成本、业务量和利润等信息，满足其制订计划、控制经营管理活动、进行预测与决策及在经营管理活动中解决某些特定问题的需要。管理会计的职能包括以下几个方面。

1. 规划的职能

会计的规划职能主要是利用财务会计提供的历史资料和其他有关信息，对企业计划期间的各项主要经济指标进行科学的预测分析；并帮助管理当局对未来的生产经营和长期投资项目中的一次性重大经济问题作出专门的决策分析，然后在上述基础上编制整个企业的全面预算和各个责任单位的责任预算，用来指导和监督未来的经济活动。

2. 组织的职能

会计的组织职能主要是应用系统理论和行为科学的基本原理，并结合本企业的具体情况，设计和制定合理的、有效的责任会计制度及各项具体的会计处理程序，以便对整个企业的人力、物力、财力等有限资源进行最合理、最优化的配置和使用。

3. 控制的职能

会计的控制职能主要是根据规划职能所确定的各项目标，以及合理组织所制定的规章制度，对预期可能发生的和实际发生的各种有关信息进行收集、比较和分析，以便在事前和日常对各项经济活动进行调节、控制，保证既定目标的实现。

4. 评价的职能

会计的评价职能主要是在事后根据各级责任单位所编制的业绩报告，将实际数与预算数进行对比、分析，用来评价和考核各个责任单位履行经管责任的情况，以便奖勤罚懒、奖优罚劣，正确处理分配关系，保证经济责任制的贯彻执行。

二、会计的任务

会计的任务是由会计的职能和作用所决定的，它取决于会计对象的特点和经济管理的要求。《会计法》对会计基本任务作出了法律规定。《会计法》总则明确指出："会计机构、会计人员依照本法规定进行会计核算，实行会计监督。""各单位必须依法设置会计账簿，并保证其真实、完整。""单位负责人对本单位的会计工作和会计资料的真实性、完整性负责。"企业作为从事生产经营活动的主体，其开展会计工作的任务主要是对经营资金及其运动进行核算和管理，以改善经营管理，提高经济效益，在企业经营管理总的要求下，完成以下几方面任务。

（一）及时正确地反映经济情况,提供会计信息

会计信息是经济信息的重要方面，会计部门必须利用会计的全面性和综合性特点，按照《会计法》规定，贯彻《企业会计准则》，正确、完整、及时地反映企业的经济活动和经营成果，为企业经营决策和投资人等提供可靠的会计信息。

（二）严格执行国家政策和财务制度,监督经济活动

严格执行国家政策和财务制度，监督经济活动，保护国家利益、社会公众利益和所有者权益。保护国家利益、社会公众利益和所有者利益是企业会计的主要任务。会计必须遵守国家的财政政策，严格执行财务制度和会计制度，保证企业的财产不受损失，维护国家利益、社会公众利益和所有者的合法权益。为此必须做到：①企业的一切经济活动必须严格按照国家的政策法令和财务制度办事，并监督其执行。②保障投资人的权益，不得任意增减资本金，不得任意转移资金和盈余，并保证国有资产不受损失。③全面记录企业财物的增减变动情况，定期组织财产的清查和核对，保证企业财物在数量上和质量上的安全和完整。④加强会计稽核和检查，进行事前、事中和事后的控制，促使企业合理有效地运行，并制止乱挤成本、乱摊费用和铺张浪费、违法乱纪的行为。

（三）加强计划和预算,合理和节约使用资金,改善经营管理

在市场经济的条件下，企业的一切经济活动在很大程度上受市场变化的影响。因此对企业资金的筹集和使用，都必须加强计划和预算，合理使用，防止浪费。财会部门更应当在企业内部实行人、财、物的综合利用，节约人力、财力和物力，对财产物资实行严格的管理，以改善企业经营管理。

（四）检查分析企业经营业绩,参与企业的预测和决策

通过会计信息的检查分析，预测企业经济前景，控制企业经营过程，参与企业经营计划和经营决策是对会计工作提出的新要求。加强经济核算，重视经济效益，收集和利用经济信息，对经济活动进行组织、控制、调节和指导是企业提高经济效益的一种管理活动，它要求财会部门在日常核算和监督过程中加强财务管理，促进企业按计划目标和市场要求，不断提高经济效益。

第四节　会计的对象

会计的对象是指会计核算和监督的内容。会计是以货币为主要计量单位，对一定主体的经济活动进行核算和监督的经济管理活动。因此，凡特定对象能够以货币计量的经济活动，都是会计核算和监督的内容。能以货币计量的经济活动，通常又称为价值运动或资金运动。

资金运动包括特定对象的资金投入、资金运用（即资金的循环和周转）和资金退出等过程，具体到企业、事业、行政单位又有较大的差异。即使同样是工业企业、商业企业、金融企业等，也有各自的资金运动特点，其中以产品制造企业最具代表性。下面以产品制造企业为例，说明企业会计的具体对象。

产品制造企业是从事工业产品生产和销售的营利性的经济组织。为了从事产品生产和销售活动，企业必须拥有一定数量的资金，用来建造厂房、购买机器设备、购买原材料、支付职工薪酬和支付经济活动中各项必要的支出等。生产出的产品销售后，收回的货款要补偿生产中垫付的资金，偿还有关债务，上缴有关税金，向投资者分配利润等。由此可见，产品制造企业资金运动包括资金的投入、资金的循环与周转（包括供应过程、生产过程、销售过程）以及资金退出三个阶段。在这三个阶段中，资金分别体现为货币资金、储备资金、生产资金、商品资金等不同的形态。

资金的投入包括企业所有者投入的资金和向债权人借入的资金两部分，前者属于企业所有者权益，后者属于企业债权人权益（负债）。投入的资金一部分形成企业的流动资产，另一部分形成企业的非流动资产（长期资产）。

资金的循环和周转分为供应、生产、销售三个阶段。在供应阶段，企业发生采购原材料等业务，需要计算材料采购成本，与供货方结算货款等；在生产阶段，劳动者利用生产设备对原材料进行加工以生产出社会需要的产品，需要计算生产过程中发生的各项耗费，计算产品的制造成本和发生的期间费用；在销售阶段，企业需要计算发出商品的成本，以及收回的货款、支付的销售费用、缴纳的有关税金等经济业务。期末，企业对一定时期所取得的各项收入，扣除各项成本、费用、支出、损失等，计算盈亏，进行利润分配。

资金的退出包括偿还各项债务、缴纳各项税金、向投资者支付股利或利润，使得这部分资金离开本企业，退出本企业的资金循环与周转。

上述资金运动的三个阶段，构成了开放式的运动形式，是相互联系、相互制约的统一体。没有资金的投入，就没有资金的循环与周转，没有资金的循环与周转，就不会有缴纳税金、分配利润等资金的退出，就不会有新一轮资金的投入，就不会有企业的进一步发展。

第五节　会计核算方法

会计方法是人们在长期的会计工作实践中总结创立的，并随着社会生产力的发展，会计的内涵不断发展而逐渐完善。现代的会计方法包括会计核算方法、会计分析方法和会计预测决策方法等。这几种方法各自具有特点，有一定的独立性，但也密切联系。

在会计工作中，会计核算方法是基本环节，是最基本的方法，其他的会计方法都要在会计核算提供的资料和信息的基础上进行。会计核算方法是指为核算和监督会计对象，完成会计任务而采用的各种专门方法和手段。主要包括设置会计科目和账户、复式记账、填制和审核会计凭证、登记会计账簿、成本计算、财产清查与编制财务会计报告七种方法。

一、设置会计科目和账户

会计要素的内容很复杂，对会计要素的具体内容进行科学分类并分类核算，就形成了会计科目。根据会计科目开设账户，在账户中登记经济业务的发生对会计要素的影响，是会计核算的一种专门方法，也是会计核算的基础之一。通过账户可以分类、连续、系统地记录各项经济业务，为经济管理提供各种类型的会计指标。正确地、科学地设置会计科目和账户，是满足经营管理需要，完成会计核算任务的基础。

二、复式记账

复式记账是指对每一项经济业务，都要以相等的金额在两个或两个以上相互关联的账户中进行记录的一种记账方法。两个或两个以上的账户会形成一种对应关系和平衡关系。根据账户的对应关系，可以了解有关经济业务的来龙去脉，比如企业增加一台机器设备，来源是什么？企业银行存款减少 100 000 元，去向又是什么？所以复式记账一方面是对任何一项经济业务在有关账户中登记其来源，另一方面又要在有关账户中登记其去向。而根据账户的平衡关系，可以检查有关业务的记录是否正确。

三、填制和审核会计凭证

会计凭证是记录经济业务与明确经济责任作为记账依据的书面证明。会计凭证一般按填制的程序和用途可分为原始凭证和记账凭证。每发生一项经济业务都应取得或填制原始凭证，并经过会计部门和有关部门审核无误后，按照设置的会计科目和账户，运用复式记账法，编制记账凭证，作为登记账簿的依据。填制和审核会计凭证是会计核算的一种专门方法，它可以保证会计核算的质量，并为经济管理提供真实可靠的数据资料，也是实行会计监督的重要手段。

四、登记会计账簿

登记会计账簿是将会计凭证记录的经济业务，序时、分类地记入有关簿籍中设置的各个账户。登记会计账簿必须以审核无误的凭证为依据，并定期进行结账、对账，以便为编制财务报表提供完整而又系统的会计数据。

五、成本计算

成本计算是指在生产经营过程中，按照一定对象归集和分配发生的各种费用支出，以确定该对象的总成本和单位成本。通过成本计算，可以确定材料的采购成本、产品的生产成本和销售成本，可以反映和监督生产经营过程中发生的各项费用是否符合节约原则和经济核算的要求，并据以确定企业的经营成果。这对于不断降低成本、提高经济效益具有非常重要的意义。

六、财产清查

为了增强会计记录的准确性，保证账簿记录和实际相符，必须定期或不定期地对各项财产物资、往来款项进行清查、盘点和核对。财产清查就是指通过盘点实物、核对账目，对各种货币资金、财产物资、往来款项进行查询核对，以保证账账相符、账实相符的一种专门方法。在清查中如果发现账实不符，应分析原因，明确责任，并调整账簿记录，使账实完全一致。通过财产清查，可以查明各项财产物资和货币资金的保管和使用情况，以及往来款项的结算情况，监督各类财产物资的安全与合理使用。

七、编制财务会计报告

编制财务会计报告是以书面报告的形式，定期总括地反映一个特定单位的财务状况和经营成果而采用的一种会计专门方法。通过编制财务会计报告，能将分散在账簿中的资料集中起来，归纳整理加工，以提供全面反映经济活动所需要的有用信息。编制财务会计报告是会计核算工作的最后环节。它所提供的资料，不仅是分析考核财务计划和预算执行情况及编制下期计划和预算的重要依据，也为经营决策和国民经济的综合平衡等提供必要的参考资料。

上述各种会计核算方法相互联系，密切配合，构成了一个完整的方法体系。这一体系表明，从经济业务发生取得原始凭证到财务会计报告的编制，形成了一个会计循环。这个循环是一个周而复始的过程。在这个会计循环中，处于重要环节的是三种基本方法，即填制和审核会计凭证、登记会计账簿和编制财务会计报告。任何会计期间所发生的经济业务，都要经过这三个环节进行会计处理，最终将大量的经济业务转换为有用的会计信息。会计循环可以描述为：经济业务发生后，经办人员要填制或取得原始凭证，经会计人员审核无误后，按设置的账户，运用复式记账法，编制记账凭证，并据以登记账簿；根据凭证和账簿记录对生产经营过程中发生的各项费用进行成本计算，运用财产清查方法对账簿记录加以核实，在保证账实相符的基础上，定期编制财务会计报告。

本章小结

本章主要介绍了会计的定义、会计的产生与发展、会计的目标、会计的职能以及会计核算的方法等内容。会计是适应社会生产的发展和经济管理的需要而产生和发展起来的，从会计的产生到会计形成一个较为完整的体系，经历了漫长的过程。经济越发展，会计就显得越重要。会计是以货币为主要计量单位，通过一系列专门方法，对企业、行政、事业单位的经济活动进行连续、系统、全面、综合的核算和监督，并在此基础上对经济活动进行分析、考核和检查，以提高经济效益的一项管理活动。会计目标是指在一定的客观环境和经济条件下，会计工作人员通过会计实践活动期望达到的结果。会计的具体目标是满足会计信息使用者对会计信息的需要。会计职能是指会计在经济管理中所具有的功能或能够发挥的作用，是会计的固有功能。核算与监督构成了会计的基本职能，随着会计的发展，参与经营决策也成为会计的一项重要职能。会计核算方法主要包括设置账户、复式记账、填制和审核凭证、设置和登记账簿、成本计算、财产清查和编制会计报表等。

复习思考

1. 单项选择题

（1）一般认为，（   ）是近代会计的形成标志。

A. 单式记账法的出现   B. 复式记账法的出现   C. 管理会计的出现   D. 成本会计的出现

（2）会计主体是（   ）。

A. 企业单位   B. 企业法人   C. 核算和监督   D. 分析和管理

（3）只有在（   ）的前提下，企业的负债才区分为流动负债和长期负债。

A. 会计主体   B. 持续经营   C. 会计分期   D. 货币计量

（4）会计监督主要是通过（   ）来进行的。

A. 实物量指标   B. 价值量指标   C. 劳动量指标   D. 数据量指标

（5）会计的基本方法是（   ）。

A. 会计核算方法   B. 会计分析方法   C. 会计预测方法   D. 会计决策方法

（6）会计具体目标可概括为（   ）。

A. 进行价值管理   B. 进行经济核算   C. 提供会计信息   D. 指导经济活动

（7）会计的一般对象是（   ）。

A. 生产过程中发生的活动   B. 企业、事业单位的各种活动

C. 企业、事业单位的全部活动   D. 企业、事业单位能以货币表现的经济活动

2. 多项选择题

（1）会计的基本职能有（   ）职能。

A. 会计分析   B. 会计监督   C. 会计核算

D. 会计预测   E. 会计决策

（2）会计核算可以采用多种量度，如（   ）。

A. 货币量度   B. 实物量度   C. 劳动量度

D. 空间量度   E. 时间量度

（3）我国的企业会计期间可划分为（   ）。

A. 会计年度   B. 会计季度   C. 会计月份

D. 会计半年度   E. 会计世纪

（4）下列表述中正确的有（   ）。

A. 法人可以作为会计主体

B. 会计主体可以是法人，也可以是非法人

C. 会计主体可以是单一的企业，也可以是由几个企业组成的企业集团

D. 企业内部的二级单位不能作为会计主体

E. 企业的资产包括所有者的家庭财产

（5）在工业企业经营过程中，其经营资金的主要变化方式是（   ）。

A. 货币资金转化为储备资金   B. 储备资金转化为产品资金

C. 储备资金转化为生产资金   D. 生产资金转化为产品资金

E. 产品资金转化为货币资金

（6）下列项目属于会计核算方法的有（   ）。

A. 复式记账   B. 填制会计凭证   C. 成本计算

D. 财产清查　　　　　E. 编制会计报表

(7) 会计按会计信息的提供对象可以分为（　　　）。

A. 财务会计　　　　　B. 营利组织会计　　　　　C. 宏观会计

D. 管理会计　　　　　E. 非营利组织会计

3. 判断题

(1) 会计职能只有两个，即核算与监督。（　　　）

(2) 会计主体可以是法人也可以不是法人。（　　　）

(3) 会计的核算方法有设置会计科目、复式记账和编制财务会计报告等七种专门方法。
（　　　）

(4) 会计分期对利润总额不会产生影响。（　　　）

(5) 资产包括固定资产和流动资产两部分。（　　　）

(6) 资产能为企业带来未来的经济利益。（　　　）

(7) 会计准则是会计实践工作经验的概括与总结，它又反过来指导和规范会计实践工作。
（　　　）

4. 思考题

(1) 什么是会计？会计是怎样产生和发展的？

(2) 会计的基本职能有哪些？

(3) 什么是会计目标？

(4) 会计核算的主要方法有哪些？它们之间的联系是什么？

第二章 会计要素及会计等式

本章学习目的

- 使学生明确会计要素的意义和分类
- 理解会计基本要素的概念及特征
- 理解经济业务的类型与会计等式的关系
- 掌握基本的会计等式

导入案例 ▶▶▶

会计要素相互关系

李红与张明共同出资创办了一家电脑公司，李红出资 120 000 元，张明出资 80 000 元，向银行借款 100 000 元，这家电脑公司开业了！

学生思考：

(1) 这家电脑公司现有资产总额是多少？

(2) 这家电脑公司的资产是怎么取得的？

(3) 这家电脑公司负债多少？

(4) 这家电脑公司所有者权益是多少？

资料来源：百度文库—高等教育—会计学，作者略有删改。

本章主要介绍会计要素的内容、特征及有关要素之间的等量关系。通过本章的学习，要求读者重点掌握会计等式及其理论意义；掌握会计要素的含义、内容、特征。

第一节 会 计 要 素

会计要素是从会计的角度解释构成企业经济活动的必要因素，对其进行正确的反映和监督。同时，对会计对象进行进一步分类，并深刻研究各类别之间的内在关系。

一、会计要素的概念

会计要素是根据企业资金运动的基本规律，按照资金性质的不同，对会计对象进行的基本分类，用于反映会计主体财务状况，确定经营成果的基本单位。

资金运动具有显著的运动状态和静止状态，由资金投入、资金循环与周转、资金退出三部分构成。资金投入包括企业所有者投入和债权人投入两类，从而形成企业的资产总额。债权人对投入资产的求偿权，称为债权人权益，表现为企业的负债；企业所有者对净资产（资产与负债的差额）的所有权称为所有者权益。从一定时期这一相对静止的状态来看，资产总额与负债及所有者权益的合计必然相等，由此分离出资产、负债及所有者权益三项资金运动静止状态的会计要素。另一方面，企业的各项资产经过一定时期的营运，将发生一定的耗费，生产出特定种类和数量的产品，产品销售后获得货币收入，收支相抵后确认出当期损益，由此分离出收入、费用及利润三项资金显著运动状态的会计要素。

二、静态会计要素

（一）资产

资产是指由过去的交易或事项形成并由企业拥有或控制的资源，并预期会给企业带来经济利益。

1. 资产特征

① 是一种能够在未来为企业提供经济效益的资源。

② 资产必须为企业所拥有或控制。对于企业来说，资产要拥有所有权，按照自己的意愿使用或控制。

③ 是过去交易或事项形成的，预期在未来发生的交易或事项不形成资产。也就是说，资产必须是现实资产而不是预期资产，是由过去已经发生的交易或事项所产生的结果。

2. 资产分类

（1）流动资产　是指可以在一年内或超过一年的一个营业周期内变现或耗用的资产。

流动资产主要包括库存现金、银行存款、交易性金融资产、应收及预付款项、存货等。

（2）非流动资产　是指不能在一年内或超过一个营业周期内变现或者被耗用的资产。或者说除符合流动资产以外的资产，都属于非流动资产。

非流动资产通常包括可供出售金融资产、持有至到期投资、长期应收款、长期股权投资、投资性房地产、固定资产、在建工程、无形资产、商誉、长期待摊费用等。

（二）负债

负债是指过去的交易或事项形成的现实义务，预期会导致经济利益流出企业的现实义务。履行该义务将会导致经济利益流出企业。

1. 负债特征

① 负债是企业承担的现实义务，是由企业过去的交易或事项形成的、现已承担的义务。

② 负债的清偿预期会导致经济利益流出企业。负债通常是在未来某一时日通过交付资产或提供劳务来清偿，前一种情况是负债的延期，后一种情况相当于增加所有者权益而了结债务。

2. 负债分类

（1）流动负债　流动负债是指可合理地预计、需要动用流动资产，或者用其他流动负债加以清偿的短期负债。流动负债一般包括短期借款、应付账款、其他应付款、一年内到期的长期负债、预收账款、应付职工薪酬、应付利息和应交税费。

（2）非流动负债　是指需在下一年或下一个营业周期内动用流动资产或承担新的流动负债加以清偿的负债，包括长期借款、应付债券、其他长期应付款等。

（3）负债的其他分类方法　按偿付的方式可分为以下两类：货币性质负债和非货币性质负债。按产生的原因可分为四类：①在借贷过程中形成，如短期借款、长期借款；②在结算过程中形成，如应付账款、应付票据；③在经营过程中形成，如应付职工薪酬、应交税费；④在利润分配过程中形成，如应付股利等。按应付金额是否肯定可分为三类：应付金额肯定的负债、应付金额应予估计的负债和应付金额视经营情况而定的负债。

（三）所有者权益

所有者权益是指所有者在企业资产中享有的经济利益，其金额为资产减去负债后的余额。

1. 所有者权益特征

① 所有者投资所形成的资产可供企业长期使用，其出资额依法登记后，不得抽回。

② 所有者投资所形成的资产是企业清偿债务的物资保证。

③ 所有者以其出资额享有获取企业利润的权益，同时也承担企业的经营风险。

2. 所有者权益构成

所有者权益的来源包括所有者投入的资本、直接计入所有者权益的利得和损失、留存收益等。所有者投入的资本，是指所有者投入企业的资本部分，它既包括构成企业注册资本或者股本部分的金额，也包括投入资本超过注册资本或者股本部分的金额，即资本溢价或股本溢价。直接计入所有者权益的利得和损失，是指不应计入当期损益、会导致所有者权益发生增减变动、与所有者投入资本或者向所有者分配利润无关的利得或损失。利得，是指由企业非日常活动所形成的、会导致所有者权益增加的、与所有者投入资本无关的经济利益的流入。损失，是指由企业非日常活动所发生的、会导致所有者权益减少的、与所有者分配利益无关的经济利益的流出。留存收益，是企业历年实现的净利润留存于企业的部分，主要包括计提的盈余公积和未分配利润。所有者权益金额取决于资产和负债的计量。

（1）实收资本　指投资者按照企业章程或合同、协议的约定，实际投入企业的资本。

（2）资本公积　是由资本溢价、资产增值等原因而产生，由所有投资者共同享有的权益。资本（或股本）溢价，指企业投资者投入的资金超过其在注册资本中所占份额的部分。

（3）盈余公积　企业从税后利润中提取形成的留存于企业内部，具有特定用途的收益积累。盈余公积可以用作转增资本、弥补亏损、利润分配等目的。

（4）未分配利润　企业留于以后年度分配的利润或待分配利润。未分配利润是没有指定用途的留存收益。

三、动态会计要素

（一）收入

收入是指企业在销售商品、提供劳务及让渡资产使用权等日常活动中所形成的、会导致所有者权益增加的、与所有者投入资本无关的经济利益的总流入。日常活动是指企业为完成其经营目标所从事的经常性活动以及与之相关的其他活动。

1. 收入特征

① 日常活动中所产生的利益流入。偶然活动产生的经济利益流入只能形成利得，不是这里所讲的收入。

② 形成经济利益的流入。日常活动能够形成企业实实在在的经济利益，如果形成的只是名义上的经济利益，就不能确认为收入。

③ 收入的形成会导致所有者权益增加。

④ 收入的形成总是伴随着资产的增加或负债的减少或者二者兼而有之。

2. 收入构成

按照日常活动在企业所处的地位，收入可分为主营业务收入和其他业务收入。

（1）主营业务收入　是指在企业销售产品、提供劳务等主营业务所实现的收入，即企业为完成其经营目标而从事的日常活动中的主要项目。如房地产开发企业销售房屋收入等。

（2）其他业务收入　是指企业除主营业务以外的其他经营活动实现的收入，包括出租固定资产、出租无形资产、出租包装物和商品、销售材料等实现的收入。如机器制造企业销售积压材料收入。

（二）费用

费用是指企业在日常活动中发生的、会导致所有者权益减少的、与向所有者分配利润无关的经济利益的总流出。

1. 费用特征

① 费用的发生和收入的创造有内在联系，企业要创造收入，就必须花费代价，如消费耗材、发生人工成本等，这些代价在会计上就表现为费用；企业发生费用的目的是为了创造更多的收入。因此，费用的确认应遵循配比原则，和相应的收入在同一会计期间确认。

② 费用的发生通常伴随着资产的减少或负债的增加，或两者兼而有之，这两种变化最终会导致企业的所有者权益减少。

③ 向所有者分配利润，也使企业的所有者权益减少，但这种经济利益的流出属于损益分配，不属于费用。

2. 费用的构成和分类

费用按照功能，可以分为从事经营业务发生的费用、管理费用、销售费用和财务费用等。

① 从事经营业务发生的费用按其归属对象的方式，可以分为直接费用和间接费用。直接费用是直接计入所归属对象的各种耗费，间接费用需按一定标准分配计入归属对象。

② 管理费用、销售费用和财务费用可统称为期间费用，是企业的行政管理部门为组织和管理生产经营活动而发生的费用，为销售产品和提供劳务而发生的费用，以及为筹集生产经营所需资金而发生的费用，此类费用可直接计入当期利润。

在我国会计实务中，费用也有狭义和广义之分。狭义的费用指企业在经营过程中发生的费用，包括经营业务发生的费用和期间费用；广义的费用还包括企业在其他业务中的花费以及营业外支出（损失）等。

（三）利润

利润是指企业在一定会计期间的经营成果，是全部收入减去全部费用后的差额。包括收入减去费用后的净额、直接计入当期利润的利得和损失等。

1. 利润特征

利润是衡量企业在特定会计期间财务业绩的主要指标，也是经济生活中的重要概念，业绩考核、盈利预测、投资决策、银行决策、银行信贷、税费征管、股利分配、证券监管、资源配置等，都以利润指标作基础。

① 企业在一定会计期间的经营成果（收入－费用＋利得－损失）。

② 会增加企业的资产。

③ 为投资者所有，增加所有者权益。

2. 利润的构成和分类

企业的利润分为营业利润、利润总额和净利润。

（1）营业利润　是指营业收入减去营业成本和营业税金及附加，减去销售费用、管理费用、财务费用和资产减值损失，加上公允价值变动损益和投资收益的余额。

（2）利润总额　是指营业利润加上营业外收入，减去营业外支出后的金额。

（3）净利润　是指利润总额减去所得税费用后的金额。

四、划分会计要素的意义

首先，会计的目标是提供有用的经济信息，会计的基本职能是反映和控制，反映与控制的对象是企业的资金运动及其所代表的经济活动。为了正确地反映企业的资金运动及其所代表的经济活动，就需要对其进行必要的分类，这种对会计对象的分类就是会计要素。

其次，会计核算区别于其他经济核算的一个很重要的特征就是具有连续性、系统性和完整性，其中连续性就是指对经济活动的反映从时间上来说必须是连续的，不能中断；系统性就是指对经济活动的反应必须是分门别类的、清晰的，而不能是笼统的、混杂的；完整性是指所有应该纳入会计信息系统的项目都必须纳入，不能有所遗漏。因此，为了分门别类地对会计对象进行反映和控制，就必须将其划分为各个不同的类别，也就是会计要素。

最后，会计要素是构成会计报表的基本框架。

第二节　会计等式

一、会计等式的概念

会计等式亦称会计恒等式或会计平衡公式，是指在会计核算中反映各个会计要素数量关系的等式，也是运用数学方程的原理描述会计要素之间数量关系的表达式。它是设置账户、复式记账和设计资产负债表的理论依据。

二、静态会计等式

各个企业单位所拥有或控制的资产，其来源不外乎两个渠道，也就是对企业单位资产的要求权即权益分为两部分：一是由企业的债权人提供的，这类权益属于债权人权益，又称"负债"，负债在未偿还之前，是企业资产的一种来源。另一部分权益是企业的投资人提供的，称为所有者权益，是企业资产的主要来源。债权人权益和所有者权益的性质是不同的，债权人权益对企业资产的要求权优先于所有者的要求权，称为第一要求权，所有者权益则是对企业净资产的要求权。因此，会计等式表示为：

$$资产＝负债＋所有者权益$$

这一等式反映了资产、负债和所有者权益三个会计要素之间的联系和基本数量关系。这种数量关系表明了企业一定时点上的财务状况，因此上述等式也称为静态会计等式，它是编制资产负债表的理论基础。

对静态会计等式的进一步理解：①静态会计等式体现了同一资金的两个不同侧面，即资金存在形态与资金来源渠道；②以货币计量时，会计等式双方数额相等；③资产会随负债、所有者权益增减而成正比例变化。资产会随着负债、所有者权益的增加而增加。

三、动态会计等式

企业在生产经营过程中还会取得收入，并为取得收入而发生相应的费用。收入和费用相配比，其差额即为企业的经营成果。收入大于费用的差额为企业的利润，反之为亏损。收入、费用和利润三者之间的关系，用公式表示如下：

$$收入－费用＝利润$$

上述等式是从某个会计期间考察企业的最终经营成果而形成的恒等关系。它表明，从动态考察，某一期间的利润是已实现的收入减去费用的差额，因此，我们称之为动态会计等式。

对动态会计等式的进一步理解：①利润的实质是实现的收入减去相关费用以后的差额。②利润会随着收入的增减成正比例变化；利润随着收入的增加而增加。利润随着收入的减少而减少。③利润会随着费用的增减成反比例变化。利润随费用的增加而减少，利润随费用的减少而增加。

四、综合会计等式

综合会计等式是由静态会计等式和动态会计等式综合而成的全面反映企业的财务状况和经营成果的等式。

收入可以导致企业资产的增加或负债的减少，最终导致所有者权益的增加，而费用可导致资产的减少或负债的增加，最终导致企业所有者权益的减少。若收入大于费用，所有者权益将按确定的企业净利润额增加；若收入小于费用，所有者权益将按确定的企业净亏损额减少，也就是说企业的所有者要承担企业的亏损。由于利润在未分配之前属于所有者权益，所以，一定时期的经营成果必然影响一定时点的财务状况。所以上述会计基本等式可进一步扩展为以下的会计等式：

资产＝负债＋所有者权益＋利润＝负债＋所有者权益＋（收入－费用）

由于收入、费用和利润是构成损益表的三个会计要素，将会计基本等式与其扩展形式联系起来，有利于揭示资产负债表要素和损益表要素内部及其相互之间的内在联系和数量上的依存关系。

对扩展会计等式的进一步理解：①资金两个不同侧面的扩展，即资金存在形态（资产和费用）与资金来源渠道（负债、所有者权益和收入）；②等式双方是在数量增加基础上的新的相等。

五、经济业务对会计等式的影响

（一）经济业务的定义

经济业务又称交易事项，应该办理会计手续并且能用会计方法反映的经济活动称为经济业务。它必须具备两个条件：

① 能客观地用货币量度进行计价，也就是能够用货币加以表现；

② 可以改变会计要素具体项目的数量和内在联系。

（二）经济业务的类型

经济业务的类型可以划分为以下九种：

① 资产项目内部相互增减，且增减金额相等；

② 负债项目内部相互增减，且增减金额相等；

③ 所有者权益项目内部相互增减，且增减金额相等；

④ 负债项目增加，所有者权益项目减少，且增减金额相等；

⑤ 资产项目增加，负债项目也增加，且增加的金额相等；

⑥ 资产项目增加，所有者权益项目增加，且增加的金额相等；

⑦ 所有者权益项目增加，负债项目减少，且增减金额相等；

⑧ 资产项目减少，负债项目也减少，且减少的金额相等；

⑨ 资产项目减少，所有者权益项目减少，且减少的金额相等。

由此可见，随着各项经济业务的不断发生，必然引起有关会计要素发生增减变动。但是，无论企业的经济业务引起各项会计要素发生怎样的数量变动，都不会破坏会计等式的数量平衡关系，资产总额总是会等于权益总额。

（三）经济业务类型影响会计等式的规律

每项经济业务发生后，至少要影响会计等式中的两个会计要素（或一个要素中的两个项目）发生增、减变化。其规律为：①影响会计等式双方要素，双方同增或同减，增减金额相同。②只影响会计等式某一方要素，单方有增有减，增减金额相同。

（四）经济业务类型不会影响会计等式平衡关系的分析

①经济业务的发生只影响会计等式一方要素发生有增有减变化，双方总额不变，等式保持平衡；②经济业务的发生影响会计等式双方要素发生同增或同减变化，双方总额或增或减，但等式仍保持平衡。无论发生什么样的经济业务，都不会破坏会计等式的恒等关系。

六、会计对象具体内容间的相互关系

会计对象的具体内容是由资产、负债、所有者权益、收入、费用和利润六大要素构成，它们是资金运动的具体体现。资金运动的相对静止状态就是在某个瞬间的时间点上资金运动停留的状态。资产、负债和所有者权益是静态会计等式的要素，是企业某个时间点的财务状况用货币资金的体现。资金运动的静态表明资金运动增减变动的结果。资金运动的动态过程表现为资金的周转循环，在资金周转过程中的资金耗费与收回的差额就是企业的经营运作结果。收入、费用和利润是企业一定时期经营活动结果的体现，是动态会计等式的要素。资金运动的动态表明资金运动增减变动的原因。取得收入，发生费用的交易或者事项，在收入或者费用增加的同时，也会导致资产或者负债产生相应的变动，收入和费用抵减的结果都应该归企业所有者承担，无论收入大于费用还是费用大于收入，都最终影响所有者权益的变动，由企业所有者承担，使等式两边相等。

本 章 小 结

本章主要介绍了会计要素的具体内容和会计等式。会计要素是会计核算对象（内容）的具体化，会计要素分为反映企业财务状况的会计要素：资产、负债、所有者权益以及反映企业经营成果的要素：收入、费用和利润。会计基本等式可以表达为"资产＝负债＋所有者权益"。各种经济业务的发生，总会引起会计等式左右两方有关项目发生增减变动，但会计等式左右两方的总额始终保持平衡。

复 习 思 考

1. 单项选择题

（1）资产是指企业过去的交易或者事项形成的、由企业拥有或者控制的、预期会给企业带来经济利益的（　　）。

A. 物质资源　　　B. 财富　　　　　C. 资源　　　　　D. 收入

（2）下列各项中，属于流动资产的是（　　）。

A. 预付账款　　　B. 预收账款　　　C. 短期借款　　　D. 无形资产

（3）下列属于负债的要素项目是（　　）。

A. 预收账款　　　B. 库存现金　　　C. 存货　　　　　D. 股本

(4) 会计等式表达了（　　）之间的数量关系。

A. 会计科目　　　　B. 会计要素　　　　C. 会计账户　　　　D. 会计主体

(5) 下列经济业务中，影响会计等式总额发生变化的是（　　）。

A. 以银行存款 50 000 元购买材料　　　　B. 结转完工产品成本 40 000 元

C. 购买机器设备 200 000 元，款项未付　　D. 收回客户所欠的货款 30 000 元

(6) 某企业资产总额 500 万元，发生经济业务①赊购商品 30 万元；②收到应收账款 20 万元存入银行；③用银行存款偿还银行借款 25 万元后，其负债及所有者权益总计是（　　）。

A. 505 万元　　　　B. 565 万元　　　　C. 525 万元　　　　D. 550 万元

(7)（　　）是设置会计科目、复式记账和编制资产负债表的理论依据。

A. 会计准则　　　　B. 货币计量　　　　C. 会计等式　　　　D. 会计假设

2. 多项选择题

(1) 下列各项中，属于企业会计要素的有（　　）。

A. 资产　　　　　B. 负债　　　　　C. 所有者权益

D. 支出　　　　　E. 收益

(2) 偿还负债的方式有（　　）。

A. 用现金偿还　　　　　　　　　B. 用现金以外的其他支出偿还

C. 以提供劳务偿还　　　　　　　D. 以另一种负债偿还

E. 以转换为所有者权益偿还

(3) 所有者权益项目要素包括（　　）。

A. 实收资本　　　　B. 资本公积　　　　C. 盈余公积

D. 未分配利润　　　E. 直接计入所有者权益的利得和损失

(4)"资产＝负债＋所有者权益"这一会计等式反映了（　　）。

A. 会计基本要素之间的数量关系　　　　B. 反映了企业资产产权关系

C. 是设置会计科目、复式记账的理论依据　D. 是编制资产负债表的理论依据

E. 是进行会计分析的依据

(5) 企业发生费用，会表现为（　　）。

A. 利润增加　　　　B. 资产减少　　　　C. 负债增加

D. 收入减少　　　　E. 负债减少

(6) 会计等式用公式表示为（　　）。

A. 资产＝权益　　　　　　　　　B. 资产＝债权人权益＋所有者权益

C. 资产＝负债＋所有者权益　　　　D. 资产＋费用＝负债＋所有者权益＋收入

E. 资产＝负债＋所有者权益＋净利润

3. 判断题

(1) 企业预计未来某个时点将要购买的机器设备、原材料属于企业的资产。（　　）

(2) 企业预期发生的银行借款是企业的负债。（　　）

(3) 所有者权益的所有者投入资本包括实收资本、资本公积、盈余公积。（　　）

(4) 收入只包括本企业经济利益的流入，不包括为第三者或客户代收的款项和从偶发的交易或事项中产生的经济利益的流入。（　　）

(5) 费用会导致所有者权益减少，是与向所有者分配利润无关的经济利益的流出。（　　）

(6) 经济业务的发生不会破坏会计等式的平衡关系，但原来的总额有可能会发生变化。

（　　）

（7）总分类科目是对会计对象具体经济内容进行总括分类核算的科目。（　　）

（8）会计科目与设置账户是会计核算的一个重要方法之一。（　　）

4. 思考题

（1）会计要素主要有哪些？各会计要素有何特点？各会计要素的组成内容有哪些？

（2）资产与负债及所有者权益的关系如何？

（3）经济业务的发生有哪几种情况？对会计等式有何影响？经济业务的发生为什么不会破坏资产与负债及所有者权益的平衡关系？资产与负债及所有者权益的平衡关系有何作用？

第三章　会计核算基础

本章学习目的

- 了解会计基本假设和提供会计信息的质量要求
- 理解会计要素的确认计量要求
- 掌握收付实现制与权责发生制

导入案例 ▶▶▶

股票投资

在某大学任教的王毅教授暑假期间遇到 4 位活跃于股市的大学同学，这四位同学中，第一位是代理股票买卖的证券公司的经纪人；第二位是受国家投资公司委托任某公司董事；第三位是个人投资者；最后一位是某报经济栏目的记者。

他们在聚会时，当讨论到如何在股市中操作时，四位同学都发表了自己的意见。他们的答案分别是：

（1）经纪人：随大流；

（2）董事：跟着感觉走；

（3）个人投资者：关键是获取各种信息，至于财务信息是否重要很难说；

（4）记者：至关重要的是掌握公司财务信息。

回到学校，王毅教授将四个同学的答案说给了同学们。

案例要求：

假如你是其中的听者，试问你支持哪种见解？为什么？

资料来源：知之金融学习网—金融杂谈，作者略有删改。

本章主要介绍会计假设、会计要素的确认与计量要求、收付实现制与权责发生制等内容。通过本章学习，要求读者能够掌握会计基本假设的具体内容和会计信息的质量要求，理解会计要素的相关确认计量要求，能够理解收付实现制与权责发生制的联系与区别。

第一节　会计假设

会计核算的前提条件称为会计假设，是会计人员对会计核算所处的变化不定的环境做出的合理判断，是人们对某些未被确切认识的事物，根据客观的正常情况和趋势，所作的合乎情理的推论而形成的一系列不需要证明就可以接受的假定前提。只有明确了这些会计核算的基本前提条件，会计核算才得以正常地进行下去。

一、会计主体假设

会计主体也称为会计实体，是指会计为之服务的特定单位，它规定会计核算的空间活动范围。会计主体假设是指会计核算应当以企业发生的各项经济业务为对象，记录和反映企业本身的各项生产活动。会计主体假设明确了会计工作的空间范围。

会计主体应明确以下几方面范围。

1. 明确会计主体，才能划定会计所要处理的经济业务事项的范围

只有那些影响会计主体经济利益的经济业务事项才能加以确认和计量，会计工作中通常所讲的资产、负债的增减，收入的取得，费用的发生，都是针对特定会计主体而言的。

2. 明确会计主体，才能把握会计处理的立场

例如：企业作一个会计主体，采购材料，导致现金减少、存货增加，或者债务增加、存货增加，而不是相反。

3. 明确会计主体，将会计主体的经济活动与会计主体所有者的经济活动区分开来

无论是会计主体的经济活动，还是会计主体所有者的经济活动，都最终影响所有者的经济利益，但是，为了真实反映会计主体的财务状况、经营成果和现金流量，必须将会计主体的经济活动与会计主体所有者的经济活动区别开来。

会计主体不同于法律主体。一般而言，任何一个具有独立经济意义的法律主体都应是一个会计主体。但是，那些规模小，不需要记账的经济主体，就不成为会计主体。如，一个企业作为一个法律主体，应当建立会计核算体系，独立地反映其财务状况、经营成果和现金流量。但是，会计主体不一定是法律主体，比如在企业集团的情况下，一个母公司拥有若干个子公司，企业集团在母公司的统一领导下开展经营活动，为了全面反映这个企业集团的财务状况和经营成果，就有必要将这个企业集团作为一个会计实体，通过编制合并会计报表，反映企业集团整体的财务状况、经营成果和现金流量。会计主体可以是一个特定的单位，也可以是企业的某一部分，除企业本身之外，不具有法人资格的内部单位，也可以单独加以核算，并编制出内部会计报表。

判断会计主体的标志则视其是否要独立核算和管理上是否有必要划分会计主体，判断法律主体的标志在于是否对外独立行使民事权利与承担民事责任。

二、持续经营假设

持续经营是指会计主体的经营活动将按既定的目标持续不断地经营下去，而不会在可预见的将来面临破产进行清算。持续经营假设是指会计核算应当以企业持续、正常的生产经营活动为前提，而不考虑企业是否破产清算等，在此前提下选择会计程序及会计处理方法，进行会计核算。

尽管现实经济环境中，企业的经营活动存在不确定性，但会计信息系统加工、处理、提供会计信息，应当立足企业持续经营的基础上。否则，一些最基本的信息加工、处理方法都无法确定。只有设定企业是持续经营的，才能进行正常的会计处理。例如，采用历史成本计量，是设定企业在正常的情况下运用它所拥有的各种经济资源和依照原来的偿还条件偿付其所负担的各种债务，否则，就不能继续采用历史成本计价；再如，只有设定企业是持续经营的，才能在历史成本的基础上进一步采用计提折旧的方法，否则，就不能继续采用折旧的方法，而只能采用可变现净值法进行计价。由于持续经营是根据企业发展的一般情况所作的设定，企业在生产经营过程中缩减经营规模乃至停业的可能性总是存在的。为此，往往要求定期对企业持续经营这一前提作出分析和判断。一旦判定企业不符合持续经营前提，就应当改变会计核算的方法。

三、会计分期假设

会计分期是指把企业持续不断的生产经营过程划分为较短的相对等距的会计期间。会计分期假设的目的在于通过会计期间的划分，分期结算账目，按期编制会计报表，从而及时地向有关方面提供反映财务状况和经营成果的会计信息，满足有关方面的需要。从理论上来说，在企业持续经营的情况下，要反映企业的财务状况和经营成果，只有等到企业所有的生产经营活动结束后，才能通过收入和费用的归集与比较，进行准确的计算，但那时提供的会计信息已经失去了应有的作用，因此，必须人为地将这个过程划分为较短的会计期间。

会计分期假设是对会计工作时间范围的具体划分，主要是确定会计年度。中外各国所采用的会计年度一般都与本国的财政年度相同。我国以日历年度作为会计年度，即从每年的1月1日～12月31日为一个会计年度。会计年度确定后，一般按日历确定会计半年度、会计季度和会计月度。

会计分期假设有着重要的意义。有了会计分期，才产生了本期与非本期的区别，才产生了收付实现制和权责发生制、划分收益性支出和资本性支出、配比等要求。只有正确地划分会计期间，才能准确地提供财务状况和经营成果的资料，才能进行会计信息的对比。

四、货币计量假设

货币计量是指会计主体采用货币作为计量单位，计量、记录和报告企业的生产经营活动。

人们记录经济活动的方式有多种，如实物量度、劳动时间和货币量度。会计对企业财务状况和经营成果进行全面系统的反映，应以价值形式表示最为适当。在商品经济条件下，货币充当了一般等价物，企业的经济活动最终体现为货币量，所以采用货币这个统一尺度进行会计核算更直截了当。当然，统一采用货币尺度，也有不利之处，许多影响企业财务状况和经营成果的因素，并不一定都能用货币来衡量，比如企业经营战略、在消费者当中的信誉度、企业的地理位置等。在我国，货币计量要求采用人民币作为记账本位币，这是对货币计量前提的具体化。同时也规定，外商投资企业等业务收支以人民币以外的货币为主的单位，可以选定其中某种货币作为记账本位币。但编制会计报表应折算为人民币来反映。

货币本身也有价值，它是通过货币的购买力或物价水平表现出来的，但在市场经济条件下，货币的价值也在发生变动，币值很不稳定，甚至有些国家出现比较恶劣的通货膨胀，对货币计量提出了挑战。因此，一方面，我们在确定货币计量假设时，必须同时确立币值稳定假设，假设币值是稳定的，不会有大的波动，或前后波动能够被抵消。另一方面，如果发生恶性通货膨胀，就需要采用特殊的会计原则如物价变动会计原则来处理有关的经济业务。

四项基本假设缺一不可，既有联系也有区别，共同为会计核算工作的开展奠定了基础，也是确定会计原则的基础。会计主体确立了会计核算的空间范围，持续经营与会计分期确立了会计核算的时间长度，而货币计量为会计核算提供了必要手段。没有会计主体，就不会有持续经营；没有持续经营，就不会有会计分期；没有货币计量，就不会有现代会计。

第二节　会计信息质量特征

会计作为一项管理活动，其主要目的之一是向企业的利益相关者提供对其决策有用的会计信息，要达到这个目的，就必须要求会计信息具有一定的质量特征。会计信息质量特征也称会计信息质量要求，是使会计信息对使用者决策有用所应具备的特征，对此，会计准则进行了明确规定。

会计信息质量要求是对企业财务报告中所提供高质量会计信息的基本规范，是使财务报告中所提供会计信息对投资者等使用者决策有用应具备的基本特征，根据基本准则规定，它包括可靠性、相关性、可理解性、可比性、实质重于形式、重要性、谨慎性和及时性等。其中，可靠性、相关性、可理解性和可比性是会计信息的首要质量要求，是企业财务报告中所提供会计信息应具备的基本质量特征；实质重于形式、重要性、谨慎性和及时性是会计信息的次级质量要求，是对可靠性、相关性、可理解性和可比性等首要质量要求的补充和完善，尤其是在对某些特殊交易或者事项进行处理时，需要根据这些质量要求来把握其会计处理原则，另外，及时性还是会计信息相关性和可靠性的制约因素，企业需要在相关性和可靠性之间寻求一种平衡，以确定信息及时披露的时间。

一、可靠性

可靠性要求企业应当以实际发生的交易或者事项为依据进行确认、计量和报告，如实反映符合确认和计量要求的各项会计要素及其他相关信息，保证会计信息真实可靠，内容完整。可靠性是高质量会计信息的重要基础和关键所在，如果企业以虚假的经济业务进行确认、计量、报告，属于违法行为，不仅会严重损害会计信息质量，而且会误导投资者，干扰资本市场，导致会计秩序混乱。一项信息是否可靠取决于以下三个因素。

（一）真实性

会计核算以实际发生的交易或者事项为依据进行确认、计量，将符合会计要素定义及其确认条件的资产、负债、所有者权益、收入、费用和利润等如实反映在财务报表中，不得根据虚构的、没有发生的或者尚未发生的交易或者事项进行确认、计量和报告。

（二）可靠性

指信息能经得住复核和验证，即由独立的专业和文化素养基本相同的人员，分别采用同一计量方法，对同一事项加以计量，能得出相同的结果。同时，在符合重要性和成本效益原则的前提下，保证会计信息的完整，其中包括应当编报的报表及其附注内容等应当保持完整，不能随意遗漏或者减少应予披露的信息，与使用者决策相关的有用信息都应当充分披露。

（三）中立性

在财务报告中的会计信息应当是中立的、无偏的。如果企业在财务报告中为了达到事先设定的结果或效果，通过选择或列示有关会计信息以影响决策和判断，这样的财务报告信息就不是中立的。

二、相关性

相关性，又称有用性，是指企业提供的会计信息应当与会计信息使用者的经济决策需要相关，以有助于会计信息使用者对企业过去、现在或未来的情况作出评价或预测。

会计信息的价值在于对会计信息使用者的决策有用，有助于提高决策的水平。相关的会计信息应当有助于使用者评价企业过去的决策，证实或修正过去有关的预测，因而具有反馈价值。相关的会计信息还应当具有预测价值，有助于会计信息使用者根据企业提供的会计信息预测企业未来的财务状况、经营成果和现金流量。为了满足相关的要求，企业应在会计处理中充分考虑使用者的决策模式和信息需要。

会计信息质量的相关性要求，以可靠性为基础的，两者之间是统一的，并不矛盾，不应将两者对立起来。也就是说，会计信息在可靠性前提下，尽可能地做到相关性，以满足投资者等财务报告使用者的决策需要。

三、可理解性

可理解性要求企业提供的会计信息应当清晰明了，便于投资者等财务报告使用者理解和使用。企业编制财务报告、提供会计信息的目的在于使用，而要使使用者有效地使用会计信息，应当能让其了解会计信息的内涵，弄懂会计信息的内容，这就要求财务报告所提供的会计信息应当清晰明了，易于理解。只有这样，才能提高会计信息的有用性。

会计信息是一种专业性较强的信息产品，在强调会计信息的可理解性的同时，还应假定使用者具有一定的企业经营活动和会计方面的知识，并且愿意付出努力去研究这些信息。对于某些复杂的信息，如交易本身较为复杂或者会计处理较为复杂，但其与使用者的经济决策相关，企业就应当在财务报告中予以充分披露。

四、可比性

可比性要求企业提供的会计信息应当可比。这主要包括以下两层含义。

（一）同一企业不同时期可比

为了便于投资者等财务报告使用者了解企业财务状况、经营成果和现金流量的变化趋势，比较企业在不同时期的财务报告信息，全面、客观地评价过去，预测未来，作出决策，会计信息质量的可比性要求同一企业不同时期发生的相同或者相似的交易或者事项，应当采用一致的会计政策，不得随意变更。但是，满足会计信息可比性要求，并非表明企业不得变更会计政策，如果按照规定或者在会计政策变更后可以提供更可靠、更相关的会计信息，可以变更会计政策。有关会计政策变更的情况，应当在附注中予以说明。

（二）不同企业相同会计期间可比

为了便于投资者等财务报告使用者评价不同企业的财务状况、经营成果和现金流量及其变动情况，会计信息质量的可比性要求不同企业同一会计期间发生的相同或者相似的交易或者事项，应当采用统一规定的会计政策，确保会计信息口径一致，相互可比，以使不同企业按照一致的确认、计量和报告要求提供有关会计信息。

可比性要求各类企业执行的会计政策应当统一，比如新企业会计准则于2007年1月1日在所有上市公司执行，实现了上市公司会计信息的可比性；之后新准则实施范围进一步扩大，将会实现所有大中型企业实施新准则的目标，解决不同企业之间会计信息的可比性问题。

五、实质重于形式

实质重于形式要求企业应当按照交易或者事项的经济实质进行会计确认、计量和报告，不仅仅以交易或者事项的法律形式为依据。

企业发生的交易或事项在多数情况下其经济实质和法律形式是一致的，但在有些情况下也会出现不一致。例如，企业按照销售合同销售商品，但又签订了售后回购协议，虽然从法律形式上看实现了收入，但如果企业没有将商品所有权上的主要风险和报酬转移给购货方，没有满足收入确认的各项条件，即使签订了商品销售合同或者已将商品交付给购货方，也不应当确认销售收入。

又如，在企业合并中，经常会涉及"控制"的判断，有些合并，从投资比例来看，虽然投资者拥有被投资企业50％或50％以下股份，但是投资企业通过章程、协议等有权决定被投资企业财务和经营政策的，就不应当简单地以持股比例来判断控制权，而应当根据实质重于形式的原则来判断投资企业对被投资单位的控制程度。

再如，关联交易中，通常情况下，关联交易只要交易价格是公允的，就属于正常交易，按照准则规定进行确认、计量、报告；但是，某些情况下，关联交易有可能会出现不公允，虽然这个交易的法律形式没有问题，但从交易的实质来看，可能会出现关联方之间转移利益或操纵利润的行为，损害会计信息质量；由此可见，在会计职业判断中，正确贯彻实质重于形式原则至关重要。

六、重要性

重要性要求企业提供的会计信息应当反映与企业财务状况、经营成果和现金流量有关的所有重要交易或事项。根据重要性的要求，企业应当区别经济业务的重要程度，采用不同的会计处理程序和方法。具体来说，对于重要的经济业务，应单独核算，分项反映，力求准确，并在财务报告中作重点说明；对于不重要的经济业务，在不影响会计信息真实性的情况下，可适当简化会计核算或合并反映，以便集中精力抓好关键。

重要性没有统一的标准，需要根据会计人员的职业判断确定。一般来说，重要性可以从质和量两个方面进行判断。质的方面，如果某会计事项可能对决策者的决策产生重大影响，说明该事项属于重要的事项；量的方面，如果某一交易或事项的发生达到一定数量或比例，对决策产生重大影响，则该交易或该事项属于重要事项。

七、谨慎性

谨慎性要求企业对交易或者事项进行会计确认、计量和报告时保持应有的谨慎，不应高估资产或者收益，低估负债或者费用。

在市场经济环境下，企业的生产经营活动面临着许多风险和不确定性，如应收款项的可收回性、固定资产的使用寿命、无形资产的使用寿命、售出存货可能发生的退货或者返修等。会计信息质量的谨慎性要求，需要企业在面临不确定性因素的情况下作出职业判断时，应当保持应有的谨慎，充分估计到各种风险和损失，既不高估资产或者收益，也不低估负债或者费用。

谨慎性的应用不允许企业设置秘密准备，如果企业故意低估资产或者收入，或者故意高估负债或者费用，将不符合会计信息的可靠性和相关性要求，损害会计信息质量，扭曲企业实际的财务状况和经营成果，从而对使用者的决策产生误导，这是不符合会计准则要求的。

八、及时性

及时性要求企业对于已经发生的交易或者事项，应当及时进行确认、计量和报告，不得提前或者延后。

会计信息的价值在于帮助所有者或者其他方作出经济决策，具有时效性。即使是可靠的、相关的会计信息，如果不及时提供，就失去了时效性，对于使用者的效用就大大降低，甚至不再具有实际意义。在会计确认、计量和报告过程中贯彻及时性，一是要求及时收集会计信息，即在经济交易或者事项发生后，及时收集整理各种原始单据或者凭证；二是要求及时处理会计信息，即按照会计准则的规定，及时对经济交易或者事项进行确认或者计量，并编制财务报告；三是要求及时传递会计信息，即按照国家规定的有关时限，及时地将编制的财务报告传递给财务报告使用者，便于其及时使用和决策。

第三节　会计要素确认、计量及要求

《企业会计准则——基本准则》除了对会计信息质量提出要求之外，对会计要素的确认和计量也提出了一些基本要求。

一、会计要素确认

会计要素确认是指按照规定的标准和方法，辨认和确定交易或事项中的某一项目是否作为一项会计要素加以记录和列入财务报表的过程，包括初次确认和再次确认。

初次确认是对企业发生的交易或事项能否转换为会计信息，并进入会计处理系统的筛选过程。企业产生的交易或事项都是大量的，在众多的交易或事项中，有些是会计核算和监督的内容，有些则不属于会计核算和监督的范围。在会计核算系统正式接受、记录经济业务的有关数据之前，应进行必要的确认，以排除不属于会计核算系统的经济数据。初次确认实际上是经济信息能否转换为会计信息并进入会计处理系统的筛选过程。初次确认的标准，主要是发生的经济业务能否用货币计量，如果发生的经济业务能用货币计量，则通过了初次确认，可以进入会计处理系统，如果发生的经济业务不能用货币计量，则应摒弃在会计处理系统之外。

再次确认是对会计处理系统输出的经过加工的会计信息的确认。经过初次确认的原始信息，借助于会计核算方法转化为账簿资料。为了便于管理者使用，必须依据管理者的需要，继续对账簿资料进行加工浓缩、提炼，或加以扩充、重新归类、组合，即再次确认。再次确认是依据管理者的需要，确认账簿资料中哪些项目应列入财务报表，或在财务报表中揭示多少财务资料及何种财务资料。再次确认的标准主要是会计信息使用者的需要，会计输出的信息应是能够影响会计信息使用者决策的信息。

（一）资产的确认条件

1. 符合资产的定义

资产应是由过去的交易、事项形成并由企业拥有或者控制的资源，该资源预期会给企业带来经济利益。如果不符合资产的定义，不能将其确认为资产。

2. 与该资源有关的经济利益很可能流入企业

从资产的定义来看，能否带来经济利益是资产的一个本质特征，但在现实生活中，由于经济环境瞬息万变，与资源有关的经济利益能否流入企业或者能够流入多少实际上带有不确定性。因此，资产的确认还应与经济利益流入的不确定性程度的判断结合起来。

3. 该资源的成本或者价值能够可靠地计量

财务会计系统是一个确认、计量和报告的系统，其中可计量性是所有会计要素确认的重要前提，资产的确认也是如此。只有当有关资源的成本或者价值能够可靠地计量时，资产才能予以确认。

（二）负债的确认条件

1. 符合负债的定义

负债应是过去的交易或事项所形成的、预期会导致经济利益流出企业的现时义务。

2. 与该义务有关的经济利益很可能流出企业

从负债的定义来看，负债预期会导致经济利益流出企业，但是履行义务所需流出的经济利益带有不确定性，尤其是与推定义务相关的经济利益通常需要依赖于大量的估计。因此，负债的确认应当与经济利益流出的不确定性程度的判断结合起来。如果有确凿证据表明，与现时义务有关的经济利益很可能流出企业，就应当将其作为负债予以确认；反之，如果企业承担了现时义务，但是导致经济利益流出企业的可能性已不复存在，就不符合负债的确认条件，不应将其作为负债予以确认。

3. 未来流出的经济利益的金额能够可靠地计量

负债的确认在考虑经济利益流出企业的同时，对于未来流出的经济利益的金额应当能够可靠计量。对于与法定义务有关的经济利益流出金额，通常可以根据合同或者法律规定的金额予以确定，考虑到经济利益流出的金额通常在未来期间，有时未来期间较长，有关金额的计量需要考虑货币时间价值等因素的影响。对于与推定义务有关的经济利益流出金额，企业应当根据履行相关义务所需支出的最佳估计数进行估计，并综合考虑有关货币时间价值、风险等因素的影响。

（三）所有者权益的确认条件

所有者权益的确认、计量主要取决于资产、负债、收入、费用等其他会计要素的确认和计量。所有者权益即为企业的净资产，是企业资产总额中扣除债权人权益后的净额，反映所有者（股东）财富的净增加额。通常企业收入增加时，会导致资产的增加，相应地会增加所有者权益；企业发生费用时，会导致负债增加，相应地会减少所有者权益。因此，企业日常经营的好坏和资产负债的质量直接决定着企业所有者权益的增减变化和资本的保值增值。

所有者权益反映的是企业所有者对企业资产的索取权，负债反映的是企业债权人对企业资产的索取权，而且通常债权人对企业资产的索取权要优先于所有者对企业资产的索取权，两者在性质上有本质区别，因此企业在会计确认、计量和报告中，应当严格区分负债和所有者权益，以如实反映企业的财务状况，尤其是企业的偿债能力和产权比率等。在经营实务中，企业某些交易或者事项可能同时具有负债和所有者权益的特征，在这种情况下，企业应当将属于负债和所有者权益的部分分开核算和列报。例如，企业发行的可转换公司债券，企业应当将其中的负债部分和权益性工具部分进行分拆，分别确认负债和所有者权益。

（四）收入的确认条件

企业收入的来源渠道多种多样，不同收入来源的特征有所不同，其收入确认条件也往往存在一些差别。一般而言，收入只有在经济利益很可能流入，从而导致企业资产增加或者负债减少、经济利益的流入额能够可靠计量时，才能予以确认。即收入的确认至少应当符合以下条件：一是与收入相关的经济利益应当很可能流入企业；二是经济利益流入企业的结果会导致资产的增加或者负债的减少；三是经济利益的流入额能够可靠计量。

（五）费用的确认条件

费用的确认除了应当符合定义外，也应当满足严格的条件，即费用只有在经济利益很可能流出，从而导致企业资产减少或者负债增加、经济利益的流出额能够可靠计量时，才能予以确认。费用的确认至少应当符合以下条件：一是与费用相关的经济利益应当很可能流出企业；二是经济利益流出企业的结果会导致资产的减少或者负债的增加；三是经济利益的流出额能够可靠计量。

（六）利润的确认条件

利润反映收入减去费用、利得减去损失后的净额。利润的确认主要依赖于收入和费用以及利得和损失的确认，其金额的确定也主要取决于收入、费用、利得、损失金额的计量。

二、会计要素计量

会计计量是为了将符合确认条件的会计要素登记入账并列报于财务报表而确定其金额的过程。企业应当按照规定的会计计量属性进行计量，确定相关金额。

（一）会计要素的计量属性

会计计量是为了将符合确认条件的会计要素登记入账并列报于财务报表而确定其金额的过程。企业应当按照规定的会计计量属性进行计量，确定相关金额。计量属性是指所予计量的某一要素的特性方面，如桌子的长度、铁矿的重量、楼房的面积等。从会计角度，计量属性反映的是会计要素金额的确定基础，主要包括历史成本、重置成本、可变现净值、现值和公允价值等。

1. 历史成本

历史成本，又称为实际成本，就是取得或制造某项财产物资时所实际支付的现金或其他等价物。在历史成本计量下，资产按照其购置时支付的现金或者现金等价物的金额，或者按照购置资产时所付出的对价的公允价值计量。负债按照其因承担现时义务而实际收到的款项或者资产的金额，或者承担现时义务的合同金额，或者按照日常活动中为偿还负债预期需要支付的现金或者现金等价物的金额计量。

2. 重置成本

重置成本又称现行成本，是指按照当前市场条件，重新取得同样一项资产所需支付的现金或现金等价物金额。在重置成本计量下，资产按照现在购买相同或者相似资产所需支付的现金或者现金等价物的金额计量。负债按照现在偿付该项债务所需支付的现金或者现金等价物的金额计量。在实务中，重置成本多应用于盘盈固定资产的计量等。

3. 可变现净值

可变现净值，是指在正常生产经营过程中，以资产预计售价减去进一步加工成本和预计销售费用以及相关税费后的净值。在可变现净值计量下，资产按照其正常对外销售所能收到现金或者现金等价物的金额，扣减该资产至完工时估计将要发生的成本、估计的销售费用以及相关税费后的金额计量。可变现净值通常应用于存货资产减值情况下的后续计量。

可变现净值＝估计的（正常销售售价－至完工的成本－销售费用－相关税费）

4. 现值

现值是指对未来现金流量以恰当的折现率进行折现后的价值，是考虑货币时间价值的一种计量属性。在现值计量下，资产按照预计从其持续使用和最终处置中所取得的未来净现金流入量的折现金额计量。负债按照预计期限内需要偿还的未来净现金流出量的折现金额计量。

5. 公允价值

公允价值，是指在公平交易中，熟悉情况的交易双方自愿进行资产交换或者债务清偿的金额。在公允价值计量下，资产和负债按照在公平交易中熟悉情况的交易双方自愿进行资产交换或者债务清偿的金额计量。

（二）各种计量属性之间的关系

在各种会计要素计量属性中，历史成本通常反映的是资产或者负债过去的价值，而重置成本、可变现净值、现值以及公允价值通常反映的是资产或者负债的现时成本或者现时价值，是与历史成本相对应的计量属性。公允价值相对于历史成本而言，具有很强的时间概念，也就是说，当前环境下某项资产或负债的历史成本可能是过去环境下该项资产或负债的公允价值，而当前环境下某项资产或负债的公允价值也许就是未来环境下该项资产或负债的历史成本。一项交易在交易时点通常是按公允价值交易的，随后就变成了历史成本，资产或者负债的历史成本许多就是根据交易时有关资产或者负债的公允价值确定的。比如，在非货币性资产交换中，如果交换具有商业实质，且换入、换出资产的公允价值能够可靠计量，换入资产入账成本的确定应当以换出资产的公允价值为基础，除非有确凿证据表明换入资产的公允价值更加可靠。在非同一控制下的企业合并交易中，合并成本也是以购买方在购买日为取得对被购买方的控制权而付出的资产、发生或承担的负债等的公允价值确定的。在应用公允价值时，当相关资产或者负债不存在活跃市场的报价或者不存在同类或者类似资产的活跃市场报价时，需要采用估值技术来确定相关资产或者负债的公允价值，而在采用估值技术估计相关资产或者负债的公允价值时，现值往往是比较普遍的一种估值方法，在这种情况下，公允价值就是以现值为基础确定的。

（三）计量属性的应用原则

基本准则规定，企业在对会计要素进行计量时，一般应当采用历史成本，采用重置成本、可变现净值、现值、公允价值计量的，应当保证所确定的会计要素金额能够取得并可靠计量。

企业会计准则体系适度、谨慎地引入公允价值这一计量属性，是因为随着我国资本市场的发展，越来越多的股票、债券、基金等金融产品在交易所挂牌上市，使得这类金融资产的交易已经形成了较为活跃的市场。在这种情况下，引入公允价值，更能反映企业的实际情况，对投资者等财务报告使用者的决策更具有相关性。

在引入公允价值过程中，我国充分考虑了国际财务报告准则中公允价值应用的三个级次：第一，资产或负债等存在活跃市场的，活跃市场中的报价应当用于确定其公允价值；第二，不存在活跃市场的，参考熟悉情况并自愿交易的各方最近进行的市场交易中使用的价格，或参照实质上相同或相似的其他资产或负债等的市场价格确定其公允价值；第三，不存在活跃市场，且不满足上述两个条件的，应当采用估值技术等确定公允价值。

企业会计准则体系引入公允价值是适度、谨慎和有条件的。原因是考虑到我国尚属新兴和转型的市场经济国家，如果不加限制地引入公允价值，有可能出现公允价值计量不可靠，甚至借机人为操纵利润的现象。因此，在投资性房地产和生物资产等具体准则中规定，只有存在活跃市场、公允价值能够取得并可靠计量的情况下，才能采用公允价值计量。

第四节　权责发生制与收付实现制

企业生产经营活动在时间上是持续不断的，不断地取得收入，不断地发生各种成本、费用，将收入和相关的费用相配比，就可以计算和确定企业生产经营活动中所产生的利润（或亏损）。由于企业生产经营活动是连续的，而会计期间是人为划分的，所以难免有一部分收入和费用出现收支期间和应归属期间不相一致的情况。因此在处理这类经济业务时，应正确选择合适的会计处理原则。可供选择的原则包括权责发生制和收付实现制两种。

一、权责发生制

权责发生制亦称应收应付制，是指企业按收入的权利和支出的义务是否归属于本期来确认收入、费用的标准，而不是按款项的实际收支是否在本期发生。也就是以应收应付为标准。在权责发生制下，凡是属于本期实现的收入和发生的费用，不论款项是否实际收到或实际付出，都应作为本期的收入和费用入账；凡是不属于本期的收入和费用，即使款项在本期收到或付出，也不作为本期的收入和费用处理。由于它不管款项的收付，而以收入和费用是否归属本期为准，所以称为应计制。

在权责发生制下，必须考虑预收、预付和应收、应付。由于企业日常的账簿记录不能完全地反映本期的收入和费用，因而需要在会计期末对账簿记录进行调整，使未收到款项的应计收入和未付出款项的应付费用，以及收到款项而不完全属于本期的收入和付出款项而不完全属于本期的费用，归属于相应的会计期间，以便正确地计算本期的经营成果。采用权责发生制核算比较复杂，但反映本期的收入和费用比较合理、真实，所以适用于企业。

二、收付实现制

收付实现制亦称现收现付制。它以款项是否实际收到或付出作为确定本期收入和费用的标准。凡是本期实际收到款项的收入和付出款项的费用，不论其是否归属于本期，都作为本期的收入和费用处理；反之，凡本期没有实际收到款项和付出款项，即使应归属于本期，但也不作为本期收入和费用处理。由于款项的收付实际上以现金收付为准，所以一般称为现金制。

无论收入的权利和支出的义务归属于哪一期，只要款项的收付在本期，就应确认为本期的收入和费用，不考虑预收收入和预付费用，以及应计收入和应计费用的存在。到会计期末根据账簿记录确定本期的收入和费用，因为实际收到和付出的款项必然已经登记入账，所以不存在对账簿记录于期末进行调整的问题。这种方法核算手续简单，但强调财务状况的切实性，不同时期缺乏可比性，所以它主要适用于行政、事业单位。

为了进一步说明问题，下面以列表的方式，再举几个例子对两种原则加以比较，具体如表 3-1 所示。

表 3-1　权责发生制与收付实现制的比较

项目	举　　例	权责发生制	收付实现制
第一种情况	出租房屋的租金收入，1 月份一次收讫上半年的租金	1 月份：租金收入为半年收入的 1/6；其余部分在 1 月份来看为预收收入	全部作为 1 月份的收入
第二种情况	1 月份把全年的报刊费一次付讫	1 月份：报刊费仅为整笔支出的 1/12；其余部分在 1 月份来看为预付费用	全部作为 1 月份的费用
第三种情况	与购货单位签订合同，分别在 1、2、3 月份供给购货单位三批产品，货款于 3 月末一次付清	分别作为 1、2、3 月份的收入；1、2 月份应收而未收的收入为应计收入	全部作为 3 月份的收入
第四种情况	1 月份向银行借入为期三个月的借款，利息到期即 3 月份一次偿还	分别作为 1、2、3 月份的费用；1、2 月份应付而未付的费用为应计费用	全部作为 3 月份的费用
第五种情况	本期内收到的款项就是本期应获得的收入，本期内支付的款项就是本期应负担的费用，按权责发生制和收付实现制确认收入和费用的结果是完全相同的		

注：资料来源于百度文库。

三、权责发生制与收付实现制的联系和区别

二者之间的联系是二者的目的均为正确计算和确定企业的收入、费用和损益。二者之间的主要区别是：确认收入和费用的标准不同；对收入与费用的配比要求不同；会计期末的处理方法不同；各会计期间计算的收益结果不同；核算过程中的账户设置不同；各自的优点、缺点不同；适用的范围不同等。

本 章 小 结

本章主要介绍了会计核算的基本前提、会计信息的质量特征，会计要素确认、计量及要求以及首付实现制和权责发生制。会计假设是会计核算的基本前提，具体包括会计主体、持续经营、会计分期和货币计量。我国会计准则规定了会计信息的质量特征包括：可靠性、相关性、可理解性、可比性、实质重于形式、重要性、谨慎性和及时性。从会计角度，计量属性反映的是会计要素金额的确定基础，主要包括历史成本、重置成本、可变现净值、现值和公允价值等。本章还介绍了收付实现制与权责发生制等。

复 习 思 考

1. 单项选择题

(1) 企业的会计核算处理程序和会计处理方法前后各期应当保持一致，不得随意变更是（　　）的要求。

A. 可比性 　　　　 B. 一致性 　　　　 C. 配比性 　　　　 D. 真实性

(2) 强调经营成果计算的企业适用于采用（　　）作为记账基础。

A. 权责发生制 　　 B. 收付实现制 　　 C. 永续盘存制 　　 D. 实地盘存制

(3) 企业按照交易或事项的经济实质进行会计核算，遵循的标准是（　　）。

A. 权责发生制 　　 B. 配比性 　　　 C. 实质重于形式 　　 D. 可靠性

(4) 会计信息最高层次的质量特征是（　　）。

A. 决策有用性 　　 B. 相关性 　　　 C. 可靠性 　　　 D. 可比性

(5) 配比原则是指（　　）。

A. 收入与费用相互配比 　　　　　　 B. 收入与成本相互配比

C. 收入与支出配比 　　　　　　　　 D. 收入与其相关的成本费用配比

(6) 在会计假设中，确定会计核算空间范围的是（　　）。

A. 会计主体 　　 B. 持续经营 　　 C. 会计分期 　　 D. 货币计量

(7) 会计分期这一假设是从（　　）引申出来的。

A. 会计主体 　　 B. 持续经营 　　 C. 货币计量 　　 D. 权责发生制

2. 多项选择题

(1) 根据权责发生制原则，应计入本期的收入和费用的有（　　）。

A. 本期实现的收入，并已收款 　　　 B. 本期实现的收入，尚未收款

C. 属于本期的费用，尚未支付 　　　 D. 属于以后各期的费用，但已支付

(2) 根据收付实现制原则，应计入本期的收入和费用的有（　　）。

A. 本期实现的收入，并已收款 　　　 B. 本期实现的收入，尚未收款

C. 属于本期的费用，尚未支付 　　　 D. 属于以后各期的费用，但已支付

(3) 会计信息决策有用性的首要质量特征包括（　　）。

A. 可比性 　　 B. 相关性 　　　 C. 可靠性 　　　 D. 重要性

(4) 会计信息使用者有（　　）。

A. 投资者 　　 B. 债权人 　　　 C. 政府 　　　 D. 供应商

(5) 会计信息的可靠性主要取决于（　　）。

A. 可核性　　　　　　　B. 中立性　　　　　　　C. 真实性　　　　　　　D. 及时性

（6）会计假设包括（　　）。

A. 会计主体　　　　　　B. 持续经营　　　　　　C. 会计分期　　　　　　D. 货币计量

3. 判断题

（1）会计对于经济活动过程和结果的数量反映，可采用的量度只有一种，即货币计量。
（　　）

（2）收入与费用配比也就是费用要由收入补偿。（　　）

（3）我国会计年度自公历1月1日起至12月31日止。（　　）

（4）会计核算所提供的信息是制定决策的唯一有效信息。（　　）

（5）一般来说，会计期间划分得愈短，反映经济活动的会计信息质量就愈可靠。（　　）

（6）在我国企业会计核算中，只允许采用人民币作为记账本位币。（　　）

（7）货币计量包含着币值稳定的假设。（　　）

（8）会计主体都是法律主体。（　　）

4. 思考题

（1）会计核算有哪些基本前提，其具体内容如何，主要解决哪方面问题？

（2）会计信息质量要求包括哪些内容？

（3）区别权责发生制与收付实现制的原理。

5. 业务题

利丰公司5月3日向G公司交付一批商品，价款200 000元，该货款已于4月9日收到。5月5日销售商品一批，货款共计700 000元，其中，300 000元于5月12日收到，350 000元于6月4日收到，50 000元尚未收到。5月25日预收J公司购货款130 000元，按合同约定该批商品将于6月26日交货。5月27日收到4月3日交货的商品销售款100 000元。

5月31日支付4～5月水电费共计20 000元。6月30日支付水电费8 000元。4～6月的房租费51 000元已于4月1日支付。5月8日支付办公设备修理费12 000元（其受益期为5～7月份）。6月30日支付4～6月借款利息9 000元。中期财务报告的审计费用5 000元于6月30日支付。

要求：按权责发生制和收付实现制确认并计算利丰公司4、5、6月的收入数额、费用数额。

第四章 账户与复式记账

本章学习目的

- 使学生了解设置会计科目的意义和原则
- 熟悉会计科目核算的基本内容和科目级次、掌握账户的涵义和结构
- 使学生掌握记账方法、复式记账的理论依据和基本理论
- 熟练掌握借贷记账法的记账符号、账户结构、记账规则和试算平衡

导入案例 ▶▶▶

光明机械制造有限公司拥有机床 100 台，价值 1 500 万元、大卡车 10 辆，价值 280 万元，车间及办公用房屋 10 万平方米，价值 250 万元，银行存款账上有存款 120 万元，仓库中有钢材 50 万元，完工产品 40 万元。该公司的股东对公司投入现金 310 万元，从银行借入长期借款 300 万元，欠供应商的材料款 130 万元。请回答以下问题：

(1) 大致指出该公司在资金流转三个环节上的资金，哪些是该公司资金占用的物质形态，其总金额是多少？哪些是该公司的资金来源渠道，其总金额是多少？

(2) 从上述资金的占用形态和来源渠道说明资金这两方面的关系？

(3) 怎样选择记账会计科目？这些经济业务发生后应如何记账？

资料来源：114 学习网—管理文库，作者略有删改。

会计科目中对会计要素的具体内容进行分类核算的项目，是设置会计账户和编制会计报表的依据。账户是根据会计科目开设的，它是分类、系统、连续记录各项经济业务，反映各项经济业务增减变化及其结果的一种手段。

第一节 会 计 科 目

一、设置会计科目的意义

会计科目是按照经济业务的内容和经济管理的要求，对会计内容具体分类的项目名称。企业在生产经营过程中发生的经济业务多种多样，其所涉及的会计核算内容也非常广泛，它们往往具有不同的性质、形态和作用。会计要素只是对会计内容的基本分类，而会计内容，即企业在生产经营过程中发生的经济业务事项多种多样，都会引起会计要素发生不同的增减变化。就同一会计要素而言，包含若干具体内容，如资产当中包含库存现金、银行存款、原材料等流动资产和厂房、机器设备等固定资产；负债当中包含短期借款、应付账款等流动负债和长期借款、应付债券等长期负债；所有者权益、收入、费用和利润等会计要素中都包含若干不同的具体内容，且内涵和作用各不相同。为了全面、系统、分类地核算和监督各项经

济业务事项的发生情况，以及由此而引起的会计要素的增减变动过程和结果，企业必须按照各会计要素所包含的具体内容的性质和作用，结合内部经营管理的需要和国家宏观经济管理的要求，在对会计内容作出基本分类的基础上进一步分类，即设置会计科目，以提高企业会计核算和财务报告所提供信息的有用性。设置会计科目是会计核算工作中极为重要的一项工作，可以把各项会计要素的增减变动分门别类地记在账上，清楚地为企业内部经营管理和企业外部有关方面提供一系列具体的分类指标。设置会计科目是会计核算工作的第一环节，是正确填制会计凭证、运用复式记账、登记账簿和编制财务会计报告的基础。

二、设置会计科目的原则

会计科目必须根据会计准则和国家统一会计制度的规定设置和使用。企业应在满足会计核算要求、不影响会计指标汇总以及对外提供统一会计报表的前提下，根据实际情况自行增加、减少或合并某些会计科目。设置会计科目一般应遵循下列基本原则。

(一) 结合会计对象特点, 全面反映会计内容

为全面反映会计对象的内容，设置会计科目时，应对会计对象的具体内容进行分类，以很好地反映和监督各项经济业务。因此，企业所设会计科目应能全面反映和监督资产、负债、所有者权益、收入、费用和利润等会计内容；行政、事业单位所设会计科目应能全面反映和监督资产、负债、净资产、收入和支出等会计内容。此外，每个会计主体还应结合本单位的实际情况，设置能够反映本单位特点的会计科目。例如，工业企业的主要经营活动是制造工业产品，就必须设置反映生产耗费、成本计算和成本成果的会计科目；商业企业是组织商品流通的单位，则必须设置商品采购、商品销售以及在购、销、存等环节发生的各项费用的会计科目；行政、事业单位则应设置反映经费收支情况的会计科目。

(二) 满足经济管理要求

会计科目的设置应能满足各方面的需要：满足政府部门加强宏观调控、制定方针政策的需要；满足投资人、债权人及有关方面对企业经营和财务状况作出准确判断的需要；满足企业内部加强经营管理的需要。为此，无论是企业，还是行政、事业单位必须按照国家统一的会计准则和会计制度的规定设置会计科目。另一方面，会计主体可以根据其内部管理的不同需要灵活掌握，自行增加、减少或合并某些会计科目。例如，企业可以根据材料品种、数量的多少和管理上的要求，设置一个会计科目反映多种材料，也可以设置多个会计科目进行反映。

(三) 内容明确, 繁简适宜

会计科目的设置，内容上要求清晰准确，级次上要讲求实用，繁简适宜。科目名称力求简明扼要，内容准确，含义清楚，不能相互混淆。一个科目原则上只能反映一个特定的内容，不重不漏，以保证核算指标的一致性。所设会计科目的级次，既要防止过于简单又要避免过于繁杂，能够满足需要即可。

(四) 必须保持相对稳定性

为保证会计核算指标在一定范围内综合汇总和在不同时期内进行对比分析，会计科目的设置应保持相对稳定，要防止不顾会计制度的规定随意合并、撤销会计科目的做法。设置

会计科目时要适应社会经济环境的变化和本单位业务发展的需要，适当留有扩展余地。一般说来在年度中间不要变更会计科目，即使在年度转换时变更会计科目，也要编制新旧科目对照表，保证数据的正确转换。例如，随着商业信用的发展，为了反映和监督商品交易中的延期收款或延期交货而形成的债权债务关系，核算中应单独设置"应付账款"和"预付账款"等科目。此外，为了适应电子计算机在会计上的应用，保证会计核算软件设计上的相对稳定，会计科目的设置也要考虑便于会计电算化的需求。

（五）做到统一性和灵活性相结合

所谓统一性，是指在设置会计科目时，应根据提供会计信息的要求，按照《企业会计准则》，对一些主要会计科目的设置及其核算内容，在《企业会计制度》中进行统一规定，以保证会计核算指标在一个部门，乃至全国范围内综合汇总、分析利用。所谓灵活性，是指在保证提供统一核算指标和不影响会计核算要求，以及会计报表指标汇总的前提下，各单位可以根据本单位的具体情况和经济管理的要求，对统一规定的会计科目作必要的增补或合并。例如，企业如果需要单独核算废品损失和停工损失，可以增设"废品损失"科目。低值易耗品和包装物较少的企业可以将其并入"原材料"科目。总之，会计科目的设置力求做到统而不死，放而不乱，一般业务统一规定，特殊业务灵活处理。

三、会计科目的分类

为了便于掌握和运用会计科目，可以按照下列标志对会计科目进行适当分类。

（一）按照经济内容分类

具体会计科目的设置一般是从会计要素出发，按经济内容分类，将会计科目分为资产、负债、共同、所有者权益、成本、损益六大类。我国财政部 2006 年 10 月 30 日发布的《企业会计准则——应用指南》中规定的部分企业会计科目的设置如表 4-1 所示。

（二）按照提供核算指标详细程度分类

按照提供核算指标详细程度可以分为总分类科目和明细分类科目两种。

总分类科目也称一级会计科目或总账科目。它是对会计要素的具体内容进行总括分类的账户名称，是进行总分类核算的依据。总分类科目原则上由国家财政部统一制定，以会计规范的形式颁布实施。

明细分类科目，也称明细科目，简称为细目，是对总分类科目进行明细分类的科目，它所反映的经济内容或提供的指标比较详细具体，它是对总分类科目的具体化和详细说明，明细科目的设置，除国家统一设置外，在不违反统一会计核算要求的前提下，各单位可根据本单位的具体情况和经济管理的需要自行规定。

如果某总分类科目下面反映的内容较多，可以增设二级科目，也称子目。它是介于总分类科目与明细分类科目之间的科目，比总分类科目提供的指标详细，但又比明细分类科目提供的指标概括。子目和上述的明细科目（细目）统称为明细科目。例如，工业企业中"原材料"属于一级，在"原材料"科目下可根据需要分别开设"原料及主要材料"、"辅助材料""外购半成品"、"修理用备件"等二级明细科目，而在二级科目下还可根据需要，按照材料的品种开设三级明细科目。

现以"原材料"科目为例，将会计科目按其提供指标、详细程度进行分类，如表 4-2 所示。

表 4-1 会计科目表

顺序号	编号	会计科目名称	顺序号	编号	会计科目名称
		一、资产类	47	2202	应付账款
1	1001	库存现金	48	2205	预收账款
2	1002	银行存款	49	2211	应付职工薪酬
3	1015	其他货币资金	50	2221	应交税费
4	1101	交易性金融资产	51	2231	应付利息
5	1121	应收票据	52	2231	应付股利
6	1122	应收账款	53	2241	其他应付款
7	1123	预付账款	54	2501	递延收益
8	1131	应收股利	55	2601	长期借款
9	1132	应收利息	56	2602	应付债券
10	1231	其他应收款	57	2801	长期应付款
11	1241	坏账准备	58	2802	未确认融资费用
12	1251	贴现资产	59	2811	专项应付款
13	1401	材料采购	60	2901	递延所得税负债
14	1402	在途物资	61		三、共同类
15	1403	原材料		3001	清算资金来源
16	1404	材料成本差异	62	3101	衍生工具
17	1406	库存商品	63	3201	套期工具
18	1407	发出商品	64	3202	被套期项目
19	1410	商品进销差价	65		四、所有者权益类
20	1411	委托加工物资		4001	实收资本(股本)
21	1412	周转材料	66	4002	资本公积
22	1461	存货跌价准备	67	4101	盈余公积
23	1521	持有至到期投资	68	4103	本年利润
24	1522	持有至到期投资减值准备	69	4104	利润分配
25	1523	可供出售金融资产	70	4201	库存股
26	1524	长期股权投资	71		五、成本类
27	1525	长期股权投资减值准备		5001	生产成本
28	1526	投资性房地产	72	5101	制造费用
29	1531	长期应收款	73	5201	劳务成本
30	1541	未实现融资收益	74	5301	研发支出
31	1601	固定资产	75		六、损益类
32	1602	累计折旧		6001	主营业务收入
33	1603	固定资产减值准备	76	6051	其他业务收入
34	1604	在建工程	77	6101	公允价值变动损益
35	1605	工程物资	78	6111	投资收益
36	1606	固定资产清理	79	6301	营业外收入
37	1701	无形资产	80	6401	主营业务成本
38	1702	累计摊销	81	6402	其他业务成本
39	1703	无形资产减值准备	82	6405	营业税金及附加
40	1711	商誉	83	6601	销售费用
41	1801	长期待摊费用	84	6602	管理费用
42	1811	递延所得税资产	85	6603	财务费用
43	1901	待处理财产损益	86	6701	资产减值损失
		二、负债类	87	6711	营业外支出
44	2001	短期借款	88	6801	所得税费用
45	2101	交易性金融负债	89	6901	以前年度损益调整
46	2201	应付票据			

注：1. 共同类项目的特点是既可能是资产也可能是负债。在某些条件下是一项权益，形成经济利益的流入，就是资产；在某些条件下是一项义务，将导致经济利益流出企业，这时就是负债。

2. 损益类项目的特点是其项目是形成利润的要素。如反映收益类科目，例如主营业务收入；反映费用类科目，例如"主营业务成本"。

表 4-2　会计科目按提供指标详细程度的分类

总分类账（一级科目）	明细分类科目	
	二级科目（子目）	明细科目（细目、三级科目）
原材料	原料及主要材料	圆钢
		扁钢
	辅助材料	润滑油
		去污剂
	燃料	汽油
		柴油
	外购半成品	外购轮胎
		外购钢锭
	修理用备件	齿轮
		轴承

　　在实际工作中，为满足会计信息使用者的不同需求，各会计主体应分别按总分类科目开设分类账户，按明细分类科目开设明细分类账户。总分类账户提供的是总括分类核算指标，因此一般只用货币计量；明细分类账户提供的是明细分类核算指标，因此除用货币量度外，有的还用实物量度（如吨、千克、件、台等）。对经济业务通过总分类账户进行的核算，称为总分类核算；通过有关明细分类账户进行的核算，称为明细分类核算。

第二节　会 计 账 户

　　会计记录与计算的主要对象是企业日常发生的各种各样的经济业务。会计科目只是对企业的经济业务进行分类核算提供了依据，而企业的经济业务会不断地发生，即使同一类经济业务也会经常发生，其结果是不断发生增减变化。因此，仅仅利用会计要素和会计等式来记录和反映每一笔经济业务，会计信息就太过于粗略，不能满足不同的会计信息使用者对会计信息的不同要求，而且事实上这也是不大可能做得到的。为了使种类繁杂的经济业务获得具体、适当的归纳，以便于会计系统地、连续地记录和反映，设置账户不失为会计工作行之有效的方法。

一、设置账户的必要性

　　为了全面、连续、分类地记录由于经济业务的发生而引起的会计要素的增减变动，提供各种会计信息，各会计主体必须根据规定的会计科目在账簿中开设账户，以连续地对它们进行记录，以便于为信息使用者及时、准确地提供各种会计信息。设置账户是会计核算的专门方法之一，账户所记录的会计数据是编制会计报表的资料来源。

　　账户是对会计要素进行分类核算的工具，以会计科目作为它的名称并具有一定的格式。正确地设置和运用账户，可以将各种经济业务的发生情况以及由此而引起的资产、负债、所有者权益、收入、费用和利润各要素的变化，系统地、分门别类地进行反映和监督，进而向会计信息使用者提供各种会计信息。由此可见，会计科目和账户是既有联系又有区别的两个概念。

　　会计科目与账户的共同点：都是分门别类地反映某项经济内容，即两者所反映的经济内容是相同的。账户是根据会计科目开设的，会计科目是账户的名称；设置会计科目和账户的目的都是为了提供分类核算的会计信息，会计科目所反映的经济内容和账户所核算的经济内容是一致的。

会计科目与账户的主要区别是：会计科目通常由国家统一规定，是各单位设置账户、处理账务所必须遵循的依据，而账户则由各会计主体自行设置，是会计核算的一个重要工具；会计科目只表明某项经济内容，而账户不仅表明相同的经济内容，还具有一定的结构格式，并通过账户的结构反映某项经济内容的增减变动情况，即会计科目仅仅是会计要素具体内容进行分类的项目名称，而账户还具有一定的结构、格式。由于账户是根据会计科目设置的，并按照会计科目命名，也就是说会计科目是账户的名称，两者的称谓及核算内容完全一致，因而在实际工作中，会计科目与账户常被作为同义语来理解，互相通用，不加区别。

二、账户的基本结构

账户是用来连续记录经济业务事项所引起的资金增减变动情况和结果，分类记录会计信息的载体。而引起资金增减变动的经济业务事项尽管错综复杂，但从数量上看无外乎是增加和减少两种情况，因此，账户的结构就应该相应地划分为左右两个基本部分：一部分反映资金的增加，一部分反映资金的减少，增减相抵后的差额称为账户的余额。账户分设的增加、减少、余额三个部分是账户的基本结构。账户的具体格式多种多样，作为账户的基本结构一般应该包括以下内容：

① 账户名称（即会计科目）；
② 日期和凭证号数（用以说明经济业务日期和账户记录的依据）；
③ 摘要（概括说明经济业务的内容）；
④ 增加金额、减少金额及余额。

账户的基本结构以三栏式账页格式为例，账页的格式如表 4-3 所示。

表 4-3　账页格式（会计科目）

时间 （年、月、日）	凭证号 （字、号）	摘　要	增加金额	减少金额	余额识别	余　额

表 4-3 所列账户的基本格式是手工记账经常采用的格式。其左右两方的金额栏一方记录增加额，另一方记录减少额，增减金额相抵后金额称为账户的余额。余额按其表示的时间不同，分为期初余额和期末余额。因此，账户所记录的金额有期初余额、本期增加发生额、本期减少发生额和期末余额。

期初余额是指期初已存在的账户余额。期初余额以上期期末余额为基础，反映了以前期间的交易和上期采用的会计政策的结果。期初已存在的账户余额是由上期结转至本期的金额，或是上期期末余额调整后的金额。通常，期初余额是上期账户结转至本期账户的余额，在数额上与相应账户的上期期末余额相等。但是，由于受上期期后事项、会计政策变更、前期会计差错更正等诸因素的影响，上期期末余额结转至本期时，有时需经过调整或重新表述。

本期发生额是指一定时期（如月份、季度或年度）内账户所登记增加或减少金额的合计。本期增加额是指一定时期（月份、季度、半年度或年度）内账户所登记的增加金额的合计，也称本期增加发生额。本期减少额是指一定时期内账户所登记的减少金额的合计，也称本期减少发生额。本期（增加或减少）发生额属于动态指标，它反映有关会计要素的增减变动情况。在没有期初余额的情况下，本期增加发生额与本期减少发生额相抵后的差额就是期末余额。本期的期末余额转入下期后，它就是下期的期初余额。期初余额和期末余额属于静态指标，它反映有关会计要素增减变动的结果。上述四种金额的关系可用下列等式表示：

期末余额＝期初余额＋本期增加发生额－本期减少发生额

上列账户结构，在教学上通常用简化的 T 形账户表示，如图 4-1 所示。

左方	账户名称（会计科目）	右方

图 4-1　T 形账户

这种账户格式与英文字母 T 非常相似，所以一般称为 T 形账户。在 T 形账户的左右两方，分别登记每个账户的增加额和减少额，但究竟哪一方记增加，哪一方记减少，余额在哪一方，取决于所采用的记账方法和所记录的经济业务内容。

第三节　总分类账户与明细分类账

一、总分类账户与明细分类账户的意义

账户是根据会计科目开设的。会计科目按提供指标的详细程度，分为总分类科目（又称总账科目或一级科目）和明细分类科目（又称明细科目或细目），所以账户也就此分为总分类账户（总账账户或一级账户）和明细分类账户（明细账户）。

总分类账户是指对会计要素的具体内容进行总括反映的账户。按照《企业会计准则》规定的会计科目设置的账户都属总分类账户。总分类账户又称"总账账户"或"一级账户"，按一级会计科目开设，进行总分类核算，是明细分类核算和序时核算的概括和综合，它可以全面概括地反映和监督各个单位的资金运动。总分类账户所提供的资料是编制会计报表的主要依据，采取货币形式进行金额核算，提供货币指标。因此，总分类账户所提供的是综合资料。如"原材料"总分类账户提供的是企业全部材料的增减变化及结存情况。

明细分类账户，是指用来提供某一总分类账户所属较为详细经济信息的账户，它是用来对会计要素的具体内容进行明细分类核算的账户，简称明细账。明细分类账户是根据实际需要，在总分类账户下开设的，它是对总分类账户的补充和说明。在通常情况下，企业会计业务发生后，如果我们只是对它按会计要素和涉及的科目记入总账账户，仍然不能详细反映企业要了解的具体内容，或记录后不能满足业务分析需要。此时，我们就要对该项业务进行再一次的具体细分，即将它通过明细分类账户记录该业务的详细情况。所以，某一个总分类账户与其所属的明细分类账户的核算内容是相同的，只是提供资料的详细程度不同，把总分类账户和明细分类账户结合起来，就能既总括又详细地反映某一方面的情况，这对于加强经济管理具有重要意义。例如"应收账款"是一个总分类账户，它能够反映企业与购货单位之

间，因采用商业信用行为销售商品而出现的债权的产生与收回情况，但从资金管理的角度看，仅靠这些资料是不够的，还必须在"应收账款"账户下，按购货单位的名称设置明细分类账户，以反映每个购货单位所欠企业货款的收回及结余情况。可见明细分类账是根据企业内部管理需要设置的，详细说明其业务情况的分类账户。

明细分类账户的格式有三栏式、数量金额式和多栏式的。有的明细分类账户只作货币反映，如"应收账款"、"应付账款"等账户的明细账；也有的除货币反映外还要按实物数量来反映，如"原材料"、"库存商品"等账户的明细分类账，要分别反映收入、发出、结存的数量和金额。这些明细账的格式将在后续章节进一步说明。

由于明细分类账户是在总分类账户下开设的，两者有着密切的关系。总分类账户对明细分类账户起控制、统驭作用，也称为统驭账户，明细分类账户对总分类账户起具体补充作用，也称被统驭账户。所谓控制、统驭，就是指总分类账户所登记的金额和方向，任何时候都必须和它所属的各明细账户中的金额和方向相符，从而对它们起控制和统驭作用。并产生一种控制和被控制、统驭和被统驭的关系。倘若两者不符，就说明记录中发生差错，应立即查明纠正。

有些总分类账户所包括的明细分类账户很多，只靠一个总分类账户还不便于控制众多的明细分类账户。在这种情况下，可在总分类账户和明细分类账户之间设置一些二级账户，进行分层控制。例如，"生产成本"账户，在企业生产多种产品的情况下，企业既要掌握生产产品的总成本，又要了解每种产品的成本，但如是多步骤产品的生产方式，还需掌握每一生产步骤（或车间内）产品的生产成本，因此需要在"生产成本"总分类账户和按品种设置的"生产成本"明细分类账户之间，按生产步骤（或车间）设置二级账户。这样，就由一级账户的"生产成本"控制各生产步骤（车间）的二级账户，再由每一个二级账户分别控制各生产步骤（车间）内所生产的不同产品的"生产成本"明细分类账户，形成一个分层控制体系。再如"长期债权投资"总账账户，需设置"债券投资"二级账户，在"债券投资"下还需设置"债券面值"、"债券溢价"、"债券折价"、"应计利息"、"相关费用"三级明细账户。

二、总分类账户与明细分类账户的平行登记

总分类账户和所属明细分类账户，登记经济业务的内容相同，登记的依据相同，只是提供核算资料的详简程度不同。因此，对总分类账户和所属明细分类账户必须进行平行登记。

平行登记的要点如下：

① 对发生的每一笔经济业务，既要记入有关的总分类账户，又要记入其所属的明细分类账户。如果一笔经济业务同时涉及某一个总分类账户所属的几个明细分类账户，应分别记入有关的几个明细分类账户。

② 在总分类账户和明细分类账户中，登记的方向必须相同。即总分类账户记在借方，明细分类账户也要登记在借方；总分类账户记在贷方，明细分类账户也要登记在贷方。

③ 记入总分类账户的金额，必须与记入明细分类账户的金额相等。一笔经济业务同时记入某一个总分类账户所属的几个明细分类账户时，记入总分类账户的金额，应与记入几个明细分类账户的金额之和相等。

平等登记的结果，使总分类账户的期初、期末余额和本期发生额分别与所属明细账户的期初、期末余额和本期发生额之和相等。这种可以相互核对的数量关系，可以用来检验账户

记录的正确性，便于账户之间的核对。

三、账户运用举例

例 1 从银行提取现金 500 元。

例 2 购买材料 5 000 元，料款尚未支付。

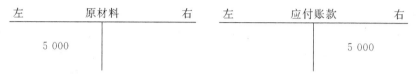

例 3 某投资者投入设备一台，价值 500 000 元。

例 4 利丰公司销售产品一批，价值 5 000 元，货款尚未收到。

为了对会计要素进行核算和监督，在按一定原则设置了会计科目，并按会计科目开设账户之后，还必须选择科学的记账方法将会计要素的增减变动登记在账户之中。

第四节　记账方法概述

一、记账方法的涵义

在设置会计科目，并根据会计科目开设账户之后，还需要选择一定的记账方法，以便在账簿中登记经济业务，反映会计要素的增减变动。记账方法是指根据一定的记账原理，运用一定的记账符号和记账规则，在账户中记录经济业务活动的一种专门方法。记账方法是否科学合理，将直接影响账簿记录的完整性和正确性。一般来讲，一种科学记账方法的内容应包括以下几个方面：

① 反映经济交易事项记录方向的"记账符号"；

② 对于经济交易事项基本内容在账上的反映方式，即"账户的设置及其结构"；

③ 经济交易事项登记入账所应遵循的"记账规则"；

④ 用以检查账户记录是否正确的"试算平衡方法"等。

会计科目和账户的设置，只是对会计内容，即经济业务事项预先做出了具体的分类，提供了核算和监督的载体。为了具体地把经济业务事项所引起的资金增减变动情况及其结果，既完整准确、又相互联系、简明扼要地反映到账户之中，就必须解决记账方法的问题。

在会计的发展历史上，曾使用过两大类记账方法，即单式记账法和复式记账法两种。

（一）单式记账法

单式记账是指对发生的每项经济业务只在一个账户中进行单方面记录的一种记账方法。它是一种简单的、不完整的记账方法。采用这种记账方法，通常只设库存现金、银行存款和应收款、应付款等账户，不设实物账，对所发生的经济业务一般只在一个账户中登记。例如，用现金 20 000 元购买材料。这项经济交易用单式记账法登记，只需在库存现金账上登记一笔现金减少 20 000 元，不登记材料的增加。在单式记账法下，账户的设置不完整，账户之间也没有直接联系，因此不能全面地反映经济交易或事项的内容和来龙去脉，也不便于检查账户记录是否正确。随着社会经济的发展，经济活动越来越复杂，单式记账法已明显不适应社会经济发展的需要，在 15 世纪末、16 世纪初，逐渐被复式记账法所取代。

（二）复式记账法

复式记账法是指对任何一项经济交易或事项，都必须以相等的金额在相互关联的两个或两个以上的账户中进行登记，借以全面反映会计对象具体内容增减变化的一种记账方法。

例 5　利丰公司向甲工厂购入的 A 材料一批 5 000 元，材料已验收入库，价款未付。

采用复式记账法，这项经济交易或事项应在"原材料"和"应付账款"两个相互关联的账户中同时进行记录。即一方面，"原材料"账户记增加 5 000 元，另一方面，在"应付账款"账户记增加 5 000 元。这样记录的结果表明，企业原材料入库同负债的增加两者之间是相互联系的。

例 6　利丰公司用银行存款 50 000 支付市电视台广告费。

采用复式记账法，这项经济交易或事项应在"银行存款"和"销售费用"两个相互关联的账户中同时进行记录。即在"银行存款"账户记减少 50 000 元，同时在"销售费用"账户中记增加 50 000 元。这样登记的结果，就使得银行存款的减少同费用的发生两者之间的关系一目了然。

与单式记账相比，复式记账有着明显的特点。

在复式记账法下，由于每一项经济交易或事项都要作双重记录，因此需要设置一套完整的账户体系，各账户之间存在密切的联系，通过这些联系，不仅可以反映每一项经济交易或事项的来龙去脉，而且在把全部经济交易或事项都登记入账之后，可以通过账户记录全面系统地反映企业经济活动的过程和结果。除了库存现金、银行存款账户外，还要设置实物性资产以及收入、费用和各种权益类账户；不仅记录货币的收付和债权债务的发生，而且要对所有财产和全部权益的增减变化，以及经营过程中所发生的费用和获得的收入作全面、系统地反映。

由此可见，复式记账法是一种科学的记账方法，它一方面对每项经济业务都能在相互关联账户中作出双重记录，可以了解每项经济业务的来龙去脉，并且通过账户记录能够完整、系统地反映经济活动的全过程和结果；另一方面，对每一项经济业务都以相等的金额进行分类登记，根据"资产＝负债＋所有者权益"的平衡关系，可以对记录的结果进行试算平衡，以检查账户记录是否正确，以保证会计记录的准确性和完整性。所以说复式记账法是一种科学的记账方法，它能够全面、系统地反映企业的经济活动情况，为经营管理提供资料。

二、复式记账的理论依据和基本原则

（一）复式记账的理论依据

会计对象是资金运动，而企业经营过程中所发生的每一项经济交易或事项，都是资金运动的具体过程，只有把企业所有经济交易或事项无一遗漏地进行核算，才能完整地反映出企业资金运动的全貌，为信息使用者提供其所需要的全部核算资料。

企业发生的所有经济交易或事项无非就是涉及资金增加和减少两个方面，并且某项资金在量上的增加或减少，总是与另一项资金在量上的增加或减少相伴而生。或者说，在资金运动中，一部分资金的减少或增加，总是有另一部分资金的增减变动作为其变化的原因。这样就要求在会计记账的时候，必须要把每项经济交易或事项所涉及的资金增减变化的原因和结果都记录下来，从而完整、全面地反映经济交易或事项所引起的资金运动的来龙去脉。复式记账方法恰恰就是适应了资金运动这一规律性的客观要求，把每一项经济交易或事项所涉及的资金在量上的增减变化，通过两个或两个以上账户的记录予以全面反映。可见，资金运动的内在规律性是复式记账的理论依据。

（二）复式记账的基本原则

复式记账法必须遵循以下几项原则。

1. 以会计等式作为记账基础

会计等式是将会计对象的具体内容，即会计要素之间的相互关系，运用数学方程式的原理进行描述而形成的。它是客观存在的必然经济现象，同时也是资金运动规律的具体化。为了揭示资金运动的内在规律性，复式记账必须以会计等式作为记账基础。

2. 对每项经济交易或事项，必须在两个或两个以上相互联系的账户中进行等额记录

经济交易或事项的发生，必然要引起资金的增减变动，而这种变动势必导致会计等式中至少有两个要素或同一要素中至少有两个项目发生等量变动。为反映这种等量变动关系，会计上就必须在两个或两个以上账户中进行等额双重记录。

3. 必须按经济交易或事项对会计等式的影响类型进行记录

尽管企业发生的经济交易或事项复杂多样，但对会计等式的影响无外乎两种类型：一类是影响会计等式等号两边会计要素同时发生变化的经济交易或事项，这类业务能够变更企业资金总额，使会计等式等号两边等额同增或等额同减；另一类是影响会计等式等号某一边会计要素发生变化的经济交易或事项，这类业务不变更企业资金总额，只会使会计等式等号某一边等额同增同减。这就决定了会计上对第一类经济交易或事项，应在等式两边的账户中等额记同增或同减；对第二类经济交易或事项，应在等式某一边的账户中等额记增减。

4. 定期汇总的全部账户记录必须平衡

通过复式记账的每笔经济交易或事项的双重等额记录，定期汇总的全部账户的数据必然会保持会计等式的平衡关系。复式记账试算平衡有发生额平衡法和余额平衡法两种。

发生额平衡法，是将一定时期会计等式等号两边账户的发生额增、减交叉相加之和进行核对相等，其计算公式是：

资产账户增加额合计＋权益账户减少额合计＝权益账户增加额合计＋资产账户减少额合计

余额平衡法，是将某一时点会计等式等号两边账户的余额分别加计总数进行核对相等，其计算公式是：

资产账户期末余额合计＝权益账户期末余额合计

综上所述，复式记账法具有单式记账法所无可比拟的优势，因而它也是世界各国公认的一种科学的记账方法。目前，我国的企业和行政、事业单位采用的记账方法都是复式记账法。复式记账法从其发展历史看，曾经有"借贷记账法"、"增减记账法"、"收付记账法"等。我国现行的会计准则规定，我国境内的所有企业、行政事业单位一律采用借贷记账法。因为一方面，借贷记账法经过多年的实践已被全世界的会计工作者普遍接受，是一种比较成熟、完善的记账方法；另一方面，从会计实务角度看，统一记账方法对企业、单位间横向经济联系和加强国际交往等都会带来极大的方便，并且对会计核算工作规范和更好地发挥作用具有重要意义。

第五节 借贷记账法

一、借贷记账法的产生和发展

借贷记账法起源于 12 世纪的意大利。在这一时期，西方封建社会开始瓦解，资本主义的商品经济有了发展。在商品交换中，为了适应借贷资本家管理的需要，产生了借贷一对矛盾的概念。借贷资本家以经营货币资金的借入和贷出为主要业务，对于借进的款项，记在贷主的名下，表示自身债务增加；对于贷出的款项，则记入借主的名下，表示自身债权增加。因而，借贷两字分别表示债权（应收款）、债务（应付款）的变化。随着商品经济的发展，经济活动的内容日趋复杂化，记录的经济业务不再仅限于货币经营的借贷业务，逐渐扩展到财产物资、经营损益、经营资本等的增减变化。这时，为求得记账的一致，对于非货币资金借贷业务，也利用"借"、"贷"二字说明经济业务的变化情况。因此"借"、"贷"二字逐渐失去了原来的字面含义，转化为记账符号，成为会计上的专门术语，用来反映所有权的增减变化和资产的存在形态。

到了 15 世纪，意大利数学家卢卡·巴其阿勒的名著《算术、几何、比与比例概要》在威尼斯出版发行，从理论上阐述了借贷记账法，建立了复式簿记的基本方程式：

$$一个人的所有财物＝其所有权总值$$

后来的"资产－负债＝净值"就是在上述方程式基础上建立起来的，到了 16 世纪，借贷记账法已遍及全欧洲。以后西方会计学家又提出了"资产＝负债＋资本"的会计平衡公式，作为借贷记账法的理论依据。根据这一平衡公式，确定了借贷法则：资产的增加额记入账户的借方，减少额记入账户的贷方；负债和资本的增加额记入账户的贷方，减少额记入账户的借方。对每一笔经济业务都以相等的金额至少记入一个账户的借方和另一个账户的贷方。借贷记账法从巴氏会计著作问世到现在已有 500 多年，它逐渐为世界众多国家所采用。借贷记账法现已成为我国法定的记账方法。

二、借贷记账法的含义和记账符号

借贷复式记账法是以"借"、"贷"为记账符号的一种复式记账方法。借贷复式记账法之所以科学，是因为其具有科学明确的记账符号、健全的账户体系、合理的账户结构、科学的记账规则和试算平衡方法等特点。

记账符号"借"、"贷"二字，源于借贷记账法产生时的"借主"、"贷主"之地位，但已失去原本"借主"、"贷主"之涵义，人们赋予了它们作为记账符号的特殊内涵，即"借"表明：资产的增加，权益的减少；"贷"表明：权益的增加，资产的减少。也就是说，用于表示同一性质（指同属资产或同属权益）的会计内容时，"借"、"贷"二字是对立（涵义相反）

的，一个表示增加，一个表示减少。例如，企业以现金支付某采购员预借的差旅费 1 000元。这一经济交易或事项将引起企业"其他应收款"增加 1 000 元和"库存现金"减少1 000元。"其他应收款"和"库存现金"属于企业同一性质的会计内容——资产，故用记账符号表示则为"借（增）：其他应收款 1 000，贷（减）：库存现金 1 000"。以上实例可见"借"、"贷"两个记账符号在此的涵义是对立的。当以上记账符号用于表示不同性质的会计内容时，"借"、"贷"二字是统一（涵义相同）的，即统一表示增加或统一表示减少。例如，企业收到投资者投入价值 200 000 元的固定资产。该经济交易或事项将同时引起企业的"固定资产"和"实收资本"各增加 200 000 元，"固定资产"属于企业的资产，而"实收资本"属于企业的所有者权益，两者的性质不同，故用记账符号表示则为"借（增）：固定资产200 000，贷（增）：实收资本 200 000"。这个例子说明，当"借"、"贷"两个记账符号用于表示不同性质会计内容时，它们的涵义是统一的。

在借贷记账法下，"借"、"贷"两字对会计恒等式两方的会计要素规定了相反含义。"借"对等号左方的资产和费用类账户表示增加，对等号右方的负债、所有者权益和收入类账户表示减少；"贷"对等号左方的资产和费用类账户表示减少，对等号右方的负债、所有者权益和收入类账户表示增加。

"借"和"贷"两个符号对六大会计要素所赋予的含义表述如下：

① 属于资产要素的增加额记入借方，减少额记入贷方；
② 属于负债要素的增加额记入贷方，减少额记入借方；
③ 属于所有者权益要素的增加额记入贷方，减少额记入借方；
④ 属于收入要素的增加额记入贷方，减少额记入借方；
⑤ 属于费用要素的增加额记入借方，减少额记入贷方。

为方便说明，"借"和"贷"两个符号对六大会计要素所赋予的含义表述如表 4-4 所示。

表 4-4　记账符号与会计要素关系

记账符号＼会计要素	资产	费用	负债	所有者权益	收入
借	增加	增加	减少	减少	减少
贷	减少	减少	增加	增加	增加

三、借贷记账法的账户结构

账户是用来具体记录会计内容的，企业根据规定的会计科目开设的账户通常包括五类，即资产类、负债类、所有者权益类、成本类和损益类等。会计科目或账户的类别主要是根据既要全面反映会计内容，又要适应经济管理和会计核算的需要而设置的，并非完全按照反映资产与权益关系的"资产＝负债＋所有者权益"和反映经营成果的"收入－费用＝利润"等式中的会计要素设置。但经过仔细分析，以上五类账户在本质上仍然是两类，即资产类和权益类（包括负债类和所有者权益类）。如成本是资产的运用和表现形态，其本质还是资产，所以成本类账户可归属于资产类账户。损益类账户是为了计算损益（所有者权益）而设置的账户，其所反映的内容是企业生产经营过程中的收益（包括收入、利得等）和费用（包括营业成本、期间费用等），它们都是构成损益的因素。收益是所有者权益的增项，费用是所有者权益的减项，故损益类账户可归属于所有者权益类账户。经以上分析归类，我们可将"借"、"贷"记账符号用以表示账户内容增减变动的含义概括为："借"表明资产类账户的增加，权益类账户的减少，"贷"表明权益类账户的增加，资产类账户的减少。其中，损益类账户中的费用账户（包括"主营业务成本"、"管理费用"等）的增加，因为费用是所有者权益的减项，费用的增加就意味着所有者权益的减少，故用"借"表示。

按照会计核算与监督财务状况和经营成果的要求，在借贷复式记账法下，应建立健全账户体系和设置合理的账户结构。由于国家统一规定了健全的会计科目体系，企业按照规定的会计科目开设账户即可。企业账户通常分为五类，即资产、负债、所有者权益、成本费用和收入类。各类账户的结构如下所述。

（一）资产类账户的结构

资产类账户结构是指用来记录资产的账户，资产的增加额记入账户的借方，减少金额记入账户贷方，账户若有余额，一般为借方余额（与登记增加额在同一方向），表示期末资产余额。按照资产类会计科目开设的，用以具体核算和监督各种资产增减变动的账户，如"库存现金"、"原材料"、"库存商品"账户等，其账户结构如图 4-2 所示。

借方	（资产）账户名称（会计科目）		贷方
期初余额	×××	发生额（减少数）	×××
发生额（增加数）	×××		
本期发生额（增加数合计）	×××	本期发生额（减少数合计）	×××
期末余额	×××		

图 4-2　资产类账户

资产类账户的期末余额可根据下列公式计算：

借方期末余额＝借方期初余额＋借方本期发生额－贷方本期发生额

（二）负债类和所有者权益类账户的结构

负债类和所有者权益类账户的结构是用来记录负债和所有者权益的账户，负债和所有者权益的增加额记入账户的贷方，减少额记入账户的借方，账户若有余额，一般为贷方余额，表示期末负债和所有者权益的实际数额。

负债类账户，是指按照负债类会计科目开设的，用以具体核算和监督各种负债增减变动的账户，如"短期借款"、"应付账款"账户等。所有者权益类账户，是指按照所有者权益类会计科目开设的，用以具体核算和监督所有者权益增减变动的账户，如"股本（实收资本）"、"本年利润"账户等。负债类和所有者权益类账户统称为权益类账户。其账户结构如图 4-3 所示。

借方	（负债和所有者权益）账户名称（会计科目）		贷方
发生额（减少数）	×××	期初余额	×××
		发生额（增加数）	×××
本期发生额（减少数合计）	×××	本期发生额（增加数合计）	×××
		期末余额	×××

图 4-3　权益类账户

负债和所有者权益类账户的期末余额可根据下列公式计算：

贷方期末余额＝贷方期初余额＋贷方本期发生额－借方本期发生额

（三）成本费用类账户的结构

企业在生产经营过程中所消耗的资产价值，构成了企业的成本费用，从本质上看，成本费用是流量资产。因此，成本费用类账户的结构与资产类账户的结构基本相同，借方登记增加额，贷方登记减少额。期末，将成本费用账户的借方发生额减去贷方发生额后的差额转入"本年利润"账户的借方，通过与收入配比确定本期利润，因此成本费用类账户一般没有余额。

成本费用类账户，是指按照成本类会计科目开设的，用以具体核算和监督生产产品或提供劳务过程中发生的各种直接费用和间接费用的账户，如"生产成本"、"制造费用"、"管理费用"账户等。其账户结构如图 4-4 所示。

借方		(成本费用)账户名称(会计科目)	贷方
发生额(增加数)	×××	发生额(减少数)	×××
本期发生额(增加数合计)	×××	本期发生额(减少数合计)	×××

图 4-4　成本费用账户

（四）收入类账户的结构

收入是利润的来源，收入最终归投资人所有，取得收入可以理解为所有者权益增加。因此，收入类账户的结构与所有者权益类账户基本相同，贷方登记增加额，借方登记减少额。期末，将收入类账户的贷方发生额减去借方发生额后的差额转入"本年利润"账户的贷方，与本期的成本费用相配比，以确定本期利润，因此收入类账户一般也没有余额。

收入类账户，是指按照损益类会计科目开设的，用以具体核算和监督企业生产经营过程中的收入（包括收入、利得等）情况，如"主营业务收入"、"营业外收入"、"投资收益"账户等，其账户结构如图 4-5 所示。

借方		(收入)账户名称(会计科目)	贷方
发生额(减少数)	×××	发生额(增加数)	×××
本期发生额(减少数合计)	×××	本期发生额(增加数合计)	×××

图 4-5　收入类账户

为了便于和使用不同性质的账户，将上述各类账户的结构归纳如表 4-5 所示。

表 4-5　各类账户的结构

账户类别	借　方	贷　方	余　额
资产类账户	增加	减少	一般在借方
负债和所有者权益类账户	减少	增加	一般在贷方
成本费用类账户	增加	减少	一般无余额
收入类账户	减少	增加	一般无余额

由此可见，借贷记账法下各类账户的期末余额都在记录增加额的一方，即资产类户的期末余额在借方，负债及所有者权益类账户的期末余额在贷方。也由此可以得出一个结论：根据账户余额所在的方向，也可判断账户的性质。即账户若是借方余额，则为资产（包括有余额的费用）类账户；账户若是贷方余额，则为负债或所有者权益类账户。借贷记账法的这一特点，决定了它可以设置双重性质账户。

所谓双重性账户，是指既可以用来核算资产、费用，又可以用来核算负债、所有者权益和收入的账户，如"待处理财产损益"、"投资收益"等。由于任何双重性质账户都是把原来的两个有关账户合并在一起，并具有合并前两个账户的功能，所以，设置双重性质账户，有利于简化会计核算手续。

四、借贷记账法的记账规则

记账规则是采用复式记账法记账时所应遵循的法则。它应结合具体的复式记账方法，科学、准确、高度地概括出资金变化的规律，以作为记账者进行会计记录的准则。由于借贷记账法以"借"、"贷"为记账符号，其用于相同性质账户时涵义的对立性，用于不同性质账户时涵义的统一性，决定了每一笔经济业务事项所引起的资金变化，必然是记入有关账户借方的同时，记入其他相关账户的贷方，而且金额相等。根据这一资金变化规律概括出的借贷记账法的记账规则是："有借必有贷，借贷必相等"。

企业所发生的无论是引起资产、权益变动的经济交易或事项，还是引起收入、费用变动的经济交易或事项，尽管千差万别，错综复杂，但归纳起来不外乎以下几种类型。现以具体的经济交易或事项为例，以说明借贷记账法的记账规则。

例7 利丰公司接受投资者投资 500 000 元，已存入银行。

这笔经济交易或事项发生后，会使公司资产类账户"银行存款"和所有者权益类账户"实收资本（或股本）"同时增加，同时增加 500 000 元。其会计记录如下：

借方	实收资本(或股本)	贷方	借方	银行存款	贷方
	期初余额110 000		期初余额300 000		
	⑦500 000		⑦500 000		

例8 利丰公司以银行存款 30 000 元偿还所欠供应单位的货款。

这笔经济交易或事项发生后，会使公司资产类账户"银行存款"和负债类账户"应付账款"同时减少，减少金额 30 000 元。其会计记录如下：

借方	银行存款	贷方	借方	应付账款	贷方
期初余额300 000					期初余额400 000
	⑧30 000		⑧30 000		

例9 利丰公司从银行提取现金 5 000 元以备零用。

这笔经济交易或事项发生后，会使公司资产类账户项目内"库存现金"增加 5 000 元和"银行存款"减少 5 000 元。其会计记录如下：

借方	银行存款	贷方	借方	库存现金	贷方
期初余额300 000			期初余额50 000		
⑦500 000	⑧30 000				
	⑨5 000		⑨5 000		

例10 利丰公司与债权人（供应单位）协商并经有关部门批准，将所欠债权人的 200 000 元债务转为资本（债权人对企业的投资）。

这笔经济交易或事项发生后，会使公司所有者权益类账户"实收资本（或股本）"增加 200 000 元，负债类账户"应付账款"减少 200 000 元。其会计记录如下：

借方	实收资本(或股本)	贷方	借方	应付账款	贷方
	期初余额1 100 000			期初余额400 000	
	⑦500 000		⑧30 000		
	⑩200 000		⑩200 000		

从上述例题可以看出，运用借贷记账法记账时，要求对每一笔经济交易或事项都要以相等的金额，借贷相反的方向，在有关账户的借方和贷方同时登记，而且借贷双方登记的金额必须相等。在实际工作中，有些经济交易或事项比较复杂，会同时引起两个以上的账户发生变动，出现"一借多贷"或"多借一贷"的情况，即在一个账户记借方，同时在另外几个账户记贷方；或者在一个账户记贷方，同时在另外几个账户记借方，但是记入借方的金额必须等于记入贷方的金额。因此，借贷记账法的记账规则是：有借必有贷，借贷必相等。

以下采用排列组合归纳总结出借贷记账法的记账规则。

1. 资产的增加

资产的增加(借)
- 资产的减少(贷)
- 费用的减少(贷)
- 负债的增加(贷)
- 所有者权益的增加(贷)
- 收入的增加(贷)

2. 资产的减少

资产的减少(贷)
- 资产的增加(借)
- 费用的增加(借)
- 负债的减少(借)
- 所有者权益的减少(借)
- 收入的减少(借)

3. 费用的增加

费用的增加(借)
- 资产的减少(贷)
- 费用的减少(贷)
- 负债的增加(贷)
- 所有者权益的增加(贷)
- 收入的增加(贷)

4. 费用的减少

费用的减少(贷)
- 资产的增加(借)
- 费用的增加(借)
- 负债的减少(借)
- 所有者权益的减少(借)
- 收入的减少(借)

5. 负债的增加

负债的减少(贷)
- 资产的增加(借)
- 费用的增加(借)
- 负债的减少(借)
- 所有者权益的减少(借)
- 收入的减少(借)

6. 负债的减少

$$负债的减少（借）\begin{cases} 资产的减少（贷） \\ 费用的减少（贷） \\ 负债的增加（贷） \\ 所有者权益的增加（贷） \\ 收入的增加（贷） \end{cases}$$

7. 所有者权益的增加

$$所有者权益的增加（贷）\begin{cases} 资产的增加（借） \\ 费用的增加（借） \\ 负债的减少（借） \\ 所有者权益的减少（借） \\ 收入的减少（借） \end{cases}$$

8. 所有者权益的减少

$$所有者权益的减少（借）\begin{cases} 资产的减少（贷） \\ 费用的减少（贷） \\ 负债的增加（贷） \\ 所有者权益的增加（贷） \\ 收入的增加（贷） \end{cases}$$

9. 收入的增加

$$收入的增加（贷）\begin{cases} 资产的增加（借） \\ 费用的增加（借） \\ 负债的减少（借） \\ 所有者权益的减少（借） \\ 收入的减少（借） \end{cases}$$

10. 收入的减少

$$收入的减少（借）\begin{cases} 资产的减少（贷） \\ 费用的减少（贷） \\ 负债的增加（贷） \\ 所有者权益的增加（贷） \\ 收入的增加（贷） \end{cases}$$

五、账户对应关系和会计分录

（一）账户对应关系

在借贷记账法下，每一项经济业务发生后，必须要在两个或两个以上相互联系的账户中进行登记，各账户之间发生了应借应贷的相互关系。这种经济业务发生后所发生的借贷方账户之间的相互依存关系，称为账户的对应关系。账户对应关系只能对应地形成于相关联的账户之间，因此，形成对应关系的账户称为对应账户。通过账户的对应关系，可以了解经济交易或事项的内容和来龙去脉，审查对经济交易或事项的会计处理是否正确。

例如，从银行提取现金 5 000 元备用。对这项经济交易或事项，应记入"库存现金"账户借方 5 000 元和"银行存款"账户贷方 5 000 元。由于这项经济交易或事项而使"银行存款"账户和"库存现金"账户发生了应借、应贷的关系，这两个账户就叫对应账户，通过这两个账户的对应关系，可以了解到：库存现金增加，是由于银行存款的减少，也就是由于从银行提取现金而使库存现金增加了 5 000 元，银行存款减少了 5 000 元。

掌握账户对应关系的目的，是为了了解经济交易或事项的内容，及其所引起的资金增减变动情况，借以检查对经济交易或事项的处理是否合理、合法。

（二）会计分录

会计分录简称分录，它是对每项经济业务指出应登记的账户、记账方向和记录金额的一种记录。即一笔会计分录主要包括三个要素：账户名称（会计科目）、记账符号（借方或贷方）、记账金额。账户名称用来反映经济交易或事项的内容，记账方向用以反映经济交易或事项引起资金增减变动的方向，金额则反映资金变动的数额。为了保证账户的对应关系正确，便于事后检查，在记账之前应先根据经济交易或事项所涉及的账户及其借贷方向和金额编制会计分录，再根据会计分录登记账户。编制会计分录是记账工作的第一步，会计分录编制的正确与否直接影响账户记录的正确性，影响会计信息的质量。

编制会计分录应按下列步骤进行：①一项经济交易或事项发生后，首先分析这项交易或事项涉及的会计要素是资产、费用、负债、所有者权益、收入、利润，是增加，还是减少；②确定经济业务应当记入哪个具体会计科目；③根据分析确定应记会计科目的方向，即应借，还是应贷；④检查分录中应借、应贷科目是否正确；借贷方金额是否相等，有无错误。同时应确定会计分录的格式：①先借后贷；②借和贷要分行写，并且文字与金额的数字都应错开；③在一借多贷或一贷多借或多借多贷的情况下，要求借方和贷方账户的文字和金额数字必须对齐。

根据前面利丰公司例5～例10经济交易或事项，编制会计分录如下所示。

⑤ 借：原材料   5 000
     贷：应付账款   5 000

⑥ 借：销售费用   50 000
     贷：银行存款   50 000

⑦ 借：银行存款   500 000
     贷：实收资本   500 000

⑧ 借：应付账款   30 000
     贷：银行存款   30 000

⑨ 借：库存现金   5 000
     贷：银行存款   5 000

⑩ 借：应付账款   200 000
     贷：实收资本   200 000

例11 利丰公司向银行借入三个月期限的短期借款20 000元存入银行存款账户。

这一经济交易或事项，使公司的资产中银行存款和负债中短期借款同时增加了20 000元。资产中银行存款的增加应记入“银行存款”账户的借方，负债中短期借款的增加应记入“短期借款”账户的贷方。其会计分录为：

借：银行存款   20 000
     贷：短期借款   20 000

例12 利丰公司以银行存款200 000元购入生产设备一套。

这一经济交易或事项，使公司资产中的固定资产增加200 000元，银行存款减少200 000元。固定资产的增加是资产的增加，应记入“固定资产”账户的借方，银行存款的减少是资产的减少，应记入“银行存款”账户的贷方。其会计分录为：

借：固定资产   200 000

　　贷：银行存款   200 000

例13　利丰公司经批准以资本公积金200 000元转增资本。

这一经济交易或事项，使公司所有者权益中的实收资本增加200 000元，资本公积减少200 000元。实收资本的增加是所有者权益的增加，应记入"实收资本"账户的贷方，资本公积的减少是所有者权益的减少，应记入"资本公积"账户的借方。其会计分录为：

借：资本公积   200 000

　　贷：实收资本   200 000

例14　利丰公司收到M公司的前欠款300 000元存入银行存款账户。

这一经济交易或事项，使公司的应收账款减少300 000元和资产银行存款增加300 000元。银行存款是资产的增加，应记入"银行存款"账户的借方，应收账款的减少是资产的减少，应记入"应收账款"账户的贷方，其会计分录为：

借：银行存款   300 000

　　贷：应收账款   300 000

例15　利丰公司本月份发生水电费25 000元，款项尚未支付。

这一经济交易或事项，使公司的管理费用和负债应付账款同时增加25 000元。管理费用的增加是成本费用的增加，应记入"管理费用"账户的借方，应付账款的增加是负债的增加，应记入"应付账款"账户的贷方。其会计分录为：

借：管理费用   25 000

　　贷：应付账款   25 000

会计分录按其所涉及对应账户的多少，可分为简单会计分录和复合会计分录两种。

简单会计分录是指一项经济业务发生后，只需要两个账户记录其相互联系的数量变化情况的会计分录，又称一借一贷的会计分录。这种会计分录，其会计科目的对应关系比较简单、清楚。上述例题中的会计分录即为简单会计分录。

复合会计分录是指一项经济业务发生后，需要用两个以上（不包括两个）的账户记录其相互联系的数量变化情况的会计分录。包括"一借多贷"、"多借一贷"和"多借多贷"的分录。可以说复合会计分录是由简单会计分录复合而成的会计分录。但需要指出的是，一笔经济交易或事项的发生，是编制简单会计分录还是编制复合会计分录，应以能否清楚地反映经济交易或事项内容和账户对应关系以及满足会计核算要求为原则。编制复合会计分录，有利于集中反映某项经济业务的全貌，可以简化记账工作，节省记账时间，提高会计工作效率。但是，在一般情况下，不应把反映不同类型的经济交易或事项合并编制多借多贷的会计分录，以免账户之间的对应关系不清晰。除非有些经济业务相当复杂，只有多借多贷的会计分录才能反映得更清楚时可以使用它。

例16　利丰公司购入一批材料，货款50 000元，以银行存款50 000元支付，同时以现金5 000元支付购买材料的运费，材料已验收入库。

这项经济交易或事项，使资产内部一项原材料增加，两个项目银行存款和库存现金减少，它涉及"原材料"、"银行存款"与"库存现金"三个账户。材料的增加，是资产的增加，应借记"原材料"账户；银行存款与现金的减少是资产的减少；应记入"银行存款"与"库存现金"账户的贷方。其会计分录为：

借：原材料	55 000
贷：银行存款	50 000
库存现金	5 000

六、借贷记账法的试算平衡

运用借贷记账法的记账规则在账户中记录经济交易或事项的过程中，可能会发生这样或那样的人为错误。为此，还必须确立科学、简便的，用于检查和验证账户记录是否正确的方法，以便找出错误及其原因，及时予以改正。试算平衡就是根据复式记账的基本原理，检查和验证账户记录正确性的一种方法。

由于借贷记账法以"资产＝负债＋所有者权益"这一会计基本等式为依据，按照"有借必有贷、借贷必相等"的记账规则记账，这就保证了为每一项经济交易或事项所编会计分录的借贷双方发生额必然相等；在一定时期内（如一个月），所有账户的借方发生额合计与贷方发生额合计，分别是每一项经济交易或事项的会计分录借方发生额与贷方发生额的积累，所以二者必然保持平衡。所有账户的借方期末余额合计数与贷方期末余额合计数，又是以一定的累计发生额为基础计算的结果，因此，它们二者也必然相等。借贷记账法的试算平衡有账户发生额试算平衡法和账户余额试算平衡法两种。前者是根据借贷记账法的记账规则来确定的，后者是根据资产等于权益（负债与所有者权益）的平衡关系原理来确定的。

（一）账户发生额试算平衡法

经济交易或事项发生后，按照借贷记账法"有借必有贷，借贷必相等"的记账规则，每笔经济交易或事项都要以相等的金额，分别记入两个或两个以上相关的账户的借方和贷方，每笔会计分录的借方和贷方的发生额必然相等。因此，当一定会计期间（月、季、半年、年）内的所有经济交易或事项全部记入有关账户后，所有账户的借方发生额合计与贷方发生额合计也必然相等。发生额试算平衡法，就是根据本期所有账户的借方发生额合计与所有账户的贷方发生额合计的恒等关系，检验本期发生额记录是否正确的方法。其公式如下：

所有账户本期借方发生额合计＝所有账户本期贷方发生额合计

在逐笔过账的情况下，各项经济交易或事项的会计分录全部登记入账之后，可以根据各类账户的本期发生额编制"本期发生额试算平衡表"进行定期的试算平衡，即采用先入账后平衡的方法。在汇总记账的情况下，把全部经济交易或事项编成会计分录后，首先定期编制"总分类账户本期发生额试算平衡表"来进行试算平衡，然后据以过入各有关账户，即采用先平衡后入账的方法。

（二）账户余额试算平衡法

借贷复式记账法的记账符号规定"借"表示资产账户金额增加，"贷"表示权益账户（包括负债账户和所有者权益账户）金额增加，两类账户金额的减少都记入各自相反的方向。一定会计期间结束时，资产类账户就应当是借方余额，而权益类账户则应当是贷方余额。据此，我们可以断定，借方余额的账户是企业资产类账户，其余额是企业资产的数额，贷方余额的账户是企业权益类账户，其余额是企业权益的数额，资产与权益必定相等。根据"资产＝负债＋所有者权益"平衡关系，检查账户记录是否正确的方法称为余额平衡法。其公式如下：

全部账户的借方期初余额合计＝全部账户的贷方期初余额合计

全部账户借方余额合计＝全部账户贷方余额合计

例如：利丰公司总分类账户的月初余额如表4-6所示。

资　产	金　额	负债与所有者权益	金　额
库存现金	50 000	短期借款	150 000
银行存款	300 000	应付账款	400 000
应收账款	600 000	实收资本	1 100 000
原材料	200 000	资本公积	300 000
固定资产	800 000		
合　计	1 950 000	合　计	1 950 000

表 4-6　利丰公司总分类账户的月初余额　　　　　　　　　单位：元

根据利丰公司前面发生的例 5～例 16 经济交易或事项登记账户，解出账户的本期发生额和期末余额如下所示。

借方	银行存款	贷方
期初余额 300 000		
⑦ 500 000	⑥ 50 000	
⑪ 20 000	⑧ 30 000	
⑭ 300 000	⑨ 5 000	
	⑫ 200 000	
	⑯ 50 000	
本期发生额 820 000	本期发生额 335 000	
期末余额 785 000		

借方	库存现金	贷方
期初余额 50 000		
⑨ 5 000	⑯ 5 000	
本期发生额 5 000	本期发生额 5 000	
期末余额 50 000		

借方	短期借款	贷方
	期初余额 150 000	
	⑪ 20 000	
	本期发生额 20 000	
	期末余额 170 000	

借方	应付账款	贷方
	期初余额 400 000	
⑧ 30 000	⑤ 5 000	
⑩ 200 000	⑮ 25 000	
本期发生额 230 000	本期发生额 30 000	
	期末余额 200 000	

借方	应收账款	贷方
期初余额 600 000		
	⑭ 300 000	
	本期发生额 300 000	
期末余额 300 000		

借方	固定资产	贷方
期初余额 800 000		
	⑫ 200 000	
本期发生额 200 000		
期末余额 1 000 000		

借方	实收资本（或股本）	贷方
	期初余额 1 100 000	
	⑦ 500 000	
	⑩ 200 000	
	⑬ 200 000	
	本期发生额 900 000	
	期末余额 2 000 000	

借方	资本公积	贷方
	期初余额 300 000	
	⑬ 200 000	
	本期发生额 200 000	
	期末余额 100 000	

借方	管理费用	贷方
期初余额 0		
⑮ 25 000		
本期发生额 25 000		
期末余额 25 000		

借方	原材料	贷方
期初余额 200 000		
	⑤ 5 000	
⑯ 55 000		
本期发生额 60 000		
期末余额 260 000		

借方	销售费用	贷方
期初余额 0		
⑥ 50 000		
本期发生额 50 000		
期末余额 50 000		

期末，利丰公司可通过编制试算平衡表的方式进行发生额和余额的试算平衡。试算平衡表如表 4-7 所示。

表 4-7　试算平衡表　　　　　　　　　　　　　　　单位：元

会计科目（账户名称）	期初余额		本期发生额		期末余额	
	借方	贷方	借方	贷方	借方	贷方
库存现金	50 000		5 000	5 000	50 000	
银行存款	300 000		820 000	335 000	785 000	
应收账款	600 000			300 000	300 000	
原材料	200 000		60 000		260 000	
固定资产	800 000		200 000		1 000 000	
短期借款		150 000		20 000		170 000
应付账款		400 000	230 000	30 000		200 000
实收资本		1 100 000		900 000		2 000 000
资本公积		300 000	200 000			100 000
管理费用			25 000		25 000	
销售费用			50 000		50 000	
合　计	1 950 000	1 950 000	1 590 000	1 590 000	2 470 000	2 470 000

需要指出的是，如果发生额或余额不平衡，说明账户记录或计算一定有错误，但平衡了并不能说明无错误。因为有些错误并不影响平衡关系。如会计科目用错、同一笔记录重记或漏记、记反借贷方向等，这些错误需要采用其他会计检查方法进行检查。一般情况下，期末余额试算不平衡有三个原因：本期发生额或期初余额不平衡导致期末余额不平衡，期末余额本身并不存在计算上的差错；个别账户的期末余额计算存在技术差错；在编制试算平衡表时存在转记差错（即将各总账账户余额抄写于试算表时发生笔误）。

本　章　小　结

会计科目是按照经济业务的内容和经济管理的要求，对会计内容具体分类的项目名称。账户是对会计要素进行分类核算的工具，它以会计科目作为它的名称并具有一定的格式。会计科目和账户按照不同的分类标准可以分为不同的类别，企业应根据自身经济业务的特点和经济管理的需要，按不同的标准对账户分类，可以从不同的角度认识账户。账户按经济内容可以分为五大类，即反映资产的账户、反映负债的账户、反映所有者权益的账户、反映成本的账户和反映损益的账户。

复式记账方法比单式记账方法更加科学，一方面复式记账方法能够反映经济业务的来龙去脉，另一方面复式记账方法可以通过试算平衡的应用来检查账户记录的正确性。借贷记账法是以"借"和"贷"二字作为记账符号的一种复式记账方法，借贷记账方法的主要内容包括记账符号、账户的结构、记账规则和试算平衡。

复 习 思 考

1. 单项选择题

(1) 以下属于流动资产项目的有（　　）。

A. 应收账款　　　　B. 机器设备　　　　C. 应付账款　　　　D. 二年期的国库券

(2) 以下属于流动负债的项目有（　　）。

A. 长期应付款　　　B. 预收账款　　　　C. 应收账款　　　　D. 长期投资

(3) 盈余公积属于（　　）类科目。

A. 资产　　　　　　B. 负债　　　　　　C. 所有者权益　　　D. 损益

(4) 管理费用属于（　　）类科目。

A. 成本　　　　　　B. 损益　　　　　　C. 所有者权益　　　D. 负债

(5) 下列不属于会计科目的是（　　）。

A. 在建工程　　　　B. 预收账款　　　　C. 固定资产　　　　D. 流动资产

(6) 在会计核算中，运用复式记账、填制会计凭证、登记账簿和编制报表等环节，都要以（　　）为依据。

A. 会计科目　　　　B. 明细科目　　　　C. 总分类账　　　　D. 一级科目

(7) 一级会计科目、二级会计科目和细目之间有密切关系，从性质上说，是（　　）的关系。

A. 相等　　　　　　B. 隶属　　　　　　C. 统驭和从属　　　D. 相辅相成

(8) 下列属于损益类科目的有（　　）。

A. 制造费用　　　　B. 生产成本　　　　C. 劳务成本　　　　D. 销售费用

(9) 复式记账法是指任何一笔经济业务都必须以相等的金额在两个或两个以上的有关账户中（　　）。

A. 一个记增加，一个记减少　　　　　　B. 两个都记增加

C. 两个都记减少　　　　　　　　　　　D. 相互联系的进行登记

(10) 采用借贷记账法，账户的基本结构是指（　　）。

A. 账户的具体结构　　　　　　　　　　B. 账户应记的经济内容

C. 账户应分为借方和贷方　　　　　　　D. 账户的增加或减少方

(11) 采用借贷记账法，哪方记增加，哪方记减少，是根据（　　）

A. 企业习惯的记法决定　　　　　　　　B. 每个账户的基本性质决定

C. 贷方记增加，借方记减少的规则决定　D. 借方记增加，贷方记减少的规则决定

（12）借贷记账法下，定期汇总试算平衡一般采用（　　　）。

A. 差额平衡法　　　　B. 同类账户平衡法　　　C. 余额平衡法　　　　D. 两类账户平衡法

（13）复合会计分录是指（　　　）。

A. 一借一贷的会计分录

B. 一借多贷、一贷多借或多借多贷的会计分录

C. 一贷一借的会计分录　　　　　　　　　　　D. 一借一贷或一贷一借的会计分录

2. **多项选择题**

（1）下列会计科目，属于资产类科目的是（　　　）。

A. 银行存款　　　　　　B. 短期负债　　　　　C. 固定资产

D. 无形资产　　　　　　E. 应付账款

（2）下列会计科目中，属于负债类科目的是（　　　）。

A. 长期负债　　　　　　B. 应付账款　　　　　C. 预付账款

C. 应付职工薪酬　　　　D. 短期负债

（3）下列属于所有者权益账户的有（　　　）。

A. 实收资本　　　　　　B. 盈余公积　　　　　C. 资本公积

D. 本年利润　　　　　　E. 所得税费用　　　　F. 利润分配

（4）下列属于成本类账户的有（　　　）。

A. 生产成本　　　　　　B. 制造费用　　　　　C. 劳务成本

D. 管理费用　　　　　　E. 应付职工薪酬

（5）账户按所反映的经济内容划分，分为（　　　）。

A. 资产类账户　　　　　　　　　　　　　　　B. 负债类账户和所有者权益类账户

C. 成本类账户　　　　　　　　　　　　　　　D. 损益类

（6）会计科目设置的原则有（　　　）。

A. 合法性原则　　　　　B. 合理性原则　　　　C. 相关性原则　　　　D. 实用性原则

（7）借贷记账法下，"贷"字表示（　　　）。

A. 资产增加　　　　　　B. 权益减少　　　　　C. 资产减少

D. 权益增加　　　　　　E. 资产和权益都减少

（8）借贷记账法下，"借"字表示（　　　）。

A. 资产增加　　　　　　B. 权益减少　　　　　C. 资产减少

D. 权益增加　　　　　　E. 资产和权益都减少

（9）下列账户期末余额计算公式正确的有（　　　）。

A. 资产类账户的基本余额＝期初借方余额＋借方本期发生额－贷方本期发生额

B. 负债类账户的期末余额＝期初借方余额＋借方本期发生额－贷方本期发生额

C. 账户的期末余额＝期初余额＋本期增加额－本期减少额

D. 账户的期末余额＝期初余额－本期增加额＋本期减少额

（10）资产的减少记入账户的贷方，同时相应地（　　　）。

A. 收入的减少记入账户的借方　　　　　　　　B. 费用的增加记入账户的借方

C. 负债的减少记入账户的借方　　　　　　　　D. 所有者权益的减少记入账户的借方

E. 资产的增加记入账户的借方

（11）负债的增加记入账户的贷方，同时相应地（　　　）。

A. 资产的增加记入账户的借方　　　　　　　　B. 费用的增加记入账户的借方

C. 负债的减少记入账户的借方　　　　　　　D. 所有者权益的减少记入账户的借方

E. 收入的减少记入账户的借方

3. 判断题

(1) 一般而言，费用（成本）类账户结构与权益类账户相同，收入（利润）类账户结构与资产类账户相同。（　　）

(2) 根据会计科目的分类，账户一般可以分为资产类账户、负债类账户、所有者权益类账户、成本类账户和损益类账户。（　　）

(3) 会计科目仅仅是账户的名称，不存在结构；而账户则具有一定的格式和结构。（　　）

(4) 目前企业的总分类账户一般是根据国家有关会计制度规定的会计科目设置的。（　　）

(5) 对于明细科目较多的会计科目，可在总分类科目下设置二级或多级明细科目。（　　）

(6) 单式记账法是对任何经济业务都只能在一个账户中登记。（　　）

(7) 复式记账法是对任何经济业务都必须在两个账户中登记。（　　）

(8) 对每个账户来讲，期初余额只能在账户的一方，即借方或贷方。（　　）

(9) 记账规则是记账的依据，也是核对账目的依据。（　　）

(10) 收到货币资金都是营业收入。（　　）

4. 思考题

(1) 什么叫会计科目？列举常用的流动资产和流动负债科目。

(2) 按不同的标准可以把会计科目分为哪几类？

(3) 为什么要设置会计科目？其设置原则是什么？

(4) 会计科目与账户是什么关系？

(5) 什么叫账户？为什么要设置账户？

(6) 为什么说复式记账法是一种科学的记账方法？

(7) 什么是借贷记账法？其记账符号的特点是什么？

(8) 借贷记账法的账户结构是什么？

(9) 如何理解"有借必有贷，借贷必相等"的记账规律？

(10) 什么叫会计分录？编制会计分录的主要目的是什么？

(11) 试述借贷记账法编制会计分录的基本步骤是什么？

5. 业务题

习题一

一、目的：熟悉会计科目的内容。

二、资料：利丰公司20××年7月份发生下列经济业务。

(1) 投资人投资 300 000 元，存入银行存款账户。

(2) 从银行存款归还银行短期借款 50 000 元。

(3) 本月产品销售收入共计 250 600 元，均以存入银行存款账户。

(4) 从银行存款中提取现金 3 000 元，以备日常支用。

(5) 收到某单位所欠款项 10 500 元，存入银行存款账户。

(6) 以现金购买零星办公用品 1 630 元，直接发往各办公室。

(7) 从银行存款账户提取现金 155 000 元，准备发放职工工资。

(8) 用现金发放职工工资 155 000 元。

(9) 购入材料一批，计 153 600 元，货款以从银行存款账户中付讫。

(10) 从银行存款账户中支付上月所欠某单位款项 15 000 元。

(11) 购入材料一批，计 15 200 元，货款尚未支付。

(12) 从银行存款账户中支付管理部门其他各种费用 9 880 元。

(13) 本月产品销售收入共计 9 2500 元，已收到存入银行。

三、要求：根据上列资料，指出各项经济业务涉及的会计科目，并指出每项业务中，该科目应记增（＋）还是应记减（－）?

习题二

一、目的：掌握会计科目的核算内容及其分类。

二、资料：利丰公司 20××年9月有关经济业务的资料如下。

业 务 内 容	资 产	负 债	所有者权益
1. 库存现金			
2. 出租包装物收取的押金			
3. 职工出差预借的差旅费			
4. 年度内分配的利润			
5. 应向外单位收取的货款			
6. 库存原材料			
7. 厂房、设备			
8. 已完工入库的产品			
9. 预提的借款利息			
10. 投资者投入的资本			
11. 本年度实现的利润总额			
12. 预付供货单位的货款			
13. 应交未交的税金			
14. 专利权			
15. 准备长期持有的股票			
16. 预付的保险费			
17. 应付供货单位的货款			
18. 向购货单位预收的货款			
19. 运输工具			
20. 应付未付的职工薪酬			

三、要求：将上述业务内容所应使用的会计科目填入相应栏内。

习题三

一、目的：掌握会计科目的级次。

二、资料：利丰公司所使用的会计科目如下。

固定资产　　　　　　　　金融机构手续费

应付D公司账款　　　　　行政管理人员工资

生产用固定资产　　　　　利息支出

应付账款　　　　　　　　主营业务成本

主要材料　　　　　　　　甲商品

C材料　　　　　　　　　生产用机器设备

财务费用　　　　　　　　甲商品销售成本

A 材料　　　　　　　　　原材料

库存商品　　　　　　　　厂部办公费

生产用房屋　　　　　　　B 材料

应付 G 公司账款　　　　　厂部财产保险费

乙商品　　　　　　　　　乙商品销售成本

管理费用　　　　　　　　广告费

销售费用

三、要求：指出上述科目中哪些属于一级科目，哪些属于二级科目，哪些属于三级科目，填入下表中相应栏内。

一级科目	二级科目	三级科目

习题四

一、目的：掌握账户结构内容。

二、资料：（一）利丰公司 20×× 年 5 月 1 日有关项目余额如下。

长期借款	200 000	短期借款	80 000
银行存款	530 000	应付账款	30 000
应交税费	10 000	库存商品	190 000
原材料	180 000	应收账款	70 000
实收资本	1 510 000	固定资产	858 000
库存现金	2 000		

（二）5 月发生有关经济业务如下。

(1) 以银行存款归还到期的长期借款 200 000 元。

(2) 以银行存款购入原材料 56 000 元，材料入库。

(3) 收回应收账款 70 000 元，存入银行。

(4) 以银行存款偿还前欠外单位货款 30 000 元。

(5) 从甲企业购进原材料，已入库，货款 50 000 元尚未支付。

(6) 向银行借入短期借款 150 000 元，存入银行存款账户。

(7) 某外商投资设备一套，价值 200 000 元。

(8) 以银行存款交纳上月税金 10 000 元。

(9) 从银行提取现金 2 000 元备用。

(10) 签发并承兑商业汇票一张，面额 50 000 元，抵付应付账款。

三、要求：

1. 根据资料（一）判断各项目所属的类别，并将相关内容填入下表的第（1）、（2）、（6）、（7）栏。

资产项目	月初余额	本月增加	本月减少	月末余额	权益项目	月初余额	本月增加	本月减少	月末余额
（1）	（2）	（3）	（4）	（5）	（6）	（7）	（8）	（9）	（10）
合　计					合　计				

2. 根据资料（二）计算每个项目本月增加发生额、本月减少发生额，并填入上表中的第（3）、（4）、（8）、（9）栏。

3. 根据上表资料，计算每个项目的期末余额，并填入表中的第（5）、（10）栏。

习题五

一、目的：熟悉账户的名称。

二、资料：利丰公司是一家家具生产企业，其20××年8月末的经济交易或事项状况如下。

（1）仓库储存木料500 000元。

（2）仓库储存油漆30 000元。

（3）运输汽车3辆，价值300 000元。

（4）应付G公司木材款320 000元。

（5）职工李某归还差旅费借款5 000元。

（6）生产设备价值2 000 000元。

（7）未偿还银行3年期贷款3 000 000元。

（8）存入市建设银行款项1 800 000元。

（9）职工未领取工资20 000元。

三、要求：根据上述资料，确定该公司需要使用的账户的名称。

习题六

一、目的：熟悉账户结构。

二、资料：利丰公司20××年12月初有库存现金2 000元，本月发生了以下现金收支交易。

（1）12月1日以现金500元购买办公用品。

（2）12月5日以现金缴纳电缆450元。

（3）12月7日从企业的银行账户中取出现金5 000元。

（4）12月15日业务员退还尚未用完的差旅费120元。

（5）12月31日支付会计人员加班补贴2 500元。

三、要求：完成以下T形账户和"库存现金"账户的记录工作。

库存现金

增加	减少
期初余额	
本期发生额	本期发生额

库存现金账户

时间 (年、月、日)	经济交易或事项 (经济业务)	增 加	减 少	余 额

习题七

一、目的：掌握账户余额与发生额的关系。

二、资料：利丰公司20××年10月份有关账户的余额及发生额资料如下。

单位：元

账户名称	期初余额	本期增加发生额	本期减少发生额	期末余额
长期债权投资	360 000	640 000	690 000	
实收资本	10 000 000	2 000 000		12 000 000
应收账款	12 000		40 000	20 000
库存现金		8 800	9 200	400
应付账款	50 000		30 000	80 000
盈余公积	400 000	200 000		300 000
库存商品	860 000		2 320 000	540 000
银行存款	2 400 000	9 605 000		2 300 000
应交税费	80 000	230 000		65 000

三、要求：将上表中账户的有关内容补充完整。

习题八

一、目的：练习账户结构和期末余额的计算公式。

二、资料：利丰公司20××年5月份部分账户的有关资料如下。

单位：元

账 户	期初余额	本期增加	本期减少	期末余额
库存现金		400	600	300
银行存款		45 000	55 000	40 000
应收账款	4 000	1 000		2 000
原材料	15 000		5 800	20 000
固定资产	40 000	10 000		44 000
短期借款	1 500		10 000	1 000
应付账款	4 000			4 000
实收资本	40 000	10 000	5 000	

三、要求：计算上表空格中的数字并将其计算结果填入。

习题九

一、目的：掌握账户余额与发生额的关系。

二、资料：利丰公司4月份部分账户资料如下。

单位：元

账户名称	期初余额	本期借方发生额	本期贷方发生额	期末余额
应收账款		4 750	5 360	1 400
实收资本	25 000		37 000	32 500
应付票据	6 500	5 900		7 450
固定资产	14 000		11 000	32 500
银行存款	13 000	2 700	8 400	
原材料	8 600	7 300		64 540
应付账款	12 400		9 780	8 990
短期借款		50 000	43 000	38 000

三、要求：根据各类账户的结构，计算并在上列表格的空格里填上数字。

习题十

一、目的：掌握借贷记账法下账户余额与发生额的关系。

二、资料：利丰公司20××年4月份各账户的有关资料如下。

单位：元

账户名称	期初余额	本期借方发生额	本期贷方发生额	借或贷	期末余额
交易性金融资产	50 000	150 000	75 000		
实收资本	8 000 000	500 000	400 000		
原材料		55 000	23 000		90 000
应收账款	10 000	20 000	25 000		
应付账款	50 000		20 000		75 000
盈余公积	400 000	200 000			300 000
库存商品	860 000		2 320 000		540 000
银行存款	400 000	3 800 000			900 000
应交税费		50 000	80 000		80 000

三、要求：将上表中账户的有关内容补充完整。

习题十一

一、目的：练习资产与负债、所有者权益账户期末余额的计算公式。

二、资料：利丰公司20××年5月底，全部账户余额如下。

单位：元

账户名称	期初余额	本期借方发生额	本期贷方发生额	期末余额
库存现金	140	170		150
银行存款		15 374	13 745	5 858
应收账款	1 857		1 236	739
其他应收款	400	200	300	
原材料	10 000	1 000	5 000	
固定资产	20 000		1 000	39 000
短期借款	5 000	3 000		4 000
应付账款	357		462	534
应交税费	1 870	1 462		560
应付职工薪酬	5 000		2 000	7 000
实收资本	24 417		16 827	39 953

三、要求：利用资产与负债、所有者权益账户的余额计算公式，完成上述表各中所空栏目。

习题十二

一、目的：练习借贷记账法下账户结构的特点和余额的计算公式。

二、资料：利丰公司 20×× 年 3 月底各账户有关资料如下。

单位：元

账 户	期初余额		本期发生额		期末余额	
	借方	贷方	借方	贷方	借方	贷方
银行存款	1 345			4 236	5 186	
应收账款	46			120	—	
其他应收款	76		180		81	
原材料	264		552		203	
生产成本	—		3 456		—	
固定资产			142		1 599	
短期借款		543	—	7 240		
应付账款		188	272			443
长期借款		1 000	300	—		
实收资本		1 457	—			1 599

三、要求：根据资料，将正确数字填入适当空格内。

习题十三

一、目的：熟悉会计分录的编制。

二、资料：利丰公司 20×× 年 6 月发生下列经济交易事项。

（1）以银行存款账户支付本月份房屋租金20 000元。

（2）向银行借入半年期限的借款100 000元，存入银行存款账户。

（3）收到国家投资250 000元，存入银行存款账户。

（4）购机器设备430 000元，款未付。

（5）偿还上月所欠部分货款35 000元。

（6）从银行存款账户中提取现金96 750元，发放职工工资。

（7）用银行存款购入原材料75 700元。

（8）本月份收入共计225 560元，款已收到并存入银行存款账户。

（9）用银行存款支付本月份水电费共计50 600元。

（10）本月份生产产品共耗用原材料70 300元。

三、要求：根据上述资料，编制会计分录。

习题十四

一、目的：练习借贷记账法及试算平衡。

二、资料：利丰公司20××年8月底有关账户的余额如下。

单位：元

账户名称	金额	账户名称	金额
库存现金	9 890	短期借款	280 000
银行存款	50 600	应付账款	21 100
交易性金融资产	60 000	实收资本	311 000
应收账款	87 610	本年利润	31 000
原材料	160 000	利润分配	118 000
固定资产	393 000		

9月份发生下列经济交易事项：

（1）归还银行短期借款280 000元。

（2）购办公设备54 000元，款未付。

（3）收到客户上月欠款50 000元。

（4）用银行存款购各种生产用材料45 000元。

（5）本月份营业收入500 000元全部收到，并已存入银行存款账户。

（6）从银行提取现金85 780元，以备发工资。

（7）用现金支付职工工资85 780元。

（8）银行存款账户支付管理部门办公费7 600元。

（9）本月生产领用材料88 050元。

（10）将本月的主营业务收入转入本年利润账户。

（11）将本月的管理费用转入本年利润账户。

三、要求：

（1）根据上述资料，编制会计分录。

（2）开设T形账户，登记期初余额。

（3）将会计分录过入相应的账户，并结出期末余额。

（4）编制账户本期发生额及余额对照表。

习题十五

一、目的：了解账户的对应关系，掌握借贷记账法。

二、资料：利丰公司20××年1月份的经济业务列示在下列 T 形账户中（单位：元）。

库存现金			
期初余额	400	⑤	50 000
④	50 000	⑦	200

应收账款			
期初余额	22 000	③	12 000
⑥	62 000		

原材料			
期初余额	53 000		
②	25 000		

管理费用			
⑤	50 000		
⑦	200		
⑧	98 000		

银行存款			
期初余额	93 100	④	50 000
①	70 000	⑧	98 000
③	12 000	⑨	24 500

应付账款			
		期初余额	18 500
⑨	24 500	②	25 000

实收资本			
		期初余额	150 000
		①	70 000

主营业务收入			
		⑥	62 000

三、要求：

（1）根据上述账户记录的内容，补编会计分录。

（2）说明每笔经济交易事项的内容。

（3）根据上述账户资料，编制账户本期发生额及余额对照表。

习题十六

一、目的：练习会计分录及 T 形账户。

二、资料：利丰公司3月初银行存款账户借方余额为 50 000 元，该月份发生如下经济交易事项。

（1）销售产品一批，价款 20 000 元，款项已存入银行。

（2）用银行存款支付业务招待费 57 000 元。

（3）从银行取得短期借款 20 000 元存入银行。

（4）从银行提取现金 18 000 元。

（5）购买原材料一批，价款 2 000 元，用银行存款支付。

（6）用银行存款偿还前欠货款 6 000 元。

要求：（1）编制会计分录。

（2）设置并登记"银行存款"的 T 形账户，并计算出期末余额。

习题十七

一、目的：进一步掌握账户的结构，并进行试算平衡。

二、资料：利丰公司20××年2月份各账户的有关资料如下。

账户名称	期初余额		本期发生额		期末余额	
	借方	贷方	借方	贷方	借方	贷方
库存现金	76		180		81	
银行存款	1 345			4 236	5 186	
应收账款	46			120	0	
原材料	264		552		203	
生产成本	0		3 456	0		
固定资产			142	0	1 599	
短期借款		543	0	7 240		
应付账款		188	272			443
应付票据		1 000	300	0		
实收资本		1 457	0			1 599
合计	3 188	3 188				

三、要求：根据上述资料，将正确的数字填入适当的空格内。

习题十八

一、目的：练习会计分录及账户结构。

二、资料：李某于20××年10月开办了一家咨询中心。10份该中心发生了以下经济交易。

（1）10月1日，王某以银行存款向咨询中心投资200 000元。

（2）10月1日，中心预付办公场所11月份租金共计2 000元，以银行存款支付。

（3）10月1日，购入一台办公电脑，价值17 000元，以银行存款支付7 000元，其余款项尚未支付。

（4）10月2日，从银行取出现金3 000元备用。

（5）10月5日，购入文具等办公用品一批，价值1 800元，以银行存款支付。

（6）10月8日，购某品牌空调一台，价值50 000元，用银行存款支付。

（7）10月10日，为某客户提供咨询服务（已经完成），该客户将7 500元的验资费以转账支票支付，款项打进咨询中心的银行账户。

（8）10月12日，因安装空调造成办公用地漏水，以现金向楼下住户支付赔偿费700元。

（9）10月15日，支付10月1日赊购办公电脑的欠款。

（10）10月18日，因业务扩大，向市工商银行借款300 000元（款已到账）。

（11）10月20日，支付咨询中心兼职大学生的劳务费500元。

（12）10月25日，与某公司签订合同，为该公司提供财务咨询服务，预收服务费2 000元，该公司支付转账支票，款已到账。

（13）10月30日，以现金支付本月水电费700元。

（14）10月30日，以现金支付助理人员本月工资900元。

（15）10月30日，以现金支付员工借款400元。

要求：按照借贷记账法为以上经济交易编制会计分录。

习题十九

一、目的：练习借贷记账法及试算平衡。

二、资料：根据下列经济业务编制会计分录并填表。

（1）从银行取得借款 500 000 元存入存款账户。

（2）甲产品 300 件完工入库，单位成本 60 元。

（3）以银行存款 1500 元支付罚款。

（4）以银行存款支付银行贷款手续费 200 元。

（5）以转账支票支付前欠 F 公司材料采购款 35 000 元。

（6）计算分配公司本月职工工资，其中生产工人工资 60 000 元，车间管理人员工资 5 000 元，厂部管理人员工资 30 000 元，专设销售机构人员工资 4 000 元。

（7）从银行提取现金 100 000 元，然后将其中 99 000 元用于发放职工工资。

（8）职工李明报销医药费 260 元，以现金付讫。

（9）以银行存款偿还银行借款 100 000 元。

（10）以现金支付业务招待费 350 元。

（11）以银行存款 45 000 元购入生产设备一台。

（12）以银行存款缴纳企业所得税 8 000 元。

三、要求：

（1）根据下列经济业务编制会计分录。

（2）根据上述资料编制账户发生额试算平衡表。

习题二十

一、目的：练习会计分录的编制及试算平衡表的编制。

二、资料：利丰公司相关资料如下所示。

（一）20××年 5 月初会计科目的余额如下。

利丰公司试算平衡表

20××年 5 月 1 日   单位：元

会 计 科 目	借 方 余 额	贷 方 余 额
银行存款	20 000	
应收账款	70 000	
原材料	40 000	
应付票据		30 000
应付账款		40 000
实收资本		60 000
合计	130 000	130 000

（二）5 月发生如下交易事项：

（1）收回应收账款 70 000 元并存入银行。

（2）购入原材料货款 40 000 元，原材料已验收入库，货款尚未支付。

（3）用银行存款偿还应付账款 25 000 元。

（4）用应付票据 10 000 元偿还应付账款。

（5）收到投资人追加投资 50 000 元并存入银行（假定全部为实收资本）。

（6）购入原材料，货款 15 000 元，原材料已验收入库，甲企业开出商业汇票。

三、要求：

（1）编制上述业务的会计分录。

（2）填制利丰公司 5 月 31 日的试算平衡表。

账户名称	期初余额		本期发生额		期末余额	
	借方	贷方	借方	贷方	借方	贷方
合　计						

习题二十一

一、目的：练习借贷记账法及试算平衡。

二、资料：利丰公司20××年8月初各账户余额如下。

单位：元

资　产	金　额	负债及所有者权益	金　额
库存现金	1 000	短期借款	10 000
银行存款	15 000	应付账款	7 000
原材料	5 000	其他应付款	3 000
生产成本	10 000	应付职工薪酬	20 000
库存商品	5 000	长期借款	10 000
应收账款	3 000	实收资本	50 000
其他应收款	1 000		
固定资产	60 000		
合计	100 000	合计	100 000

本月发生以下经济业务：

（1）职工张兰出差广州，预借差旅费5 000元，以现金支付。

（2）向南方厂购入材料，计5 000元，货款未付。

（3）以银行存款归还前欠南方厂货款5 000元。

（4）向银行借入短期借款5 000元，直接归还前某供应单位应付账款。

（5）仓库发出材料4 500元，用于生产产品。

（6）购入新机床一台，价值15 000元，以开出支票支付货款。

（7）通过银行结算，收回应收货款3 000元。

（8）用银行存款购进材料8 000元，材料已验收入库，货款已通过银行存款支付。

（9）张兰出差回来，报销差旅费计4 500元，余款退回。

（10）本月生产产品已验收入库，实际生产成本共计6 000元。

（11）借入短期借款 8 000 元，已办妥手续，款项已存入银行。

（12）用银行存款归还短期借款 5 000 元。

（13）提取现金 3 500 元，以备零用。

（14）用银行存款购入燃料 1 000 元，已验收入库。

三、要求：

（1）根据资料，编制会计分录，并过入各账户。

（2）开设账户（用 T 形账户代替），登记期初余额，并计算各账户本期发生额和期末余额。

（3）编制本月"总分类账户本期发生额及余额试算表"。

第五章　制造业企业主要经济业务核算

本章学习目的

- 掌握企业会计记录的基本程序与内容
- 掌握企业基本经济交易的内容与特征
- 掌握企业基本经济交易与事项会计分录的编制方法

导入案例 ▶▶▶

财富增长的"奥秘"

朱洋是一所高校的会计学教授，他用一年对自己的收支、拥有财产的情况进行了详细的记录。

1月1日，朱洋首先坐在书桌边列出了现有的财产及货币价值（单位：元，下同）：

一幢与他人相连的房屋	80 000
家具及家庭用品	8 000
一辆已用了2年的小汽车	24 000
银行往来账户	500
欠银行的借款	30 000

12月31日，朱洋再次坐下来，总结他一年来所发生的财务交易：

收入	
每月工资（扣除个人所得税）	14 000
支出	
支付给银行欠款（其中2 000元为利息）	5 000
电费、电话费、暖气费等	2 800
家务费	2 400
汽车日常费用	1 000
衣服、度假等	1 800
收支相抵后盈余	1 000

同时，朱洋又将一年来的财产重新列了一张表格：

一幢与他人相连的房屋	92 000
家具及家庭用品	7 200
一辆已用了3年的小汽车	18 000
银行往来账户	1 700
欠银行的借款	2 700

从这些表格中可以看出，朱洋一年来的财富有所增加，财富是如何增加的呢？

资料来源：百度文库—高等教育—经济学，作者略有删改。

制造企业从事生产经营活动，必须拥有一定数量的资金。这些资金主要是所有者投入和债权人提供，随着生产经营活动的进行，其形态也相应地从货币资金变成生产资金，最后再变成货币资金。这种变化周而复始不断进行，形成了资金的循环和周转。制造企业的生产经营过程一般可以分为三个阶段，即供应过程、生产过程和销售过程。

第一节　制造业企业主要经济业务概述

前面我们已经较详细地阐述了制造业企业经营资金的运动过程，制造业企业要进行生产经营活动，首先必须有一定数量的财产物资，这些财产物资的货币表现即为企业的资金。因此，制造业企业要进行生产经营活动，首先必须有筹集资金的过程。而这些经营资金都是从一定的渠道取得的。经营资金在生产经营过程被具体运用时表现为不同的占用形态，一般可以分为货币资金、储备资金、生产资金、成品资金形态等，而且随着生产经营过程的不断进行，这些资金形态不断转化，形成经营资金的循环与周转。

首先，制造业企业要从各种渠道筹集生产经营所需要的资金，其筹资的渠道主要包括接受投资人的投资和向债权人借入各种款项。完成筹资任务即接受投资或形成负债，资金筹集业务的完成意味着资金投入企业，因而，企业就可以运用筹集到的资金开展正常的经营业务，进入供、产、销过程。

其次，制造业企业将筹集到的资金用于生产准备（即供应过程）。制造业企业筹集到的资金首先进入供应过程。供应过程是企业产品生产的准备过程，在这个过程中，制造业企业用货币资金购买机器设备等劳动资料形成固定资产，购买原材料等劳动对象形成储备资金，为生产产品做好物资上的准备，货币资金分别转化为固定资金形态和储备资金形态。因而供应过程的主要核算内容是用货币资金（或形成结算债务）购买原材料的业务，包括支付材料价款和税款、发生采购费用、计算采购成本、材料验收入库结转成本等。完成了供应过程的核算内容，为生产产品做好了各项准备，企业就可以进入生产过程。

再次，生产过程是制造业企业经营过程的中心环节。在生产过程中，劳动者借助劳动资料对劳动对象进行加工，生产出各种各样适销对路的产品，以满足社会的需要。生产过程既是产品的制造过程，又是物化劳动和活劳动的耗费过程，即费用、成本的发生过程。

原材料等劳动对象加工形成在产品，随着生产过程的不断推进，在产品终究要转化为产成品；从价值形态来看，生产过程中发生的各种耗费，形成企业的生产费用，即为生产产品耗费材料就形成材料费用，耗费活劳动就形成工资及福利等人工费用，使用厂房、机器设备等劳动资料就形成折旧费用等。生产过程中发生的这些生产费用总和构成产品的生产成本，亦称制造成本。其资金形态从固定资金、储备资金和一部分货币资金形态转化为生产资金形态，随着生产过程的不断进行，产成品生产出来并验收入库之后，其资金形态又转化为成品资金形态。生产费用的发生、归集和分配，以及完工产品生产成本的计算等构成了生产过程核算的基本内容。

最后，销售过程是产品价值的实现过程。在销售过程中，企业通过销售产品，并按照销售价格与购买单位办理各种款项的结算，收回货款，从而使得成品资金形态转化为货币资金形态，回到资金运动的起点状态，完成一次资金的循环。另外，销售过程中还要发生各种诸如运杂费、广告费等销售费用，需要计算并及时缴纳各种销售税金，结转销售成本等销售过程的核算。

另外，产品制造企业的生产经营过程就是这样连续不断、周而复始地进行着，直至终止。制造业企业生产经营过程中获得的营业收入，抵偿了它在生产经营过程中的成本、费用以后，就是制造业企业的利润。在利润形成过程中，企业还要按义务向国家缴纳所得税。利润总额扣除税费用，就是企业的净利润，然后按规定，一部分资金要退出企业，即在投资者（国家、企业和个人）之间进行分配，作为投资者的投资报酬；一部分则以盈余公积的形式留存企业，供企业扩展经营之用。

因此，资金筹集业务、供应过程业务、生产过程业务、销售过程业务、财务成果与分配业务，都将构成制造业企业主要经营过程的核算内容。

第二节　资金筹集业务的核算

制造业企业要进行生产发展，必须通过各种途径获取资金，也称为资金筹集。制造业企业筹集资金的渠道一般有负债取得和所有者投入。负债取得的方式表现为从银行借入、企业发行债券等。所有者投入资金视企业的组织形式而有所不同：所有者投入的资金、合伙企业投入的资金、技术或知识等。

一、所有者权益筹资的核算

（一）实收资本的含义

实收资本是指企业的投资者按照企业章程或合同、协议的约定实际投入企业的资本金。实收资本是所有者权益的基本组成部分。实收资本代表着一个企业的实力，是创办企业的"本钱"，也是一个企业维持正常的经营活动、以本求利、以本负亏的最基本条件和保障，是企业独立承担民事责任的资金保证。它反映了企业的不同所有者通过投资而投入企业的外部资金来源，这部分资金是企业进行经营活动的原动力，正是有了这部分资金的投入，才有了企业的存在和发展。

资本公积是指投资者或其他人投入到企业、所有者归属于全体投资者，并且金额上超过法定资本部分的资本以及直接计入所有者权益的利得和损失。在我国，资本公积的主要用途是用来转增资本，资本公积不能用于弥补以前年度的亏损。从形成来源上看，资本公积不是企业实现的利润转化而来的。从本质上讲，资本公积应属于投入资本的范畴。

我国目前实行的是注册资本金制度，要求企业的实收资本应与注册资本相一致。企业接受各方投资者投入的资本金应遵守资本保全制度，除法律、法规另有规定者外，不得随意抽用。企业在经营过程中实现的收入、发生的费用，以及在财产清查中发现的盘盈、盘亏等都不得直接增减投入资本。

（二）实收资本的分类

1. 按投资主体不同分类

所有者向企业投入资本，即形成企业的资本金。企业的资本金按照投资主体不同可以分为以下几种。

（1）国家资本金　有权代表国家的政府部门或者机构，以国有资产投入企业形成的资本金。

（2）法人资本金　其他法人单位以其依法可以支配的资产投入企业形成的资本金。

（3）个人资本金　社会个人包括本企业职工以个人合法财产投入个人资本金。

（4）外商资本金　外国及我国港、澳、台地区的投资者投资而形成的资本金。

2. 按投资的物质形态不同分类

按照投入资本的不同物质形态，可分为以下几种。

（1）货币投资　企业收到投资人直接以货币形式的投入资本。

（2）实物投资　企业收到投资人以设备、场地、材料、商品等实物资产的投入资本。

（3）证券投资　企业收到投资人以股票、债券等各种有价证券形式的投入资本。

（4）无形资产投资　企业收到投资人以专利权、土地使用权、商标权等无形资产形式的投入资本。

（三）实收资本入账价值的确定

投入资本应按实际投资数额入账。以货币资金投资的，应按实际收到的款项作为投资者的投资入账；以实物形式投资的，应当进行合理的估价，按双方认可的估价数额作为实际投资额入账。投资者按照出资比例或者合同、章程的规定，分享企业利润和分担风险及亏损。对于收到的货币资金额或投资各方确认的资产价值超过其在注册资本中所占的份额部分，作为超面额缴入资本，记入资本公积金。

（四）实收资本的核算

为了反映和监督投资者投入资本的数额及增减变动情况，制造业企业均应设置"实收资本"账户。"实收资本"账户是用来核算企业的投资者投入资本的增减变动及其结果的账户。该账户属于所有者权益类账户，其贷方登记企业实际收到的投资人投入的资本；借方登记投入资本的减少额；期末余额在贷方，表示期末投入资本的实有数额。本账户应按不同投资者设置明细分类账户进行明细核算。

"实收资本"账户结构如下：

借方	实收资本	贷方
所有者投资的减少	所有者投资的增加	
	期末余额:所有者投入资本的实有数额	

"资本公积"账户是用来核算企业收到投资者出资超出其在注册资本（或股本）中所占的份额以及直接计入所有者权益的利得和损失（如企业接受资产捐赠而形成的利得）等，"资本公积"账户属于所有者权益类账户，其贷方核算资本公积的增加，借方核算资本公积的减少或转销，期末贷方余额反映企业资本公积的余额。本账户应当分别按"资本溢价"或"股本溢价"、"其他资本公积"进行明细核算。

"资本公积"账户结构如下：

借方	资本公积	贷方
资本公积的减少	资本公积的增加	
	期末余额:资本公积的实有数额	

例1　利丰公司收到国家投入资本 200 000 元，款项存入银行。

这项经济交易事项的发生，引起资产和所有者权益两个要素发生变化。一方面企业的银行存款增加了 200 000 元；另一方面国家对企业的投资也增加了 200 000 元。因此，这项经济交易涉及"银行存款"和"实收资本"两个账户。银行存款的增加是资产的增加，应记入"银行存款"账户的借方；国家对企业投资的增加是所有者权益的增加，应记入"实收资本"账户的贷方。应编制如下会计分录：

借：银行存款   200 000
  贷：实收资本   200 000

例 2 利丰公司收到 L 公司投入的原值为 66 000 元的旧设备 1 台，该设备已提折旧 20 000 元，经评估确认，投入使用的价值为 46 000 元。

这项经济交易事项的发生，引起资产和所有者权益两个要素发生变化。一方面企业的固定资产增加了 460 00 元；另一方面法人对企业的投资也增加了 46 000 元。这项经济交易涉及"固定资产"和"实收资本"两个账户。固定资产属于资产类账户，增加记入该账户的借方；实收资本属于所有者权益类，增加记入该账户的贷方。应编制如下会计分录：

借：固定资产   46 000
  贷：实收资本   46 000

例 3 利丰公司收到 W 企业以专利权投资，经评估该项专利权价值为 1 200 000 元。

这项经济交易事项的发生，引起资产和所有者权益两个要素发生变化。一方面企业的无形资产增加了 1 200 000 元；另一方面其他单位投入的资本也增加了 1 200 000 元。因此，该项经济交易涉及"无形资产"和"实收资本"两个账户。无形资产属于资产类账户，增加记入该账户的借方；实收资本属于所有者权益类，增加记入该账户的贷方。应编制如下会计分录：

借：无形资产   1 200 000
  贷：实收资本   1 200 000

例 4 利丰公司因发展需要，决定增加注册资本 100 万元（其中 B 企业认缴 40% 的资本，C 企业认缴 60% 的资本），分别收到 B 企业和 C 企业的缴款 52 万元和 68 万元，款项通过开户银行转入利丰公司的账户。

这项经济交易事项的发生，由于因利丰公司接受 B 企业和 C 企业的投资而"实收资本"增加，故应贷记"实收资本"；但由于 B 企业和 C 企业实际支付的投资款超过注册资本（即产生资本溢价），故超过部分应作为"资本公积"处理。因此，该项经济交易事项涉及"银行存款"、"实收资本"和"资本公积"三个账户。银行存款属于资产类账户，增加记入该账户的借方；实收资本和资本公积属于所有者权益类，增加记入该账户的贷方。应编制如下会计分录：

借：银行存款   1 200 000
  贷：实收资本——B 企业   400 000
      ——C 企业   600 000
  资本公积——资本溢价   200 000

所有者权益筹资业务总分类核算如图 5-1 所示。

二、负债筹资业务的核算

企业自有资金不足以满足企业经营运转需要时，可以通过从银行或其他金融机构借款的方式筹集资金，即形成企业的负债，它表示企业的债权人对企业资产的要求权，即债权人权益。企业借入资金时，一方面银行存款增加，另一方面负债也相应增加，即企业按借款协议

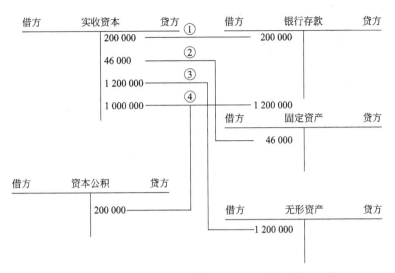

图 5-1 所有者权益筹资业务总分类核算图

约定的利率承担支付利息及到期归还借款本金的义务。为核算制造业企业因借款而形成的负债，企业应设置"短期借款"和"长期借款"两个科目。在此仅介绍短期借款的核算。

（一）短期借款的含义

短期借款是企业为了满足其生产经营对资金的临时需要，而向银行或其他金融机构等借入的偿还期限在1年以内（含1年）的各种借款。一般情况下企业取得短期借款是为了维持正常的生产经营所需的资金，或者为了抵偿某项债务而借入的。企业取得短期借款时，应遵守银行或其他金融机构的有关规定，根据企业的借款计划及确定的担保形式，经贷款单位审核批准订立借款合同后才能取得借款。

（二）短期借款利息的确认与计量

短期借款利息支出属于企业在理财活动过程中为筹集资金而发生的一项耗费，在会计核算中，企业应将其作为期间费用加以确认。由于短期借款利息的支付方式和支付时间不同，会计处理的方法也有一定的区别；如果银行对企业的短期借款按月计收利息，或者虽在借款到期收回本金时一并收回利息，但利息数额不大，企业可以在收到银行的计息通知或在实际支付利息时，直接将发生的利息费用计入当期损益；如果银行对企业的短期借款采取按季或半年等较长期间计收利息，或者是在借款到期收回本金时一并计收利息且利息数额较大的，为了正确地计算各期损益额，保持各个期间损益额的均衡性，通常按权责发生制原则的要求，采取预付的方法按月预提借款利息，计入预提期间损益（财务费用），待季度或半年等结息期终了或到期支付利息时，再冲销应付费用（或预提费用）。

（三）短期借款的核算

对于短期借款本金和利息的核算需要设置以下账户。

1."短期借款"账户

该账户是负债类账户，是用来核算企业向银行或其他金融机构借入的期限在1年以内（含1年）的各种借款。其贷方登记借入的各种短期借款本金的增加；借方登记短期借款本金的减少，期末余额在贷方，表示尚未偿还的短期借款本金结余额。短期借款应按照债权人不同设置明细账户，并按照借款种类、贷款人和币种进行明细分类核算。

"短期借款"账户结构如下：

借方	短期借款	贷方
短期借款的偿还(减少)	短期借款的取得(增加)	
	期末余额:尚未归还的借款本金	

2. "财务费用"账户

该账户属于损益类（费用）账户，用来核算企业为筹集生产经营所需资金等而发生的筹资费用，包括利息支出（减利息收入）、汇兑差额以及相关的手续费等。企业确认发生筹资费用时，记入账户的借方；发生利息收入时，记入本账户的贷方；期末，企业应将本账户余额转入"本年利润"科目，结转后本账户应无余额。

"财务费用"账户结构如下：

借方	财务费用	贷方
利息支出	利息收入	
汇兑损失	汇兑收益	
手续费	期末转入"本年利润"账户	

例5 20××年1月1日利丰公司从银行借入一年期借款50万元，年利率12%，每半年付息一次，到期一次还本。

该项经济交易事项发生，利丰公司从银行借入资金后，银行存款增加是资产的增加，应记入"银行存款"的借方；同时，利丰公司增加了一项负债，即"短期借款"增加，应记入"短期借款"的贷方。应编制如下会计分录：

借：银行存款   500 000

  贷：短期借款   500 000

利丰公司借入上述短期借款后，必须承担支付利息的义务。应确认当年1~6月的利息费用。对于企业发生的利息费用，应通过"财务费用"科目进行核算。对于预计的利息可以通过"应付利息"或"预提费用"科目进行。

确认当年1~6月的利息费用时，每月应编制如下会计分录：

借：财务费用   5 000

  贷：应付利息（或预提费用）   5 000

确认当年7~12月份每月利息时，会计分录同上。

20××年6月30日，利丰公司以存款支付银行上半年短期借款利息（50万×12%×6/12＝30 000元）。

利丰公司在期末确认发生的利息费用时，费用增加，应记"应付利息"的借方；同时，以银行存款支付利息，故银行存款减少，应贷记"银行存款"。根据上述业务内容编制如下会计分录：

借：应付利息   30 000

  贷：银行存款   30 000

20××年12月31日，顺达企业以银行存款归还银行短期借款本金50万元及下半年利息30 000元。

顺达企业归还借款，则企业负债减少，故应借记"短期借款"；同时，利丰公司还应确认并支付下半年的借款利息，所以还应借记"应付利息"、贷记"银行存款"等科目。根据上述业务内容编制如下会计分录：

借：短期借款 500 000
  应付利息 30 000
  贷：银行存款 530 000

负债筹资业务总分类核算如图 5-2 所示。

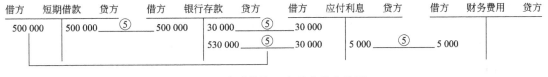

图 5-2 负债筹资业务总分类核算图

第三节 供应过程的核算

企业筹集到资金后，为了生产产品就必须购入设备、厂房、材料、工（器）具等，以备生产。产品制造企业对材料的采购应有计划地、按时、适量地进行，以免造成生产用料不足。企业购买的材料，应遵照合同和约定的结算办法，按供应单位开列的发票价格及材料的买价支付货款，还会发生一些运杂费等采购费用，通过物资采购业务，企业的财产物资增加；同时，因采购而支付了相应的存款或承担了相应的负债，即货币资金相应减少或负债相应增加。产品制造企业还要购买设备、厂房、机器等生产设备以备生产之需，也会发生资产的减少或承担相应的债务。因此，供应过程的核算包括材料采购和固定资产购建。

一、固定资产购建业务核算

（一）固定资产的含义

固定资产是指使用期限超过一年，单位价值在规定标准以上，并且在使用过程中保持原有物质形态的资产。根据会计准则的规定，企业使用期限在一年以上的房屋、建筑物、机器、设备、器具、工具等作为固定资产；不属于生产经营主要设备的物品，单位价值在2 000元以上，并且使用期限超过两年的也应作为固定资产。固定资产作为劳动资料，是构成生产力的主要因素。由于固定资产长期参与企业生产经营活动，固定资产价值一部分随其磨损，脱离实物形态，另一部分仍然保留在其价值本身。

（二）固定资产的计价

固定资产的核算，既要反映实物数量的增减变动情况，又要从价值上进行核算。固定资产的价值应包括固定资产的主体及其附属设施和附件的价值，对固定资产进行正确的计价，是对固定资产进行价值核算的前提，同时也是如实反映企业财产和正确计提折旧的必要条件。由于固定资产的使用期限长，在参与生产的过程中，其价值逐渐地转移，它的实物形态与价值形态存在着分离状况。因此，固定资产的计价有以下两种标准。

1. 原始价值

原始价值又称原值，是指企业购建某项固定资产时所发生的一切合理、必要的支出。由于固定资产的来源不同，其价值的确定方法也有所不同。

① 购入固定资产，按照实际支付的价款，包括买价、支付的运输费、包装费和安装成

本等计价。

② 自行建造的固定资产，按照建造过程中实际发生的全部支出计价。

③ 投资者投入的固定资产，以评估或合同、协议确认的价值计价。

④ 融资租入的固定资产，按照租赁协议确定的设备价款、运输费、途中保险费、安装调试费等支出计价。

⑤ 在原有固定资产基础上改建、扩建的固定资产，按原有固定资产价值，加上改扩建增加的支出，减去改扩建过程中发生的变价收入后的余额计价。

⑥ 盘盈的固定资产，按照同类固定资产的市价减去按该项资产的新旧程度估计的价值后的余额计价。

⑦ 接受捐赠的固定资产，按受赠固定资产的市场价格计价，或者按所附单据确定的金额加上由企业负担的运输费、保险费、安装调试费等计价。

企业购建固定资产而发生的借款利息支出和有关费用以及外币借款的折合差额，在固定资产达到预定可使用状态前发生的，应当计入固定资产价值，在此之后发生的费用计入当期损益。

对于已经入账的固定资产，一般不得变更原始价值，除非发生下列情况，才可以调整固定资产账面价值：①根据国家规定对固定资产价值重新估价；②增加补充设备或改良装置；③将固定资产的一部分拆除；④根据实际价值调整原有的暂估价值；⑤发现原固定资产账面价值有错误。

2. 折余价值

折余价值又称净值或现值，是指固定资产的原始价值或重置完全价值减去已提折旧的余额。它反映固定资产的现有价值。

固定资产的价值包括企业从购进某项固定资产到为达到可使用状态前所发生的一切合理的、必要的支出，如固定资产的价款、运杂费、包装费和安装成本等。企业购置的固定资产，对于其中需要安装的部分，在交付使用之前，也就是达到预定可使用状态之前，由于没有形成完整的取得成本，必须通过"在建工程"账户进行核算，在购建过程中所发生的全部支出，都应在"在建工程"账户核算，待工程达到可使用状态形成固定资产之后，再从"在建工程"转入"固定资产"账户。

（三）固定资产的核算

为了核算企业购买和自行建造完成固定资产价值的变动过程及其结构，需要设置以下账户。

1. "固定资产"账户

该账户属于资产类账户，核算企业持有固定资产的原价及其增减变动、结余情况。当企业因购入或通过其他方式取得可直接投入使用的固定资产时，借记本科目；因处置而减少固定资产时，贷记本科目；本科目期末借方余额，反映企业固定资产的账面原价。企业应当按照固定资产类别和项目进行明细核算。

"固定资产"账户结构如下：

借方	固定资产	贷方
取得固定资产时		固定资产减少时
期末余额：固定资产原始价值数额		

2. "在建工程"账户

该账户属于资产类账户，是用来核算企业单位未进行固定资产基建、安装、技术改造以及大修理等工程而发生的全部支出（包括安装设备的价值），并据以计算确定各该工程的成本。其借方登记工程支出的增加，贷方登记结转完工工程的成本。期末余额在借方，表示未完工工程的成本。该账户应按工程内容如建筑工程、安装工程、技术改造工程、大修理工程等设置明细账进行明细核算。

"在建工程"账户结构如下：

借方	在建工程	贷方
工程发生的全部支出	结转完工工程成本	
期末余额:未完工工程成本		

例6 利丰公司购入一台不需要安装设备，该设备买价 400 000 元，增值税率 17%，包装费 10 000 元，运杂费 20 000 元，设备款及各种费用以银行存款支付。

首先这台设备不需安装，在购买过程中发生的全部支出即 430 000(400 000＋10 000＋20 000) 和 68 000(400 000×17%) 的增值税。这项经济业务的发生，一方面使利丰公司的固定资产增加 430 000 元，增值税的进项税增加了 68 000 元，另一方面使利丰公司银行存款减少 498 000 元。因此，这项经济业务涉及"固定资产"、"应交税费"和"银行存款"三个账户。固定资产的增加是资产的增加，应记入"固定资产"账户的借方；应交税费的进项税的增加，应记入"应交税费"账户的借方，银行存款的减少是资产的减少，应记入"银行存款"账户的贷方。应编制会计分录如下：

借：固定资产 430 000
　　应交税费——应交增值税（进项税）　68 000
　贷：银行存款 498 000

例7 利丰公司购入一台需要安装的设备，该设备买价 800 000 元，增值税率 17%，包装费 10 000 元，运输费 6 000 元，设备投入安装。

这台设备需安装，购买过程中发生的各项支出构成固定资产安装成本，在设备达到预定可使用状态前发生的支出应先在"在建工程"账户归集核算。这项经济业务的发生，一方面使利丰公司的在建工程支出增加 816 000（800 000＋10 000＋6 000）元和增值税 136 000 元（800 000×17%），另一方面使利丰公司的银行存款减少 952 000 元。因此，这项经济交易涉及"在建工程"、"应交税费"和"银行存款"三个账户。在建工程支出的增加是资产的增加，应记入"在建工程"账户的借方；应交税费的进项税的增加，应记入"应交税费"账户的借方，银行存款的减少是资产的减少，应记入"银行存款"账户的贷方。应编制会计分录如下：

借：在建工程 816 000
　　应交税费——应交增值税（进项税）　136 000
　贷：银行存款 952 000

例8 承前例，利丰公司的上述设备在安装过程中发生的安装费用，即领用原材料 40 000 元，应付本公司安装工人的薪酬 150 000 元，用银行存款支付其他费用 10 000 元。

这台设备在安装过程中发生的安装费也构成固定资产安装工程支出。在"在建工程"账户归集核算。这项经济交易事项的发生，一方面使利丰公司的在建工程支出增加 200 000

（40 000＋150 000＋10 000）元，另一方面使利丰公司的原材料成本减少 40 000 元，应付职工薪酬增加 150 000 元，银行存款减少 10 000 元。因此，这项经济交易事项涉及 "在建工程"、"原材料"、"应付职工薪酬" 和 "银行存款" 四个账户。在建工程支出的增加是资产的增加，应记入 "在建工程" 账户的借方，原材料的减少是资产的减少，应记入 "原材料" 账户的贷方，应付职工薪酬的增加是负债的增加，应记入 "应付职工薪酬" 账户的贷方，银行存款的减少是资产的减少，应记入 "银行存款" 账户的贷方。应编制如下会计分录：

借：在建工程 　　　　　　　　　　　　　　　　　　　　　　　200 000
　　贷：原材料 　　　　　　　　　　　　　　　　　　　　　　　　　40 000
　　　　应付职工薪酬 　　　　　　　　　　　　　　　　　　　　　150 000
　　　　银行存款 　　　　　　　　　　　　　　　　　　　　　　　　10 000

例 9 承上例，上述设备安全完毕，达到预定可使用状态，并验收合格办理竣工决算，已交付使用，结转其实际成本。

工程安装完毕，交付使用，意味着固定资产的取得成本已经形成，可以将工程全部支出转入 "固定资产" 账户，该设备工程的全部成本为 1 016 000（816 000＋200 000）元。这项经济交易事项的发生，一方面使利丰公司的固定资产取得成本增加 1 016 000 元，另一方面使利丰公司的在建工程成本减少 1 016 000 元。因此，这项经济交易事项涉及 "固定资产" 和 "在建工程" 两个账户。固定资产取得成本的增加是资产的增加，应记入 "固定资产" 账户的借方；在建工程支出结转是资产的减少，应记入 "在建工程" 账户的贷方。应编制会计分录如下：

借：固定资产 　　　　　　　　　　　　　　　　　　　　　　1 016 000
　　贷：在建工程 　　　　　　　　　　　　　　　　　　　　　　1 016 000

固定资产购置业务总分类核算如图 5-3 所示。

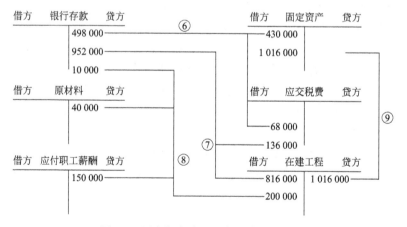

图 5-3　固定资产购置业务总分类核算图

二、材料采购业务的核算

企业要进行正常的生产经营活动，就必须储备一定品种和数量的材料物资，材料物资是产品制造企业生产产品不可缺少的物资要素，在生产过程中，材料经过加工而改变其原来的实物形态，构成产品实体的一部分，或者实物消失而有助于产品的生产。因此，产品制造企业要有计划地采购材料，既要保证及时、按质、按量地满足生产上的需要，同时又要避免储备过多，不必要地占用资金。

在材料采购过程中，一方面是企业从供应单位购进各种材料，要计算购进材料的采购成本，另一方面企业要按照经济合同和约定的结算办法支付材料的买价和各种采购费用，并与供应单位发生货款结算关系。

购入的原材料，其实际采购成本由以下几项内容组成：①购买价款，是指购货发票所注明的货款金额；②采购过程中发生的相关税费、运输费、装卸费、保险费等；③材料在运输途中发生的合理损耗；④材料入库之前发生的整理挑选费用等；⑤按规定应计入材料采购成本的各种税金，如进口材料支付的关税等；⑥其他归属于存货采购成本的费用。

大宗物资的市内运杂费等（但这里需要注意的是市内零星运杂费、采购人员的差旅费以及采购机构的经费等）不构成材料的采购成本，而是计入期间费用。以上第1项应当直接计入所购材料的采购成本，第2，3，4，5，6项，凡能分清是某种材料直接负担的，可以直接计入材料的采购成本，不能分清的，应按材料的重量等标准分配计入材料采购成本。

对于材料采购过程中发生的物资毁损、短缺等，合理损耗部分应当作为材料采购费用计入材料的采购成本，其他损耗不得计入材料采购成本，如从供应单位、外部运输机构等收回的物资短缺、毁损赔款，应冲减材料采购成本。

为了组织材料采购业务的核算，企业应设置"材料采购"、"原材料"、"应付账款"、"预付账款"、"应交税费"等科目。

1."材料采购"账户

该账户属于资产类账户，是用来核算企业采用计划成本进行材料日常核算而购入材料的采购成本。其借方登记购入材料的实际成本，贷方登记结转完成采购过程、验收入库材料的实际成本，期末借方余额表示尚未到达企业或已到达企业尚未验收入库的在途材料成本。该账户应按购入材料的品种或种类设置明细账，进行明细核算。

"材料采购"账户结构如下：

借方	材料采购	贷方
购入材料的买价和采购费用		结转入库材料的实际采购成本
期末余额：在途材料的实际成本		

2."原材料"账户

该账户属于资产类账户，用来核算企业库存的各种材料，包括原料及主要材料、辅助材料、外购半成品、修理用备件、包装材料、燃料等实际成本。其借方登记已验收入库材料的实际成本，贷方登记发出材料的实际成本，期末借方余额表示库存材料实际成本或计划成本的结余额。该科目应按材料种类或品种设置明细账，进行明细核算。

"原材料"账户结构如下：

借方	原材料	贷方
验收入库材料的实际成本		发出材料的实际成本
期末余额：库存材料的实际成本		

3."应付账款"账户

该账户属于负债类账户，是用来核算企业因购买材料、商品和接受劳务等经营活动应支付的款项。其贷方登记应付供应单位的款项的增加额，借方登记应付供应单位的款项的减少额（或偿还额），期末余额一般在贷方，表示尚未偿还的应付账款余额。该科目应按供应单位的名称设置明细账，进行明细核算。

"应付账款"账户结构如下：

借方	应付账款	贷方
应付供应单位款项的减少	应付供应单位款项的增加	
	期末余额:尚未偿还应付账款余额	

4. "预付账款"账户

该账户属于负债类账户，是用来核算企业按合同规定预付的款项。其借方登记预付款的增加额，贷方登记收到供应单位提供的材料而冲销的预付款项，期末余额一般在借方，表示尚未结算的预付款的结余额。该账户应按供应单位的名称设置明细账，进行明细核算。

"预付账款"账户结构如下：

借方	预付账款	贷方
预付供应单位的款项	冲销预付供应单位款项	
期末余额:尚未结算的预付款项		

5. "应交税费——应交增值税"账户

该账户属于负债类账户，是用来核算企业应交的增值税额。包括增值税、消费税、营业税、所得税资源税、土地增值税、城市维护建设税、房产税、土地使用税、车船使用税、教育费附加、矿产资源补偿费等。"应交增值税"明细科目的贷方反映销售货物或提供应税劳务应交纳的增值税额、出口货物退税、转出已支付或应分担的增值税；借方反映企业购进货物或接受应税劳务支付的进项税额、实际已交纳的增值税；期末借方余额反映企业多交或尚未抵扣的增值税；期末贷方余额反映企业尚未交纳的增值税。

"应交税费"账户结构如下：

借方	应交税费	贷方
实际缴纳的各种税费	计算出应交未交的税费	
期末余额:多交的税费	期末余额:未交的税费	

企业在材料采购业务中涉及的税费主要是"增值税"。增值税是对我国在境内销售货物或者提供劳务，以及进口货物的单位和个人，就其取得的货物或应税劳务销售额计算税款，并实行税款抵扣制的一种流转税。企业在采购材料时，增值税作为一种价外税，不计入材料采购成本，而单独作为应交增值税的进项税，记入"应交增值税（进项税额）"明细账的借方。进项税额是指纳税人购进货物或接受应税劳务所支付或负担的增值税额。其计算公式为：

$$进项税额＝购进货物或劳务价款×增值税税率$$

例10 利丰公司购入一批甲材料500吨，单价400元，货款20 0000元，增值税34 000元，发票账单已到，货款以银行存款支付，材料已验收入库。

这项经济交易或事项的发生，一方面使利丰公司购入甲材料增加200 000元，增值税进项税增加34 000元，另一方面使银行存款减少 234 000 元。该项业务涉及"材料采购"、"应交税费——应交增值税"、"银行存款"三个账户。材料买价的增加是资产的增加，应记入"材料采购"账户的借方，增值税进项税的增加是负债的减少，应记入"应交税费——应交增值税"明细账户的借方，银行存款的减少是资产的减少，应记入"银行存款"账户的贷方。应编制会计分录如下：

借：材料采购——甲材料   200 000
    应交税费——应交增值税（进项税）   34 000
  贷：银行存款   234 000

例 11 利丰公司从 A 企业购入一批乙材料 300 吨，单价 500 元，增值税率 17%，材料已到达企业，但货款尚未支付。

这项经济交易或事项的发生，一方面使公司购入乙材料增加 150 000 元，增值税进项税额增加 25 500 元；另一方面使得公司的应付供应单位款项增加 175 500 元。因此，该项经济交易涉及"材料采购"、"应交税费——应交增值税"和"应付账款"三个账户。材料采购成本的增加是资产的增加，应记入"材料采购"账户的借方，增值税进项税是负债的减少，应记入"应交税费——应交增值税"账户的借方，应付账款的增加是负债的增加，应记入"应付账款"账户的贷方。应编制会计分录如下：

借：材料采购——乙材料   150 000
    应交税费——应交增值税（进项税）   25 500
  贷：应付账款——A 企业   175 500

例 12 利丰公司按照合同规定用银行存款预付给 W 公司购买丙材料款 400 000 元。

这项经济交易的发生，一方面使得利丰公司预付的订货款增加 400 000 元，另一方面使得公司的银行存款减少 400 000 元。因此，该项经济交易涉及"预付账款"和"银行存款"两个账户。预付材料款的增加是资产的增加，应记入"预付账款"账户的借方，银行存款的减少是资产的减少，应记入"银行存款"账户的贷方。应编制会计分录如下：

借：预付账款   400 000
  贷：银行存款   400 000

例 13 利丰公司收到 W 公司发来的已经预付货款的丙材料，并已验收入库。随货附来的发票注明该批丙材料的价款 360 000 元，6 000 公斤，增值税进项税额 61 200 元，除冲销原预付款 400 000 元外，不足部分用银行存款支付。另外用现金 12 000 元支付运杂费。

这项经济交易事项的发生，一方面使利丰公司材料采购支出增加 372 000（360 000＋12 000）元，增值税进项税额增加 61 200 元；另一方面使得利丰公司的预付款减少 400 000 元。因此，该项经济交易涉及"材料采购"、"应交税费——应交增值税"、"预付账款"、"银行存款"和"库存现金"五个账户。材料采购成本的增加是资产的增加，应记入"材料采购"账户的借方；增值税进项税是负债的减少，应记入"应交税费——应交增值税"账户的借方；预付款的减少是资产的减少，应记入"预付账款"账户的贷方；银行存款的减少是资产的减少，应记入"银行存款"账户的贷方；库存现金的减少是资产的减少，应记入"库存现金"账户的贷方。应编制会计分录如下：

借：材料采购——丙材料 372 000

　应交税金——应交增值税（进项税额）61 200

　贷：预付账款——W公司 400 000

　　银行存款 21 200

　　库存现金 12 000

例14 利丰公司用银行存款支付上述甲、乙材料外地运费 8 000 元。

材料运费按材料的重量比例进行分配：

甲、乙材料的外地运费的分配率＝8 000÷(500＋300)＝10

甲材料应负担的材料费用＝10×500＝5 000（元）

乙材料应负担的材料费用＝10×300＝3 000（元）

这项经济交易事项的发生，一方面使利丰公司材料采购成本增加 8 000 元，其中甲材料采购成本增加 5 000 元，乙材料采购成本增加 3 000 元，另一方面使得公司的银行存款减少 8 000 元。该项经济交易涉及"材料采购"和"银行存款"两个账户。材料采购成本的增加是资产的增加，应记入"材料采购"账户的借方，银行存款的减少，应记入"银行存款"账户的贷方。应编制会计分录如下：

借：材料采购——甲材料 5 000

　　　　——乙材料 3 000

　贷：银行存款 8 000

例15 本月购入的甲、乙、丙材料已经验收入库，结转各种材料的实际采购成本。

这项经济交易事项的发生，一方面使公司已验收入库材料的实际采购成本增加 720 000 元，另一方面使得公司的材料采购支出结转 720 000 元。因此，该项经济交易涉及"原材料"和"材料采购"两个账户。库存材料实际成本的增加是资产的增加，应记入"原材料"账户的借方，材料采购支出的结转是资产的减少，应记入"材料采购"账户的贷方。应编制会计分录如下：

借：原材料——甲材料 205 000

　　　——乙材料 153 000

　　　——丙材料 362 000

　贷：材料采购——甲材料 205 000

　　　　——乙材料 153 000

　　　　——丙材料 362 000

甲材料、乙材料、丙材料的采购成本计算表如表5-1所示。

表5-1　材料采购成本计算表　　　　　　　　　　　　单位：元

项　目	甲材料(500吨)		乙材料(300吨)		丙材料(6 000公斤)	
	总成本	单位成本	总成本	单位成本	总成本	单位成本
买价	200 000	400	150 000	500	360 000	60
采购费用	5 000	10	300	10	12 000	2
采购成本	205 000	410	153 000	510	372 000	62

材料采购的总分类核算过程如图 5-4 所示。

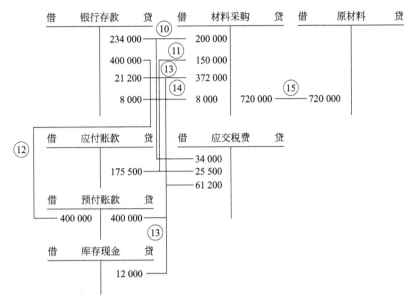

图 5-4 材料采购的总分类核算图

第四节 产品生产过程的核算

生产过程既是制造产品的过程，也是物化劳动和活劳动的消耗过程，在生产过程中所发生的各项耗费，称生产费用。它主要包括为制造产品所消耗的各种原材料、燃料、动力、生产工人工资、提取的职工福利费、厂房和机器设备的折旧费、修理费以及为制造产品而发生的制造费用等。将发生的各种生产费用按产品进行归集和分配，就构成了各种产品的生产成本，或称为制造成本。

一、生产费用的核算

生产费用按其计入产品成本的方式不同，分为直接费用和间接费用。直接费用是指企业生产产品过程中实际消耗的直接材料、直接人工。间接费用是指企业为生产产品和提供劳务而发生的各种间接支出，也称为制造费用。上述各个项目是生产费用按其经济用途所进行的分类，在会计上称为成本项目。各个成本项目的具体内容构成如下。

直接材料，是指企业在生产产品和提供劳务的过程中所消耗的、直接用于产品生产，构成产品实体的各种原材料及主要材料、外购半成品以及有助于产品形成的辅助材料等。

直接人工，是指企业在生产产品和提供劳务过程中，直接从事产品生产的工人工资、福利费、津贴、补贴等。

制造费用，是指企业为生产产品和提供劳务而发生的各项间接费用，其构成内容包括间接的工资费用、福利费、折旧费、修理费、办公费、水电费、机物料消耗、季节性停工损失等。

在产品制造业务的会计核算中，必须遵循权责发生制的基本前提，对各项费用的发生额及其归属期间加以确认和计量，并按照各种费用的构成内容和经济用途正确地进行反映。因此，在产品制造过程中各项费用的发生、归集和分配以及产品成本的形成和产品成本的计算等，就构成了产品制造业务的主要核算内容。

为了核算生产费用，计算产品成本，制造企业应设置"生产成本"、"制造费用"等账户。

1. "生产成本"账户

该账户属于成本类账户，是用来核算企业进行工业性生产所发生的各项生产成本，包括生产各种产品（包括产成品、自制半成品、提供劳务等）、自制材料、自制工具、自制设备等。其借方登记应计入产品等成本的各项直接费用和间接费用，贷方登记结转完工入库产品等的生产成本，期末余额在借方表示尚未完工在产品成本。

企业应当按照基本生产成本和辅助生产成本进行明细核算。基本生产成本应当分别按照基本生产车间和成本核算对象（如产品的品种、类别、定单、批别、生产阶段等）设置明细账（或成本计算单，下同），并按照规定的成本项目设置专栏。

"生产成本"账户结构如下：

借方	生产成本	贷方
发生的生产费用	结转完工验收入库产品成本	
（1）直接材料		
（2）人工费用		
（3）制造费用		
期末余额：尚未完工在产品成本		

2. "制造费用"账户

该账户属于成本类账户，是用来核算企业生产车间、部门为生产产品和提供劳务而发生的各项间接费用，如固定资产折旧、职工薪酬、物料消耗、水电支出、停工损失等，其借方登记生产车间范围内为组织和管理生产所发生的各项间接费用，期末将产品生产的间接费用在受益产品间分配并结转入"生产成本"、"劳务成本"贷方的各项间接费用，除季节性生产企业外，本账户期末应无余额。该科目应按不同车间设置明细账，并按照费用项目设置专栏进行明细核算。

"制造费用"账户结构如下：

借方	制造费用	贷方
归集车间或部门的各项间接费用	期末分配转入"生产成本"账户的制造费用	

二、材料费用的核算

在确定材料费用时，根据领料凭证区分车间、部门和不同用途，分为直接材料费用和其他材料费用。直接材料，是指企业在生产产品和提供劳务的过程中所消耗的、直接用于产品生产并构成产品实体的各种原料及主要材料、外购半成品以及有助于产品形成的辅助材料等。直接材料费用应记入"生产成本"账户。对于用于某种产品的直接材料，应直接记入该产品生产成本明细账中的直接材料项目，对于由几种产品共同耗用、应由几种产品共同负担的直接材料费用，应选择适当的分配标准在各种产品之间进行分配，再记入各种产品生产成本明细账的直接材料项目。其他材料费用应分别记入"制造费用"、

"管理费用"等账户。

产品制造企业不论是自制材料还是外购材料,经验收入库后,均形成储备物资,以备生产领用。材料被领用时,应填制领料单,向仓库办理领料手续。为了更好地控制材料的领用,节约材料费用,应该尽量采用限额领料单。仓库作了必要的登记后,将领料凭证提交会计部门。会计部门对领料凭证进行计价,并编制发料凭证汇总表,进行材料发出的总分类核算。成本核算人员可根据发料凭证汇总表编制材料费用分配表,据以进行成本的明细核算。

企业发出材料后,根据发料凭证的计价,确定材料的价值,按领料部门和领料用途将材料分配到有关账户,凡基本生产部门为生产产品直接领用的材料应直接记入"生产成本"账户,一般领用则记入"制造费用"账户,管理部门领用应记入"管理费用"账户等。

例16 利丰公司本月发料凭证汇总表,如表5-2所示。

表5-2 发料汇总表

用　　途	甲材料		乙材料		丙材料		合计/元
	数量/个	金额/元	数量/个	金额/元	数量/个	金额/元	
制造产品领用							
——A产品耗用	300	123 000			5 000	310 000	433 000
——B产品耗用			200	102 000			102 000
小计							535 000
车间一般消耗用	100	41 000	100	51 000			92 000
管理部门耗用					500	31 000	31 000
合　　计	400	164 000	300	153 000	5 500	341 000	658 000

这项经济交易事项的发生,一方面使利丰公司生产产品的直接材料费用增加 535 000元,间接费用增加92 000元,期间费用增加31 000元;另一方面使利丰公司的库存原材料减少658 000元。因此,该项经济交易涉及"生产成本"、"制造费用"、"管理费用"和"原材料"四个账户。生产产品的直接材料、间接材料费和期间费用的增加,应分别记入"生产成本"、"制造费用"、"管理费用"账户的借方,库存材料减少是资产的减少,应记入"原材料"账户的贷方。应编制会计分录如下:

```
借:生产成本——A产品                        433 000
          ——B产品                        102 000
    制造费用                              92 000
    管理费用                              31 000
    贷:原材料——甲材料                          164 000
          ——乙材料                          153 000
          ——丙材料                          341 000
```

三、人工费用的核算

人工费用是企业为获得职工提供的服务而给予各种形式的报酬以及其他相关支出,即职工薪酬计入成本费用部分。每月末,企业要根据职工当月的工作情况结算出应付给每个职工的报酬及其他相关支出。职工薪酬包括:①职工工资、奖金、津贴和补贴;②职工福利费;

③医疗保险费、养老保险费、失业保险费、工伤保险费和生育保险费等社会保险费；④住房公积金；⑤工会经费和职工教育经费；⑥非货币性福利；⑦因解除与职工的劳动关系给予的补偿；⑧其他与获得职工提供的服务相关的支出。

人工费用按职工所在的职能部门不同，在确定本月应付职工薪酬总额时，就应该按用途分配记入有关账户。生产车间直接参与产品制造的生产工人薪酬，可以直接按产品归集，发生时应记入"生产成本"账户的借方。如属几个产品共同发生的薪酬，通常按生产工时比例在不同产品之间进行分配。不直接参与产品制造的其他人员如技术人员、管理人员和服务人员等的工资薪酬，属于间接生产费用，发生时应记入"制造费用"账户的借方。企业行政管理部门人员的工资薪酬，属于期间费用，发生时应记入"管理费用"账户的借方。

对人工费用进行核算，应设置"应付职工薪酬"账户。该账户属于负债类账户，是用来核算企业根据有关规定应付给职工的各种薪酬。当企业计算确认应付的职工薪酬时，贷记本科目；当企业实际支付职工薪酬时，包括向职工支付的工资、奖金、津贴、福利费等及扣还的各种款项（个人所得税等），借记本科目；从理论上讲，该账户可能有借方余额，也可能有贷方余额，即该账户具有双重性。但在实际工作中，为了简化核算，该账户通常月末无余额。本科目期末贷方余额，反映企业应付未付的职工薪酬。本科目可按"工资"、"职工福利"、"社会保险费"、"住房公积金"、"工会经费"、"职工教育经费"、"非货币性福利"、"辞退福利"、"股份支付"等进行明细核算。

"应付职工薪酬"账户结构如下：

借方	应付职工薪酬	贷方
实际支付职工薪酬时	计算确认应付职工薪酬时	
	期末余额：应付未付的职工薪酬	

例17 利丰公司根据本月"职工薪酬汇总表"分配本月职工薪酬，如表5-3所示。

表5-3 职工薪酬汇总表

20××年1月   单位：元

部门、人员	标准工资	奖 金	津 贴	职工薪酬
生产工人				
—A产品工人薪酬	170 000	50 000	30 000	250 000
—B产品工人薪酬	340 000	180 000	10 000	530 000
车间管理人员	16 000	4 000	2 000	22 000
公司管理人员	8 000	4 000	6 000	18 000
合计	534 000	238 000	48 000	820 000

这项经济交易事项的发生，一方面使利丰公司当期的费用成本增加了820 000元；另一方面使得利丰公司的生产费用、间接费用和期间费用增加820 000元。因此，该项经济交易涉及"生产成本"、"制造费用"、"管理费用"和"应付职工薪酬"四个账户。生产工人的薪酬作为直接费用应计入"生产成本"账户的借方，车间管理人员的薪酬作为间接费用应计入"制造费用"账户的借方，厂部管理人员的薪酬作为期间费用应计入"管理费用"账户的借方；分配应付职工薪酬是薪酬的增加应计入"应付职工薪酬"账户的贷方。应编制会计分录如下：

借：生产成本——A产品   250 000

    ——B产品   530 000

  制造费用   22 000

  管理费用   18 000

  贷：应付职工薪酬   820 000

四、制造费用的核算

制造费用是指企业为生产产品和提供劳务而发生的各项间接费用，它主要是企业生产部门为管理、组织生产和为生产服务而发生的费用，如生产工人以外的其他生产人员的工资和福利费，车间范围内发生的工资费、福利费、办公费、水电费、劳动保护费、季节性停工损失等。此外，也包括某些因生产产品而引起但不能直接按产品归集的费用，如生产用固定资产的折旧费和修理费、动力费、消耗性材料等。在生产多种产品的企业，制造费用在发生时一般先在"制造费用"明细账中进行归集汇总，然后选用一定的标准（如生产工人工资、生产工时等），在各种产品之间进行合理分配，以便准确地计算确定各种产品应负担的制造费用额，记入"生产成本"明细账制造费用项目。如果单一产品，则全部转入"生产成本"明细账制造费用项目中。在制造费用的归集过程中，要按权责发生制原则，正确地处理跨期的各种费用，使其摊配于应归属的会计期间。企业通过按月设置"制造费用"明细账将它们归集在一起，月末分配转入"生产成本"账户。常见的分配标准有生产工人工资、生产工时、机器工时等。

"累计折旧"账户属于资产类账户的抵减账户，用来核算企业固定资产的累计折旧，企业按月计提固定资产折旧时，贷记本科目；待固定资产等原因而注销固定资产原价的同时，转销相应的累计折旧，借记本科目；本科目期末贷方余额，反映企业固定资产的累计折旧额。企业应按固定资产的类别或项目进行明细核算。

"累计折旧"账户结构如下：

借方	累计折旧	贷方
转销相应的累计折旧	计提固定资产折旧时	
	期末余额:固定资产的累计折旧额	

例18 利丰公司支付本月的水电费10 000元，其中，生产车间耗用6 000元，公司办公耗用4 000元。

该项经济交易事项的发生，一方面使利丰公司车间办公费用增加了6 000元，行政管理部门办公费增加了4 000元，另一方面使利丰公司银行存款减少了10 000元，这项经济业务涉及"制造费用"、"管理费用"和"银行存款"三个账户。车间水费的增加是费用的增加，应记入"制造费用"账户的借方，企业办公水费的增加应记入"管理费用"账户的借方，银行存款支付应记入"银行存款"账户的贷方。应编制会计分录如下：

借：制造费用   6 000

  管理费用   4 000

  贷：银行存款   10 000

例19 利丰公司本月计提固定资产折旧50 000元，其中，生产车间固定资产折旧30 000元，企业其他管理用固定资产折旧20 000元。

这项经济交易事项的发生，一方面提取固定资产折旧时，意味着当期费用成本的增加，另一方面固定资产已是折旧额的增加，意味着累计折旧的增加。该项经济交易涉及"制造费用"、"管理费用"和"累计折旧"三个账户。车间折旧费的增加，应记入"制造费用"账户的借方，厂部折旧费用的增加，应记入"管理费用"账户的借方，固定资产提取附折旧额，应记入"累计折旧"账户的贷方。应编制会计分录如下：

借：制造费用   30 000

  管理费用   20 000

  贷：累计折旧   50 000

例 20 利丰公司本月"制造费用"明细账发生额共 150 000 元，将其全部转入"生产成本"的明细项目。按生产工时比例分配。其中 A 产品生产工时 4 000 小时，B 产品生产工时 6 000 小时。

本月制造费用累计发生额 150 000 元（92 000＋22 000＋6 000＋30 000），按照工时比例分配，计算如下：

分配率＝制造费用总额／生产工时总额＝150 000/（4 000＋6 000）＝15（元／工时）

A 产品应负担的制造费用＝15×4 000＝60 000（元）

B 产品应负担的制造费用＝15×6 000＝90 000（元）

这项经济交易事项的发生，一方面使得利丰公司产品生产费用增加了 150 000 元（A 产品生产费用的增加和 B 产品生产费用的增加），另一方面使得企业的制造费用减少 150 000 元，该经济交易涉及"生产成本"和"制造费用"两个账户。产品生产费用的增加应记入"生产成本——A 产品"和"生产成本——B 产品"账户的借方，制造费用的减少是费用的结转，应记入"制造费用"账户的贷方。应编制会计分录如下：

借：生产成本——A 产品   60 000

     ——B 产品   90 000

  贷：制造费用   150 000

五、完工产品成本的计算与结转

将制造费用分配到各种产品成本之后，"生产成本"账户的借方归集了各种产品所发生的直接材料、直接人工和制造费用。在此基础上就可以进行产品成本的计算。

企业应设置产品生产成本明细账，用来归集应计入各种产品的生产费用。在以产品品种为成本计算对象的企业或车间，如果只生产一种产品，计算产品成本时，只需为这种产品开设一本明细账，账内按照成本项目设立专栏或专行。在这种情况下发生的生产费用全部都可以直接计入产品成本明细账，而不存在各成本计算对象之间的分配费用问题。如果生产的是多种产品，就应按照产品品种分别开设产品生产明细账。生产过程中发生的费用凡能分清为哪种产品所消耗的，应根据有关凭证直接计入该种产品成本明细账中；凡分不清的，如制造费用或几种产品共同耗用的某件原材料费用、生产工人的计时工资等，则应采取适当的分配方法在各成本计算对象之间进行分配，然后记入各产品成本明细账，产品生产成本的计算应在生产成本明细账中进行。如果月末某种产品全部完工，该种产品生产明细账所归集的费用总额，就是该种完工产品的总成本，用完工产品总成本除以该种产品的完工总产量，即可计算出该种产品的单位成本。如果月末某种产品全部未完工，该种产品生产成本明细账所归集的费用总额就是该种产品在产品的总成本。如果月末某种产品一部分完工一部分未完工，这时归集在产品成本明细账中的费用总额还要采取适当的分配方法在完工产品和在产品之间进行分配，然后才能计算完工产品的总成本和单位成本。

完工产品成本的计算公式：

完工产品成本＝月初在产品成本＋本期发生的生产费用－期末在产品成本

企业生产的产品经过了各道工序的加工生产之后，就成为企业的完工产成品。所谓产成品是指已经完成全部生产过程并已验收入库，可以作为商品对外销售的产品。

为了核算完工产品成本的结转及其库存商品成本情况，需要设置"库存商品"账户。该账户属于资产类账户，是用来核算企业库存的各种商品的实际成本，包括库存产成品、外购商品、存放在门市部准备出售的商品、发出展览的商品以及寄存在外的商品等。接受来料加工制造的代制品和为外单位加工修理的代修品，在制造和修理完成验收入库后，视同企业的产成品，也通过本科目核算。企业产品完工入库时，借记本科目；因出售等原因而减少库存商品时，贷记本科目；本科目期末借方余额反映企业库存商品的实际成本。该账户可按库存商品的种类、品种和规格等进行明细核算。

"库存商品"账户结构如下：

借方	库存商品	贷方
产品完工入库时	库存商品减少时	
	期末余额：库存商品的实际成本	

例21 利丰公司生产的A、B产品全部完工，均已验收入库，A产品实际成本743 000元，B产品722 000元。（A产品完工1 000件，B产品完工2 000件。）

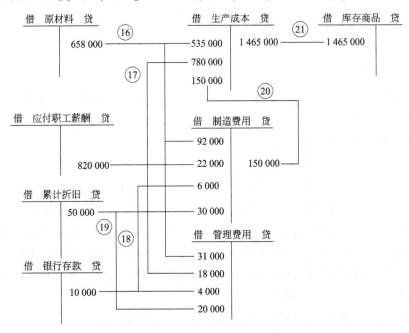

图5-5 产品生产过程业务核算图

这项经济交易事项的发生，一方面使得利丰公司的库存商品成本增加，其中A产品成本增加743 000元，B产品成本增加722 000元。另一方面由于结转入库商品、产品实际成本而使生产过程中占用的资金减少1 464 000元（743 000＋722 000）。该经济交易涉及"库存商品"和"生产成本"两个账户。库存商品成本的增加应记入"库存商品"账户的借方，结转入库商品成本使生产成本减少，应记入"生产成本——A产品"和"生产成本——B产品"账户的贷方。应编制会计分录如下：

97

借：库存商品——A产品		743 000
——B产品		722 000
贷：生产成本——A产品		743 000
——B产品		722 000

产品生产过程业务核算如图5-5所示。

第五节　产品销售过程的核算

销售过程是企业生产经营过程的最后阶段。在销售过程中，企业要将制造完工的产成品及时地销售给购买单位并收回销货款，即取得销售收入，一方面满足社会需求；另一方面实现自己的经营目标，保证再生产的正常进行。企业销售产品，取得销售收入，在销售过程中结转的商品成本以及发生的运输、包装、广告等销售费用，按照国家税法的规定计算缴纳的各种销售税金等，都应该从销售收入中得到补偿，补偿之后的差额即为企业销售商品的业务成果即利润或亏损。企业在销售过程中除了发生销售商品、自制半成品以及提供工业性劳务等业务，即主营业务外，还可能发生一些其他业务，如销售材料、出租包装物、出租固定资产等，在销售过程中，企业要确认销售收入实现获得相应的货款或债权、获得销售收入的代价就是转让商品所有权，即企业将库存商品转让给了客户。这意味着企业的经营资金已从成品资金形态转化为货币资金形态，完成了资金一次周转。

一、销售收入的确认与计量

我国《企业会计准则》确认产品销售收入（或营业收入）实现的标志为"企业应在发出商品、提供劳务，同时收讫价款或取得索取价款的凭据时，确认收入"。由于企业销售产品时采用的结算方式不同，导致收入的确认时间不同。

收入是企业在销售商品、提供劳务及过渡资产使用权等日常活动中所形成的经济利益的总流入，是实现利润的前提和基础。它可分为主营业务收入和其他业务收入两种。其中，主营业务收入在工业企业中主要包括销售产成品、自制半成品、代制品、代修品，以及提供工业性作业等所取得的收入，即产品销售收入；其他业务收入则是指主营业务以外的、企业附带经营的业务所取得的收入，主要包括出租固定资产租金收入、转让技术取得的收入、销售材料取得的收入等。合理地确认销售收入的实现，是销售收入核算的关键环节。它的主要工作是解决产品销售收入的入账时间和入账金额。

在我国现行会计实务中，常按照下列原则确认产品销售收入：

① 在交款提货销售的情况下，如货款已收到，发票账单和提货单已经交给买方，无论产品是否发出，都作为已实现销售收入。

② 采用预收货款销售的产品，产品发出时作为收入的实现。

③ 委托其他单位代销的产品，收到代销单位的代销清单后作为收入的实现，因为代销清单表明产品已卖出。

④ 在采用托收承付或委托收款结算方式销售产品的情况下，应当在产品已经发出，已将发票账单提交银行办妥托收手续后作为收入的实现。

⑤ 采用分期收款结算方式销售产品，按合同约定的收款日期作为收入的实现日。在确认销售收入的数额时，应将销售退回、销售折扣和折让作为销售收入的抵减项目。

由于采用的销售方式不同，收入确认的时间就不同。销售商品的收入应当在以下条件均能满足时予以确认：

① 企业已将商品所有权上的主要风险和报酬转移给购货方。

② 企业既没有保留通常与所有权相联系的继续管理权，也没有对已售出商品实施有效的控制。

③ 相关的收入和成本能够可靠地计量。

④ 与交易相关的经济利益能够流入企业。

二、销售收入业务的核算

（一）主营业务收入的核算

1.“主营业务收入”账户

该账户是损益类账户，核算企业确认的销售商品、提供劳务等主营业务形成的收入，其贷方登记企业销售商品或提供劳务实现的收入，实际收到或应收金额；借方登记发生销售折让或退回时冲减的主营业务收入，实际支付或应退还的金额；期末应将本账户发生额转入“本年利润”科目，结转后该账户应无余额。该账户应按照产品类别设置明细分类账，进行明细核算。

“主营业务收入”账户结构如下：

借方	主营业务收入	贷方
销售退回、折扣、折让	实现的销售收入	
期末转入“本年利润”账户的数额		

2.“应收账款”账户

该账户是资产类账户，是用来核算企业因销售商品、提供劳务等经营活动应收取的款项。借方登记由于销售商品、提供劳务等而发生的应收款金额、代购买单位垫付的各种款项（包括收取的价款、税金和代垫运费等）；贷方登记已经收回的货款；期末余额在借方反映尚未收回的应收款项。该账户应按不同的购货单位或接受劳务的单位设置明细账，进行明细核算。

“应收账款”账户结构如下：

借方	应收账款	贷方
发生的应收款的金额	已经收回的货款	
期末余额：尚未收回的应收款项		

3.“应收票据”账户

该账户是资产类账户，是用来核算企业因销售产品等发生债权而收到的商业汇票。其借方登记企业收到的商业汇票金额；贷方登记商业汇票到期收回的应收票据票面金额；借方金额表示尚未到期商业汇票的应收票据金额。该账户不设明细账户。

为了了解应收票据的结余情况，企业应设置“应收票据备查簿”逐笔登记每一应收票据的种类、号数和出票日期、票面金额、交易合同和付款人、承兑人、到期日以及收款日期和收回金额等资料，应收票据到期结清票款后，应在备查簿中逐笔注销。

“应收票据”账户结构如下：

借方	应收票据	贷方
企业收到的商业汇票金额	到期收回的应收票据票面金额	
期末余额:尚未到期商业汇票的应收票据金额		

4."预收账款"账户

该账户是负债类账户,是用来核算企业按照合同规定向购货单位预收的货款以及购货单位补付的货款。其贷方登记向购货单位预收的货款;其借方登记产品销售实现时,按售价登记的转销数以及退回多付的货款;期末贷方余额表示预收的货款。该账户应按购买单位设置明细账户,进行明细核算。

"预收账款"账户结构如下:

借方	预收账款	贷方
转销数以及退回多付的货款	向购货单位预收的货款	
	期末余额:预收的货款	

5."应交税费——应交增值税"账户

该账户是负债类账户,是用来核算企业应交的增值税额。包括增值税、消费税、营业税、所得税、资源税、土地增值税、城市维护建设税、房产税、土地使用税、车船使用税、教育费附加、矿产资源补偿费等。"应交增值税"明细科目的贷方反映销售货物或提供应税劳务应交纳的增值税额、出口货物退税、转出已支付或应分担的增值税;借方反映企业购进货物或接受应税劳务支付的进项税额、实际已交纳的增值税;期末借方余额反映企业多交或尚未抵扣的增值税;期末贷方余额反映企业尚未交纳的增值税。

"应交税费"账户结构如下:

借方	应交税费	贷方
实际缴纳的各种税费	计算出应交未交的税费	
期末余额:多交的税费	期末余额:未交的税费	

"应交税金——应交增值税"账户分别设置"进项税额"、"已交税金"、"销项税额"、"出口退税"、"进项税额转出"等专栏。其账户格式设置,如表5-4所示。

表5-4 应交税费——应交增值税

年		凭证号数	内容摘要	借　方				贷　方					借或贷	余额
月	日			进项税额	已交税费	……	合计	销项税额	出口退税	进项税额转出	……	合计		

表5-4中账户各专栏所反映的经济内容如下。

① "进项税额"专栏,记录企业购入货物或接受应税劳务而支付的、准予从销项税额中抵扣的增值税额。企业购入货物或接受应税劳务支付的进项税额,用蓝字登记;退回所购货物应冲销的进项税额,用红字登记。

② "已交税金"专栏,记录企业已交纳的增值税额。企业已交纳的增值税额,用蓝字登记;退回多交的增值税额,用红字登记。

③"销项税额"专栏，记录企业销售货物或提供应税劳务应收取的增值税额。企业销售货物或提供应税劳务应收取的销项税额，用蓝字登记；退回销售货物应冲销的销项税额，用红字登记。

④"出口退税"专栏，记录企业出口适用零税率的货物，向海关办理报关出口手续后，凭出口报关单等有关凭证向税务机关申报办理出口退税而收到退回的税款。出口货物退回的增值税额，用蓝字登记；出口货物办理退税后发生退货或者退关而补交已退的税款，用红字登记。

⑤"进项税额转出"专栏，记录企业的购进货物、在产品、产成品等发生非正常损失以及其他原因而不应从销项税额中抵扣，按规定转出的进项税额。

例22 利丰公司本月销售一批A产品900件。每件1500元，增值税税率17%，款项已收到存入银行。

这项经济交易事项的发生，一方面使得利丰公司的银行存款增加了1 579 500（1 350 000＋229 500）元，另一方面使企业的主营业务收入增加1 350 000元，增值税销项税额增加229 500元。这项经济交易涉及"银行存款"、"主营业务收入"和"应交税金——应交增值税"三个账户。银行存款的增加是资产的增加，应记入"银行存款"账户的借方；主营业务收入的增加是收入的增加，应记入"主营业务收入"账户的贷方，增值税销项税额的增加是负债的增加，应记入"应交税费——应交增值税"账户的贷方。应编制会计分录如下：

借：银行存款 1 579 500
　　贷：主营业务收入 1 350 000
　　　　应交税费——应交增值税（销项税额） 229 500

例23 利丰公司本月1日销售B商品200件，每件售价700元，增值税额23 800元，买方于1月20日付款。3月1日，发现该批商品因质量问题要求全部退货，利丰公司经确认同意退货并退款。

这项经济交易或事项的发生，在1日，一方面使得企业的应收账款增加了163 800（140 000＋23 800）元，另一方面使企业的主营业务收入增加140 000元，增值税销项税额增加23 800元。这项交易事项涉及"应收账款"、"主营业务收入"和"应交税金——应交增值税"三个账户。应收账款的增加是资产的增加，应记入"应收账款"账户的借方；主营业务收入的增加是收入的增加，应记入"主营业务收入"账户的贷方，增值税销项税额的增加是负债的增加，应记入"应交税费——应交增值税"账户的贷方。在20日这项经济交易的发生，一方面使得企业的银行存款增加了163 800元，另一方面使企业的应收账款减少163 800元，这项交易涉及"银行存款"和"应收账款"两个账户。银行存款的增加是资产的增加，应记入"银行存款"账户的借方；应收账款的减少是资产的减少，应记入"应收账款"账户的贷方。3月1日，这项经济交易事项的发生，一方面使得企业的银行存款减少了163 800元，另一方面使企业的主营业务收入减少140 000元，增值税销项税额减少23 800元。这项交易涉及"银行存款"、"主营业务收入"和"应交税费——应交增值税"三个账户。银行存款的减少是资产的减少，应记入"银行存款"账户的贷方；主营业务收入的减少是收入的减少，应记入"主营业务收入"账户的借方，增值税销项税额的减少是负债的减少，应记入"应交税费——应交增值税"账户的借方。应编制会计分录如下：

① 销售实现时：
借：应收账款 163 800
　　贷：主营业务收入 140 000
　　　　应交税费——应交增值税（销项税额） 23 800

② 收到货款时：

借：银行存款　　　　　　　　　　　　　　　　　　　　　　163 800

　　贷：应收账款　　　　　　　　　　　　　　　　　　　　　　163 800

③ 销售退回时：

借：主营业务收入　　　　　　　　　　　　　　　　　　　　　140 000

　　应交税费——应交增值税（销项税额）　　　　　　　　　　 23 800

　　贷：银行存款　　　　　　　　　　　　　　　　　　　　　　163 800

例24　利丰公司销售给机电公司B产品1 200件，每件售价700元，发票注明增值税税额142 800元，全部货款收到一张已承兑的商业汇票。

这项经济交易事项的发生，一方面使得企业的票据增加了982 800（840 000＋142 800）元，另一方面使企业的主营业务收入增加84 000元，增值税销项税额增加142 800元。这项经济交易涉及"应收票据"、"主营业务收入"和"应交税费——应交增值税"三个账户。应收票据的增加是资产的增加，应记入"应收票据"账户的借方；主营业务收入的增加是收入的增加，应记入"主营业务收入"账户的贷方，增值税销项税额的增加是负债的增加，应记入"应交税费——应交增值税"账户的贷方。应编制会计分录如下：

借：应收票据　　　　　　　　　　　　　　　　　　　　　　982 800

　　贷：主营业务收入　　　　　　　　　　　　　　　　　　　　840 000

　　　　应交税费——应交增值税（销项税额）　　　　　　　　　142 800

例25　利丰公司按合同规定预收利信工厂订购的A产品800件，每件售价1 500元，已经发货，发票注明的价款，货款1 200 000元，存入银行。

这项经济交易事项的发生，一方面使得企业的银行存款增加1 200 000元，另一方面使得公司的预收款增加1 200 000元，这项交易涉及"银行存款"和"预收账款"两个账户。银行存款的增加是资产的增加，应记入"银行存款"账户的借方，预收款的增加是负债的增加，应记入"预收账款"账户的贷方。应编制会计分录如下：

借：银行存款　　　　　　　　　　　　　　　　　　　　　1 200 000

　　贷：预收账款——利信工厂　　　　　　　　　　　　　　　1 200 000

例26　利丰公司本月预收利信工厂货款的A产品800件，已经发货，发票注明的价款1 200 000元，增值税销项税额204 000元。预收货款不足，其差额收到存入银行。

这项经济交易事项的发生，一方面使得企业的预收款减少1 400 000，另一方面使企业的主营业务收入增加1 200 000元，增值税销项税额增加204 000元，同时银行存款增加4 000元。这项业务涉及"预收账款"、"主营业务收入"、"应交税金——应交增值税"和"银行存款"四个账户。预收账款的减少是负债的减少，应记入"预收账款"账户的借方，银行存款的增加是资产的增加，应记入"银行存款"账户的借方；主营业务收入的增加是收入的增加，应记入"主营业务收入"账户的贷方，增值税销项税额的增加是负债的增加，应记入"应交税费——应交增值税"账户的贷方。应编制会计分录如下：

借：预收账款　　　　　　　　　　　　　　　　　　　　　1 200 000

　　银行存款　　　　　　　　　　　　　　　　　　　　　　204 000

　　贷：主营业务收入　　　　　　　　　　　　　　　　　　　1 200 000

　　　　应交税费——应交增值税（销项税额）　　　　　　　　　204 000

（二）主营业务成本的核算

企业在销售过程中通过销售商品，一方面减少了库存的存货，另一方面作为取得主营业务收入而垫支的资金，表明企业发生了费用，将销售发出的商品成本转为主营业务成本，应遵循配比原则的要求，不仅主营业务成本的结转应与主营业务收入在同一会计期间加以确认，而且应与主营业务成本在数量上保持一致。商品生产成本的确定，应考虑期初库存的商品成本和本期入库的商品成本，可以分别采用先进先出法、加权平均法、个别计价法等方法来确定，方法一经确定，不得随意变动。关于发出商品成本的计价方法的具体内容，将在以后的课程中进行介绍。

为了核算主营业务成本的发生和结转情况，需要设置"主营业务成本"账户，该账户属于损益类，是用来核算企业主营业务而发生的实际成本及其结转情况的账户。其借方登记主营业务发生的实际成本，贷方登记期末转入"本年利润"账户的主营业务成本。该账户没有余额，该账户按照主营业务的种类设置明细账户，进行明细分类核算。

"主营业务成本"账户结构如下：

借方	主营业务成本	贷方
主营业务发生的实际成本	期末余额转入"本年利润"账户的主营业务成本	

例 27 利丰公司在月末结转本月已销售的 A、B 产品的销售成本。其中 A 产品的单位成本为 743 元、B 产品的单位成本为 361 元。

这项经济交易事项发生，一方面使得企业的主营业务成本增加 1 027 600（800 × 743＋1 200 × 361）元，另一方面使得企业的库存商品成本减少 1 027 600 元。该经济交易涉及"主营业务成本"和"库存商品"两个账户。主营业务成本的增加是费用成本的增加，应记入"主营业务成本"账户的借方，库存商品成本的减少是资产的减少，应记入"库存商品"账户的贷方。应编制会计分录如下：

借：主营业务成本   1 027 600

  贷：库存商品——A 商品   1 027 600

（三）营业税金及附加的核算

企业在销售商品过程中，实现了商品的销售额，就应该向国家税务机关缴纳各种销售税金及附加，包括消费税、营业税、资源税、城市维护建设税及教育费附加等。

为了核算企业销售商品的税金及附加情况，需要设置"营业税金及附加"账户，该账户属于损益类，是用来核算企业经营主要业务而应由主营业务负担的各种税金及附加的计算及其结转情况的账户。房产税、车船使用税、土地使用税、印花税在"管理费用"科目核算，但与投资性房地产相关的房产税、土地使用税在本科目核算。其借方登记按照有关的计税依据计算出的各种税金及附加额，贷方登记期末转入"本年利润"账户的主营业务税金及附加，结转后本科目应无余额。

"营业税金及附加"账户结构如下：

借方	营业税金及附加	贷方
计算出的各种税金及附加额	期末余额转入"本年利润"账户的主营税金及附加	

例 28 期末经计算，企业当期销售商品应缴纳的消费税为 7 000 元、城市维护建设税 3 000 元。

这项经济交易事项的发生，一方面使得企业的主营业务税金及附加增加 10 000（7 000＋3 000）元，另一方面使得企业的应交税费增加 10 000 元。该经济交易涉及"营业税金及附加"、"应交税费"两个账户。营业税金及附加的增加是费用支出的增加，应记入"营业税金及附加"账户的借方，应交税费的增加是负债的增加，应记入"应交税费"账户的贷方。应编制会计分录如下：

借：营业税金及附加   10 000

    贷：应交税费——应交消费税   7 000

               ——应交城市维护建设税   3 000

销售过程业务的核算如图 5-6 所示。

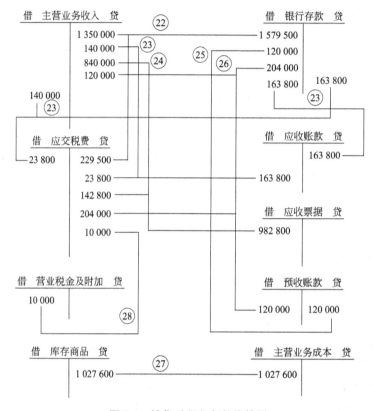

图 5-6　销售过程业务的核算图

三、其他业务收支的核算

其他业务实现的收入是通过"其他业务收入"账户进行核算。企业在实现其他业务收入的同时，还会发生一些其他业务成本，包括与其他业务有关的成本、费用和税金等，如销售材料的成本支出，出租包装物应摊销的成本支出以及计算的营业税等。为了核算这些成本，需要设置"其他业务成本"账户。

1. "其他业务收入"账户

该账户属于损益类，是用来核算企业确认的除主营业务活动以外的其他经营活动实现的收入，包括出租固定资产、出租无形资产、出租包装物和商品、销售材料、用材料进行非货币性交换（非货币性资产交换具有商业实质且公允价值能够可靠计量）或债务重组等实现的收入。贷记登记企业确认实现其他业务收入时，期末，将本账户余额转入"本年利润"账户时，借记本账户；结转后本科目应无余额。本账户应按照其他业务的种类设置明细账户，进行明细分类核算。

"其他业务收入"账户结构如下：

借方	其他业务收入	贷方
期末余额转入"本年利润"账户的其他业务收入		实现其他业务收入时

2. "其他业务成本"账户

该账户属于损益类，是用来核算企业确认的除主营业务活动以外的其他经营活动所发生的支出，包括销售材料的成本、出租固定资产的折旧额、出租无形资产的摊销额、出租包装物的成本或摊销额等，其借方登记其他业务成本，包括材料销售成本、提供劳务的成本费用以及相关的税金及附加等，贷方登记期末转入"本年利润"账户的其他成本额，期末该账户无余额。该账户应按照其他业务的种类设置明细账户，进行明细分类核算。

"其他业务成本"账户结构如下：

借方	其他业务成本	贷方
其他业务成本的增加		期末余额转入"本年利润"账户的其他业务成本

例29 利丰公司销售材料一批，价款 100 000 元，增值税率 17%，款项收到存入银行。

这项经济交易事项发生，一方面使得企业的银行存款增加 117 000（100 000＋17 000）元，另一方面使得企业的其他业务收入增加 100 000 元，增值税销项税额增加 17000 元。该项交易涉及"银行存款"、"其他业务收入"和"应交税费——应交增值税"三个账户。银行存款的增加是资产的增加，应记入"银行存款"账户的借方，其他业务收入的增加是收入的增加，应记入"其他业务收入"账户的贷方，增值税销项税额的增加是负债的增加，应记入"应交税费"账户的贷方。应编制会计分录如下：

借：银行存款   117 000

    贷：其他业务收入   100 000

        应交税费——应交增值税（销项税额）   17 000

例30 利丰公司向某单位转让商标使用权，获得收入存入银行 400 000 元。

这项经济交易事项的发生，一方面使得企业的银行存款增加 400 000 元，另一方面使得企业的其他业务收入增加 400 000 元。该项交易涉及"银行存款"和"其他业务收入"两个账户。银行存款的增加是资产的增加，应记入"银行存款"账户的借方，其他业务收入的增加是收入的增加，应记入"其他业务收入"账户的贷方。应编制会计分录如下：

借：银行存款   400 000

    贷：其他业务收入   400 000

例31 利丰公司向某单位出租包装物，收取租金 234 000 元，存入银行。

由于租金中包括增值税额，因此，不含税租金为 200 000[234 000/（1＋17%）] 元，增值税额为 34 000 元。这项经济交易事项的发生，一方面使得企业的银行存款增加 234 000 元，另一方面使得公司的其他业务收入增加 200 000 元，增值税销项税额增加 34 000 元。该项交易涉及"银行存款"、"其他业务收入"和"应交税费——应交增值税"三个账户。银行存款的增加是资产的增加，应记入"银行存款"账户的借方，其他业务收入的增加是收入的增加，应记入"其他业务收入"账户的贷方，增值税销项税额的增加是负债的增加，应记入

"应交税费——应交增值税"账户的贷方。应编制会计分录如下：

借：银行存款   234 000
　　贷：其他业务收入   200 000
　　　　应交税费——应交增值税（销项税额）   34 000

例32 假设例29中所售出材料的账面成本为60 000元。

这项经济交易事项的发生，一方面使得企业的其他业务成本增加60 000元，另一方面使得企业的库存材料成本减少60 000元。该项经济交易涉及"其他业务支出"和"原材料"两个账户。其他业务成本的增加是费用的增加，应记入"其他业务成本"账户的借方，库存材料成本的减少是资产的减少，应记入"原材料"账户的贷方。应编制会计分录如下：

借：其他业务成本   60 000
　　贷：原材料   60 000

例33 利丰公司月末月结转本月出租包装物的成本100 000元。

这项经济交易事项的发生，一方面使得企业的其他业务成本增加100 000元。另一方面使得企业的库存包装物成本减少100 000元。这项交易涉及"其他业务成本"和"包装物"两个账户。包装物成本的摊销费用的增加，应记入"其他业务成本"账户的借方，库存包装物成本的减少是资产的减少，应记入"包装物"账户的贷方。应编制会计分录如下：

借：其他业务成本   100 000
　　贷：包装物   100 000

例34 利丰公司按5%的税率计算本月转让商标使用权收入应缴纳的营业税。

$$应交营业税 = 400\ 000 \times 5\% = 20\ 000（元）$$

这项经济交易事项的发生，一方面使得企业的其他业务成本增加20 000元，另一方面使得企业的应交税费增加20 000元。该项交易涉及"其他业务成本"和"应交税费"两个账户。其他业务成本的增加是费用的增加，应记入"其他业务成本"账户的借方，应交税费的增加是负债的增加，应记入"应交税费"账户的贷方。应编制会计分录如下：

借：其他业务成本   20 000
　　贷：应交税费——应交营业税   20 000

其他业务支出的核算过程如图5-7所示。

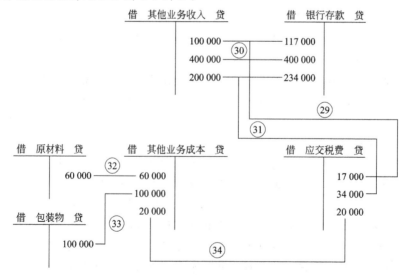

图5-7　其他业务支出的核算过程图

第六节　财务成果形成与分配业务的核算

利润是指企业在一定会计期间的经营成果。利润包括收入减费用后的净额、直接计入当期利润的利得和损失。企业经营的最终目的，就是要最大限度地获取利润。利润是一个综合反映企业在一定期间内生产经营状况的重要指标，它不仅可以考核企业的工作成果，也可以全面衡量企业工作质量。企业也只有通过获取利润，为社会创造更多的财富，才能满足人们日益增长的物质和文化需要。

一、利润的构成

按照我国企业会计准则《财务报表列示》规定，利润的组成内容包括营业利润、利润总额、净利润和每股收益四部分。

1. 营业利润

营业利润是企业利润的主要组成部分，它是由营业收入减营业成本、营业税金及附加，减去期间费用、加减公允价值变动收益和投资收益后的金额。其计算公式：

营业利润＝营业收入－营业成本－营业税金及附加－销售费用－管理费用－财务费用－资产减值损失±公允价值变动收益±投资收益

2. 利润总额

利润总额是由营业利润、营业外收支净额组成。其计算公式：

利润总额＝营业利润＋营业外收入－营业外支出

3. 净利润

净利润是企业当期的利润总额减所得税后的金额，即企业的税后利润。其中：所得税是企业按应纳税所得额和所得税率计算的应计入当期损益的所得税费用。其计算公式：

净利润＝利润总额－所得税

除了前面所述经营业务，企业还会发生其他一些日常性业务或非经常性事项。如行政管理业务、资产减值业务、非流动资产的处置与交换业务、对外投资业务、债务重组业务、利润的形成与分配业务等。这些业务的发生会导致企业资产等会计要素发生变化，从而需要进行相应的会计核算。

二、期间费用的核算

期间费用是指不能直接归属于某个特定的产品成本，而应直接计入当期损益的各种费用。它是企业在经营过程中随着时间的推移而不断地发生，与产品生产活动的管理和销售有一定的关系，但与产品的制造过程没有直接关系的各种费用。期间费用不计入产品制造成本，而是从当期损益中予以扣除。

期间费用包括为管理企业的生产经营活动而发生的管理费用，为筹集资金而发生的财务费用，为销售商品产品而发生的销售费用等。这些费用的发生对企业取得收入有很大的影响，但很难与各项收入直接配比，所以将其视为与某一个期间的营业收入相关的期间费用，按其实际发生额予以确认。在第二节已讲述了财务费用，在此仅介绍管理费用和销售费用。

1. "管理费用"账户

该账户属于损益类账户。是用来核算企业为组织和管理企业生产经营所发生的管理费用，包括企业在筹建期间内发生的开办费、董事会和行政管理部门在企业的经营管理中发生的或者应由企业统一负担的公司经费（包括行政管理部门职工薪酬、物料消耗、低值易耗品摊销、办公费和差旅费等）、工会经费、董事会费（包括董事会成员津贴、会议费和差旅费等）、聘请中介机构费、咨询费（含顾问费）、诉讼费、业务招待费、房产税、车船使用税、土地使用税、印花税、技术转让费、矿产资源补偿费、研究费用、排污费等。企业生产车间（部门）和行政管理部门等发生的固定资产修理费用等后续支出，也在本账户核算。借记登记企业确认发生的管理费用；贷方登记期末结转入"本年利润"账户，结转后应无余额。本账户可按费用项目设置明细账，进行明细核算。

"管理费用"账户结构如下：

借方	管理费用	贷方
发生的管理费用		期末转入"本年利润"账户的管理费用额

2. "销售费用"账户

该账户是损益类账户，核算企业销售商品和材料、提供劳务的过程中发生的各种费用，包括保险费、包装费、展览费和广告费、商品维修费、预计产品质量保证损失、运输费、装卸费等以及为销售本企业商品而专设的销售机构（含销售网点、售后服务网点等）的职工薪酬、业务费、折旧费等经营费用。企业发生的与专设销售机构相关的固定资产修理费用等后续支出也在本科目核算。其借方登记发生的各种销售费用，月末结转损益时，从该账户的贷方转入"本年利润"账户的借方。结转后本账户无余额。本账户可按费用项目进行明细核算。

"销售费用"账户结构如下：

借方	销售费用	贷方
发生的销售费用		期末转入"本年利润"账户的销售费用额

例35 利丰公司从银行存款中支付销售产品的运杂费5 000元，广告费40 000元。

这项经济交易事项发生，一方面使得公司的销售费用增加45 000（5 000＋40 000）元，另一方面使得公司的银行存款减少45 000元。该经济交易涉及"销售费用"、"银行存款"两个账户。销售费用的增加是费用支出的增加，应记入"销售费用"账户的借方，银行存款的减少是资产的减少，应记入"银行存款"账户的贷方。应编制会计分录如下：

借：销售费用   45 000

 贷：银行存款   45 000

例36 利丰公司计提销售部门当期固定资产折旧20 000元。

这项经济交易事项的发生，一方面使得公司的销售费用增加20 000元，另一方面使得公司的累计折旧增加20 000元。该经济交易涉及"销售费用"、"累计折旧"两个账户。销售费用的增加是费用支出的增加，应记入"销售费用"账户的借方，累计折旧的增加是固定资产价值的减少，应记入"累计折旧"账户的贷方。应编制会计分录如下：

借：销售费用   20 000

 贷：累计折旧   20 000

例37 利丰公司办公室人员出差回公司报销差旅费5 000元，原预借6 000元，余款退回。

这项经济交易事项的发生，一方面使得企业的管理费用增加5 000元，库存现金增加

1 000元，另一方面使得企业的其他应收款减少6 000元。该项交易涉及"管理费用"、"库存现金"和"其他应收款"三个账户。管理费用的增加是费用的增加，应记入"管理费用"账户的借方，库存现金的增加是资产的增加，应记入"库存现金"账户的借方，其他应收款的减少是资产减少，应记入"其他应收款"账户的贷方。应编制会计分录如下：

借：管理费用　　　　　　　　　　　　　　　　　　　　　　　　　　　5 000
　　库存现金　　　　　　　　　　　　　　　　　　　　　　　　　　　1 000
　　　贷：其他应收款　　　　　　　　　　　　　　　　　　　　　　　　　　　6 000

三、营业外收支的核算

企业的营业外收支是指与企业正常的生产经营业务没有直接关系的各项收入和支出，包括营业外收入和营外支出。

营业外收入是与企业正常的生产经营活动没有直接关系的各种收入。这种收入不是由企业经营资金耗费所产生的，一般不需要企业付出代价，因而无法与有关的费用支出相配比。营业外收入是指处置非流动资产利得、非货币性资产交换利得、债务重组利得、政府补助、盘盈利得、捐赠利得等。

营业外支出是指与企业正常的生产经营活动没有直接关系的各项支出。这种支出不属于企业的生产经营费用。营业外支出包括非流动资产处置损失、非货币性资产交换损失、债务重组损失、公益性捐赠支出、非常损失、盘亏损失等。

为了核算企业各项营业外收支的实现及其结转情况，需设置以下账户。

1."营业外收入"账户

该账户属于损益类账户，是用来核算企业发生的各项营业外收入，企业确认实现营业外收入时，贷记本账户；期末将本科余额转入"本年利润"账户时，借记本账户；结转后本账户应无余额。本账户可按营业外收入项目进行明细分类核算。

"营业外收入"账户结构如下：

借方	营业外收入	贷方
期末转入"本年利润"账户的营业外收入额	实现的营业外收入	

2."营业外支出"账户

该账户属于损益类账户，是用来核算企业发生的各项营业外支出，企业确认发生营业外支出时，借记本账户；期末将本账户余额转入"本年利润"账户时，贷记本账户；结转后本科目应无余额。本账户可按支出项目进行明细分类核算。

"营业外支出"账户结构如下：

借方	营业外支出	贷方
营业外支出发生额	期末转入"本年利润"账户的营业外支出额	

例38 利丰公司欠B公司300 000元货款，因企业财务困难，经双方协商，B公司同意减免利丰公司120 000元的债务，剩余的180 000元由利丰公司以存款支付。

这项经济交易事项的发生，一方面使得企业的应付账款减少120 000元，银行存款减少180 000元，另一方面使得企业的营业外收入增加120 000元。该经济交易涉及"应付账款"、"银行存款"和"营业外收入"三个账户。营业外收入的增加是收益的增加，应记入"营业外收入"账户的贷方，银行存款的减少是资产的减少，应记入"银行存款"账户的贷方，应付账款的减少是负债的减少，应记入"应付账款"账户的借方。应编制会计分录如下：

借：应付账款——B公司　　　　　　　　　　　　　　　300 000
　　贷：银行存款　　　　　　　　　　　　　　　　　　　　180 000
　　　　营业外收入——债务重组收益　　　　　　　　　　　120 000

例39　利丰公司用银行存款支付一项公益性捐赠100 000元。

这项经济交易事项的发生，一方面使得企业的银行存款减少100 000元，另一方面使得企业的营业外支出增加100 000元。该经济交易涉及"银行存款"和"营业外支出"两个账户。营业外支出的增加是费用支出的增加，应记入"营业外支出"账户的借方，银行存款的减少是资产的减少，应记入"银行存款"账户的贷方。应编制会计分录如下：

借：营业外支出　　　　　　　　　　　　　　　　　　　100 000
　　贷：银行存款　　　　　　　　　　　　　　　　　　　　100 000

四、投资收益的核算

企业为了合理有效地使用资金以获取更多的经济利益，除了进行正常的生产经营活动外，还可以将资金投放于债券、股票或其他财产等，形成企业的对外投资。投资收益的实现或投资损失的发生都会影响企业当期的经营成果。

为了核算投资损益的发生情况，需要设置"投资收益"账户，该账户属于损益类账户，是用来核算企业对外投资所获得收益的实现或损失的发生及其结转情况。其贷方登记实现的投资收益（即取得股利或利息及出售持有的交易性金融资产获得的溢价收入）和期末转入"本年利润"账户的投资净损失，借方登记发生的投资损失和期末转入"本年利润"账户的投资净收益。结转后该账户无余额。本账户可按投资项目进行明细分类核算。

"投资收益"账户结构如下：

借方	投资收益	贷方
发生的投资损失	实现的投资收益	
期末转入"本年利润"账户的投资净收益	期末转入"本年利润"账户的投资净损失	

例40　利丰公司将为了交易目的而持有股票抛售，买价400 000元，卖价586 000元，款项存入银行。

这项经济交易事项的发生，一方面使得企业的银行存款增加586 000元，另一方面使得企业持有的交易性金融资产减少400 000元，同时使投资收益增加186 000元。该经济交易涉及"银行存款"、"交易性金融资产"和"投资收益"三个账户。银行存款的增加是资产的增加，应记入"银行存款"账户的借方，交易性金融资产的减少是资产的减少，应记入"交易性金融资产"账户的贷方，投资收益的增加是收入的增加，应记入"投资收益"账户的贷方。应编制会计分录如下：

借：银行存款　　　　　　　　　　　　　　　　　　　　586 000
　　贷：交易性金融资产　　　　　　　　　　　　　　　　　400 000
　　　　投资收益　　　　　　　　　　　　　　　　　　　　186 000

五、所得税费用的核算

所得税费用是企业按照国家税法的有关规定，对企业某一经营年度实现的经营所得和其他所得，按照规定的所得税税率计算缴纳的一种税款。所得税费用是企业使用政府所提供的各种服务而向政府应尽的义务。所得税是根据企业的所得额征收的，而企业的所得额又可以依据不同的标准分别计算确定，即所谓的会计所得和纳税所得。会计所得是由企业根据会计准则、制度等的要求确认的收入与费用进行配比计算得出的税前会计利润，纳税所得是根据税收法规规定的收入和准予扣除的费用计算得出的企业纳税所得，即应税利润。

由于会计法规和税收法规是两个不同的经济范畴，两者的适度分离被认为是允许的，实际上它们也是分别遵循着不同的原则和方法，规范着不同的对象的。所得税以实行独立核算的企业为纳税单位，以纳税单位在一个会计年度内实现的纳税所得为计税依据计算缴纳，并实行按季（或月）预交，年终清缴的办法。企业在计算所得税前要对其应纳税的所得额（税前会计利润）进行调整，主要是根据税法的有关规定，对企业已经计入当期费用但超过税法规定扣除的金额（公益、救济性捐赠、业务招待费支出等）以及企业已计入当期费用但税法规定不允许扣除项目的金额（如税收滞纳金、罚款、罚金等），要调整增加额。对于按税法规定允许在税前弥补的亏损和予以免税项目，如五年内的未弥补亏损和国债利息收入等，要调整减少。企业应交纳所得税计算公式为：

$$应纳税所得额＝利润总额±纳税调整项目$$
$$应纳所得税额＝应纳税所得额×所得税率$$

为了核算所得税费用的发生情况，需要设置"所得税费用"账户，该账户属于损益类，是用来核算企业按照有关规定应在当期损益中扣除的所得税费用的计算及其结转情况。借记登记按照应纳税所得额计算出的所得税费用额，贷方登记期末转入"本年利润"账户的所得税费用额，结转后该账户应无余额。

"所得税费用"账户结构如下：

借方	所得税费用	贷方
计算出的所得税费用	期末转入"本年利润"账户的所得税费用额	

例41 利丰公司本期实现利润总额 2 930 400 元，按 25% 计算本期所得税费用。假设没有纳税调整。

本期应交所得税（2 930 400×25%）732 600 元，这项经济交易事项的发生，一方面使得企业的所得税费用增加 732 600 元，另一方面使得企业应交税费增加 732 600 元。该经济交易涉及"所得税费用"、"应交税费"两个账户。所得税费用的增加是费用的增加，应记入"所得税费用"账户的借方，应交税费的增加是负债的增加，应记入"应交税费"账户的贷方。应编制会计分录如下：

借：所得税费用　　　　　　　　　　　　　　　　　　　　　　　　732 600
　　贷：应交税费——应交所得税　　　　　　　　　　　　　　　　　　　　732 600

例42 利丰公司用银行存款交纳所得税 732 600 元。

这项经济交易事项的发生，一方面使得公司的应交税费减少 732 600 元，另一方面使得公司银行存款减少 732 600 元。该经济交易涉及"应交税费"、"银行存款"两个账户。应交税费的减少是费用的减少，应记入"应交税费"账户的借方，银行存款的减少是资产的减少，应记入"银行存款"账户的贷方。应编制会计分录如下：

借：应交税费——应交所得税　　　　　　　　　　　　　　　　　　　732 600
　　贷：银行存款　　　　　　　　　　　　　　　　　　　　　　　　　　732 600

六、本年利润结转的核算

按规定企业一定会计期结束，要核算利润进行结账。会计期末结转本年利润的方法主要有"账结法"和"表结法"两种。账结法是在每个会计期末（一般是指月末）将各损益表账户记录的金额全部转入"本年利润"账户，通过"本年利润"账户借、贷方的记录结算出本期损益总额和本年累计损益额，在这种方法下需要在每个会计期末通过编制结账分录，结清各损益类账户。表结法是在每个会计期末（月末）各损益类账户余额不作转账处理，而是通过编制利润表进行利润的结算，根据损益类项目的本期发生额、本年累计数额，填报利润表，在会计报表中直接计算确定损益额即利润总额、净利利润，年终，在年度会计决算时再用账结法，将各损益类账户全年累计发生额通过编制结账分录转入"本年利润"账户。"本年利润"账户集中反映了全年累计净利润的实现或亏损的发生情况。

为了核算企业当期实现的净利润（或发生的净亏损），应设置"本年利润"账户。该账户属于所有者权益类账户，核算企业当期实现的净利润（或发生的净亏损）。其贷方登记转入的各项收入，包括主营业务收入、其他业务收入、投资净收益、营业外收入等，借方登记会计期末结转入的各项费用，包括主营业务成本、营业税金及附加、其他业务成本、管理费用、财务费用、销售费用、营业外支出等。该账户在一定会计期内的贷方余额，表示实现的累计净利润；借方余额表示累计发生的亏损。年度终了，应将本年收入和支出相抵后结出本年实现的净利润，结转入"利润分配—未分配利润"明细账，结转后应无余额。

"本年利润"账户结构如下：

借方	本年利润	贷方
期末转入的各项费用：		期末转入的各项收：
主营业务成本		主营业务收入
其他业务成本		其他业务收入
营业税金及附加		投资净收益
销售费用		营业外收入
管理费用		
财务费用		
投资净损失		
营业外支出		
所得税费用		

会计期末（月末或年末）结转各项收入时，借记"主营业务收入"、"其他业务收入"、"投资收益"、"营业外收入"等账户，贷记"本年利润"账户；结转各项费用时，借记"本年利润"账户，贷记"主营业务成本"、"营业税金及附加"、"其他业务成本"、"管理费用"、"财务费用"、"销售费用"、"营业外支出"、"所得税费用"等账户。如果"投资收益"账户反映的为投资净损失，则应进行相反的结转。

例 43 利丰公司本期实现各项收入包括主营业务收入 3 390 000 元、其他业务收入 700 000 元、投资净收益 186 000 元、营业外收入 120 000 元，转入"本年利润"账户。

这项经济交易事项的发生，一方面使得企业有关损益类账户所记录的各种收入减少了，另一方面使得企业的利润额增加了，因此，该项经济交易涉及"主营业务收入"、"其他业务收入"、"投资收益"、"营业外收入"和"本年利润"五个账户。各项收入的结转是收入的减少，应记入"主营业务收入"、"其他业务收入"、"投资收益"、"营业外收入"账户的借方；利润的增加是所有者权益的增加，应记入"本年利润"账户的贷方。应编制的会计分录如下：

借：主营业务收入　　　　　　　　　　　　　　　　　　3 390 000
　　其他业务收入　　　　　　　　　　　　　　　　　　　700 000
　　投资收益　　　　　　　　　　　　　　　　　　　　　186 000
　　营业外收入　　　　　　　　　　　　　　　　　　　　120 000
　　贷：本年利润　　　　　　　　　　　　　　　　　　　　　4 396 000

例 44　利丰公司本期发生各项费用包括主营业务成本 1 027 600 元、其他业务成本 180 000 元、营业税金及附加 10 000 元、管理费用 78 000 元、财务费用 5 000 元、销售费用 65 000 元、营业外支出 100 000 元，转入"本年利润"账户。

这项经济交易事项的发生，一方面使得企业有关损益类账户所记录的各种成本费用减少了，另一方面使得企业的利润额减少了，因此，该项经济交易涉及"主营业务成本"、"其他业务成本"、"营业税金及附加"、"管理费用"、"财务费用"、"销售费用"、"营业外支出"和"本年利润"八个账户。各项成本的结转是费用支出的减少，应记入"主营业务成本"、"其他业务成本"、"营业税金及附加"、"管理费用"、"财务费用"、"销售费用"、"营业外支出"账户的借方；利润的减少是所有者权益的减少，应记入"本年利润"账户的借方。应编制的会计分录如下：

借：本年利润　　　　　　　　　　　　　　　　　　　1 465 600
　　贷：主营业务成本　　　　　　　　　　　　　　　　　　1 027 600
　　　　营业税金及附加　　　　　　　　　　　　　　　　　　10 000
　　　　其他业务成本　　　　　　　　　　　　　　　　　　　180 000
　　　　管理费用　　　　　　　　　　　　　　　　　　　　　78 000
　　　　销售费用　　　　　　　　　　　　　　　　　　　　　65 000
　　　　财务费用　　　　　　　　　　　　　　　　　　　　　5 000
　　　　营业外支出　　　　　　　　　　　　　　　　　　　　100 000

例 45　利丰公司期末将计算出的所得税费用转入"本年利润"账户。

利丰公司本期计算出的所得税费用为 $[(43\ 96\ 000-1\ 465\ 600)\times25\%]$ 732 600 元。这项经济交易事项的发生，一方面使得公司的所得税费用减少 732 600 元，另一方面使得公司的利润额减少 732 600 元。所得税费用的减少是费用支出的减少，应记入"所得税费用"账户的贷方；利润的减少是所有者权益的减少，应记入"本年利润"账户的借方。应编制的会计分录如下：

借：本年利润　　　　　　　　　　　　　　　　　　　　732 600
　　贷：所得税费用　　　　　　　　　　　　　　　　　　　　732 600

所得税费用转入"本年利润"账户之后，可以根据"本年利润"账户的借贷方记录的各项收入和费用计算确定企业的净利润额。

净利润＝2 930 400－732600＝219 7800（元）

利润形成过程的总分类核算如图 5-8 所示。

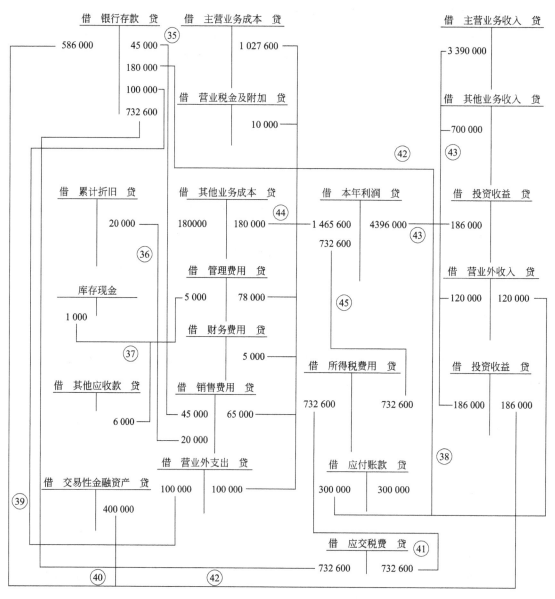

图 5-8 净利润形成过程的总分类核算

七、利润分配的核算

企业利润的实现不仅关系到企业的未来发展，还必须在兼顾各方面利益的基础上，根据有关规定的顺序、内容、比例等进行利润的分配。

企业实现的净利润，应按照国家的规定和投资者的决议进行合理的分配。企业净利润的分配涉及各个方面的利益关系，包括投资人、企业以及企业内部职工的经济利益，所以必须遵循兼顾投资人利益、企业利益以及企业职工利益的原则对净利润进行分配。根据《公司法》等有关法规的规定，企业当年实现的净利润，首先应弥补以前年度尚未弥补的亏损，对于剩余部分，根据有关规定的下列内容和顺序进行分配：

（1）提取法定盈余公积 法定盈余公积金应按照本年实现净利润的 10% 的比例计提，

企业提取的法定盈余公积金累计额超过注册资本 50％ 时，可以不再提取。

（2）向投资者分配利润或股利　企业实现的净利润在扣除上述项目后，再加上年初的未分配利润和其他转入数（公积金弥补的亏损等），形成可供投资者分配的利润。包括支付的优先股股利、普通股股利（在提取任意盈余公积之后）和对外分配的利润等。

（3）提取任意盈余公积　任意盈余公积主要是股份制企业按照股东大会的决议提取的，其用途与法定盈余公积金相同，主要用于弥补亏损、转增资本或股本以及分配现金股利或利润。

（4）未分配利润　实现的净利润经过上述各项扣除后其余额即为未分配利润。它实质上是企业留于以后年度分配的利润或待分配的利润。与盈余公积金相同，这两者均是属于留在企业内部的所有者权益，即留存收益，是企业经营所得净收益的积累。不同之处在于未分配利润没有明确专门的用途。

为了核算企业利润分配的具体过程及结果，全面贯彻企业利润分配政策，以便于更好地进行利润分配业务的核算，需要设置以下几个账户。

1. "利润分配" 账户

该账户属于所有者权益类，用来核算企业一定时期内净利润的分配或亏损的弥补以及历年结存的未分配利润（或未弥补亏损）情况。其借方登记实际分配的利润额，包括提取的盈余公积金和分配给投资人的利润以及年末从 "本年利润" 账户转入的全年累计亏损额；贷方登记用盈余公积金弥补的亏损额等其他转入数以及年末从 "本年利润" 账户转入的全年实现的净利润额。年末余额如果在借方，表示未弥补的亏损额；期末余额如果在贷方，表示未分配利润额。"利润分配" 账户一般应设置 "盈余公积补亏"、"提取法定盈余公积"、"提取任意盈余公积"、"应付现金股利"、"转作资本（或股本）的普通股股利"、"未分配利润" 等明细账户。年末，应将 "利润分配" 账户下的其他明细账户的余额转入 "利润分配——未分配利润" 明细账户，结转后，除 "利润分配——未分配利润" 明细账户有余额外，其他各个明细账户均无余额。

"利润分配" 账户结构如下：

借方	利润分配	贷方
实际分配的数额： 提取法定盈余公积 应付现金股利 转作资本的股利 期末转入的亏损		弥补的亏损数： 期末从 "本年利润" 账户转入的全年净利润
期末余额：未弥补亏损额		期末余额：未分配利润额

2. "盈余公积" 账户

该账户属于所有者权益类，用来核算企业从税后利润提取的盈余公积金，包括法定盈余公积、任意盈余公积的增减变动及其结余情况。其贷方登记提取的盈余公积金，即盈余公积金的增加，借方登记实际使用的盈余公积金，即盈余公积金的减少。期末余额在贷方，表示结余的盈余公积金。"盈余公积" 应设置 "法定盈余公积"、"任意盈余公积" 等明细账户。

"盈余公积" 账户结构如下：

借方	盈余公积	贷方
实际使用的盈余公积（减少）	提取的盈余公积（增加）	
	期末余额:结余的盈余公积金	

3. "应付股利"账户

该账户属于负债类，用来核算企业按照股东大会或类似权力机构决议分配给投资人股利（现金股利）或利润的增减变动及其结余情况。其贷方登记应付给投资人股利（现金股利）或利润的增加；借方登记实际支付给投资人的股利（现金股利）或利润，即应付股利的减少。期末余额在贷方，表示尚未支付的股利（现金股利）或利润。企业分配给投资人的股票股利不在本账户核算。

"盈余公积"账户结构如下：

借方	应付股利	贷方
实际支付的股利或利润	应付未付的股利或利润	
	期末余额:尚未支付的股利或利润	

例 46 利丰公司期末按净利润的 10% 提取法定盈余公积金。

对利丰公司期末净利润，提取法定盈余公积金为 219 780 元（219 7800×10%）。这项经济交易事项的发生，一方面使得公司的已分配利润额增加 219 780 元，另一方面使得公司的盈余公积增加了 219 780 元。该经济交易涉及"利润分配"和"盈余公积"两个账户。已分配利润额的增加是所有者权益的减少，应记入"利润分配"账户的借方；盈余公积的增加是所有者权益的增加，应记入"盈余公积"账户的贷方。应编制的会计分录如下：

借：利润分配——提取法定盈余公积   219 780
 贷：盈余公积——法定盈余公积   219 780

例 47 利丰公司按股东大会决议，分配给股东现金股利 200 000 元，股票股利 500 000 元。

这项经济交易事项的发生，一方面使得公司的已分配利润额增加 700 000 元，另一面使得公司的应付股利增加 700 000 元，该项经济交易涉及"利润分配"、"应付股利"和"实收资本"三个账户。已分配利润的增加是所有者权益的减少，应记入"利润分配"账户的借方；应付股利的增加是负债的增加，应记入"应付股利"账户的贷方；对于股票股利，在分配时，应按面值记入"实收资本"账户的贷方（如有超面值部分应增加资本公积）。应编制的会计分录如下：

对于现金股利：

借：利润分配——应付现金股利   200 000
 贷：应付股利   200 000

对于股票股利：

借：利润分配——转作股本的股利   500 000
 贷：实收资本   500 000

例 48 利丰公司决定用任意盈余公积弥补当年的亏损 200 000 元。

这项经济交易事项的发生，一方面使得公司的盈余公积金减少 200 000 元，另一方面使得公司的可供分配利润增加 200 000 元，因此，该项经济交易涉及"盈余公积"和"利润分配"两个账户。盈余公积金的减少是所有者权益的减少，应记入"盈余公积"账户的借方；可供分配利润的增加是所有者权益的增加，应记入"利润分配"账户的贷方。应编制的会计分录如下：

借：盈余公积——任意盈余公积 200 000

  贷：利润分配——盈余公积补亏 200 000

例49 利丰公司期末结转本期实现的净利润。

利丰公司本期实现的净利润为 2 197 800 元。这项经济交易事项的发生，一方面使得公司"本年利润"账户的累计净利润减少 2 197 800 元，另一方面使得公司可供分配的利润增加 2 197 800 元，该项经济交易涉及"本年利润"和"利润分配"两个账户。本年利润的减少是所有者权益的减少，应记入"本年利润"账户的借方；利润分配的增加是所有者权益的增加，应记入"利润分配"账户的贷方（如果结转亏损，则进行相反的处理）。应编制的会计分录如下：

借：本年利润 2 197 800

  贷：利润分配——未分配利润 2 197 800

若企业当年发生亏损，则"本年利润"的余额应在借方，故结转时分录如下：

借：利润分配——未分配利润

  贷：本年利润

例50 利丰公司会计期末结清利润分配账户所属的各有关明细账户。

该项经济交易事项的发生，公司"利润分配"所属其他明细账户的记录，即"提取法定盈余公积"明细账户余额为 219 780 元，"应付股利"明细账户的余额为 700 000 元，"转作资本（或股本）的普通股股利"明细账户余额为 500 000 元，"其他转入"明细账户的余额为 2 100 000 元。结清时，各个明细账户的余额从其相反方向分别转入"未分配利润"明细账户中。应编制的会计分录如下：

借：利润分配——盈余公积补亏 200 000

  贷：利润分配——未分配利润 200 000

借：利润分配——未分配利润 919 780

  贷：利润分配——提取法定盈余公积金 219 780

    ——应付普通股股利 200 000

    ——转作资本（或股本）的普通股利 500 000

利润分配过程的总分类核算过程如图5-9所示。

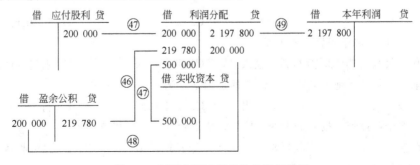

图 5-9　利润分配过程的总分类核算图

本 章 小 结

本章阐述了制造企业经济业务核算的基本理论和方法。通过本章的学习，要求了解制造业企业生产经营的过程，掌握借贷记账方法的应用，以及资金筹集业务、材料采购、生产费用、销售费用、期间费用、利润形成及分配业务等主要经济业务核算的内容及会计处理方法。

复 习 思 考

1. 单项选择题

(1) 企业的资金从成品资金转化为货币资金是企业生产经营过程中的（　　）。

A. 生产业务　　　　　B. 购进业务　　　　　C. 销售业务　　　　　D. 其他业务

(2) 企业从银行借入的短期借款利息费用的核算所运用的账户是（　　）。

A. 销售费用　　　　　B. 管理费用　　　　　C. 财务费用　　　　　D. 销售费用

(3) 购进材料过程中发生的增值税应计入（　　）。

A. "材料采购"账户的借方

B. "应交税费——应交增值税"账户的贷方

C. "应交税费——应交增值税"账户的借方

D. "原材料"账户的借方

(4) "制造费用"账户属于（　　）。

A. 损益类账户　　　　B. 资产类账户　　　　C. 成本类账户　　　　D. 所有者权益类账户

(5) 企业发出材料，应贷记（　　）账户。

A. "材料采购"　　　　B. "原材料"　　　　C. "生产成本"　　　　D. "制造费用"

(6) 企业每月按工资总额的一定比例计提的职工福利，贷记（　　）账户。

A. 应付职工薪金　　　B. 应付股利　　　　　C. 应付账款　　　　　D. 应交税费

(7) "本年利润"账户结构所反映的内容（　　）。

A. 借方为转入的各项费用数额　　　　　　B. 贷方为转入的各项收入数额

C. 贷方余额为实现的利润总额　　　　　　D. 借方余额表示亏损总额

E. 会计年末结转后无余额

(8) 某企业销售产品 8 万元，购买方支付货款 5 万元，余款暂欠，本期实现的销售收入是（　　）。

A. 8 万元　　　　　　B. 5 万元　　　　　　C. 3 万元　　　　　　D. 13 万元

(9) 下列项目中，属于投资收益的是（　　）。

A. 存款利息收入　　　B. 债券利息收入　　　C. 租金收入　　　　　D. 固定资产清理收入

(10) 期末，应将"其他业务收入"账户的余额结转到（　　）账户。

A. 主营业务收入　　　B. 其他业务支出　　　C. 本年利润　　　　　D. 利润分配

(11) 为反映企业投资人投入资本变动情况，应设置（　　）账户。

A. 银行存款　　　　　B. 实收资本　　　　　C. 长期借款　　　　　D. 投资收益

(12) "本年利润"账户的贷方表示（　　）。

A. 利润总额   B. 未分配利润额

C. 本期实现的净利润额   D. 亏损总额

(13) 下列不需要预提的费用是（   ）。

A. 借款利息   B. 预提的租金   C. 大修理费用   D. 工资费用

(14) "制造费用"账户分配结转后，该账户（   ）。

A. 无余额   B. 余额在借方   C. 余额在贷方   D. 余额方向不固定

(15) "利润分配"账户按其反映的经济内容应属于（   ）账户。

A. 资产类   B. 负债类   C. 所有者权益类   D. 损益类

(16) 待摊费用属于（   ）类账户。

A. 资产   B. 负债   C. 费用   D. 成本

(17) 企业从净利润中提取公积金和公益金，应通过（   ）账户核算。

A. 公积金   B. 公益金   C. 盈余公积   D. 应付利润

(18) 制造企业支付下一年度的报刊订阅费，应记入（   ）账户的借方。

A. 应收账款   B. 预提费用   C. 待摊费用   D. 管理费用

(19) 下列不属于期间费用的有（   ）。

A. 制造费用   B. 管理费用   C. 财务费用   D. 销售费用

(20) 以应收、应付作为标准确定本期收入、费用的会计原则称为（   ）。

A. 权责发生制   B. 现金制   C. 永续盘存制   D. 收付实现制

2. 多项选择题

(1) 企业的主要经济业务包括（   ）。

A. 资金筹集业务   B. 购进业务   C. 产品生产业务

D. 产品销售业务   E. 利润形成及分配业务

(2) 企业的资本金按照投资主体的不同分为（   ）。

A. 国家投入资本   B. 法人投入资本   C. 个人投入资本

D. 外商投入资本   E. 社团法人投入资本

(3) "制造费用"借方登记的内容包括（   ）。

A. 车间辅助人员的工资及福利费   B. 车间厂房、机器设备折旧费

C. 车间办公费、水电费   D. 利息支出

E. 行政管理人员的工资福利费

(4) 下列账户年末应无余额的有（   ）。

A. "管理费用"账户   B. "主营业务成本"账户

C. "制造费用"账户   D. "本年利润"账户

E. "利润分配"账户

(5) "生产成本"账户借方登记的内容有（   ）。

A. 直接材料   B. 直接人工   C. 其他直接支出

D. 制造费用   E. 完工产品实际生产成本

(6) "利润分配"账户一般应设置的明细账户有（   ）。

A. 提取法定盈余公积   B. 提取法定公益金   C. 应付股利

D. 未分配利润   E. 应交消费税

(7) 在销售收入核算中所设置和运用的账户包括（   ）。

A. "主营业务收入"账户   B. "营业税金及附加"账户

C. "预收账款"账户　　　　　　　　　　D. "材料采购"账户

E. "应收账款"账户

(8) "应付职工薪酬"账户的借方分配职工工资时，工资用途分配计入（　　　）。

A. "生产成本"账户　　B. "管理费用"账户　　C. "制造费用"账户

D. "库存商品"账户　　E. "应付福利费"账户

(9) "本年利润"账户结构所反映的内容（　　　）。

A. 借方为转入的各项费用数额　　　　　B. 贷方为转入的各项收入数额

C. 贷方余额为实现的利润总额　　　　　D. 借方余额表示亏损总额

E. 会计年末结转后无余额

(10) 企业当期实现的净利润，要按照法定程序进行分配，即（　　　）。

A. 计提所得税　　　　　　　　　　　　B. 计提法定盈余公积和法定公益金

C. 计提资本公积　　　　　　　　　　　D. 提取任意盈余公积

E. 对投资者分配利润

(11) 企业的资金运动包括（　　　）。

A. 货币资金转化为储备资金　　　　　　B. 货币资金转化为生产资金

C. 资金平衡　　　　　　　　　　　　　D. 成品资金转化为货币资金

E. 生产资金转化为成品资金

(12) 采购材料的实际成本包括（　　　）。

A. 材料买价　　　　　　　　　　　　　B. 增值税进项税额

C. 运输费　　　　　　　　　　　　　　D. 运输途中的合理损耗

E. 包装费

(13) 短期借款应按（　　　）设置明细分类账，进行明细分类核算。

A. 债权人　　　　　B. 债务人　　　　　C. 借款期限

D. 借款种类　　　　E. 借款金额

(14) 产品生产业务核算的主要内容包括（　　　）。

A. 生产费用的发生和归集　　　　　　　B. 生产费用的分配

C. 财务费用核算　　　　　　　　　　　D. 销售费用核算

E. 产品成本的计算

(15) 产品的生产成本包括（　　　）。

A. 直接材料　　　　B. 直接工资　　　　C. 管理费用

D. 制造费用　　　　E. 福利费

(16) 影响企业营业利润的因素有（　　　）。

A. 主营业务收入　　　　　　　　　　　B. 主营业务的销项税额

C. 主营业务成本　　　　　　　　　　　D. 管理费用

E. 财务费用

(17) 投资者可以用（　　　）等形式向企业投资。

A. 现金　　　　　　B. 银行存款　　　　C. 实物

D. 无形资产　　　　E. 固定资产

(18) 材料领用的核算可能涉及的账户有（　　　）。

A. 原材料　　　　　B. 材料采购　　　　C. 生产成本

D. 制造费用　　　　E. 应付账款

(19) 下列费用中，能直接计入产品生产成本的有（　　）。

A. 原材料　　　　　　B. 生产工人的工资　　C. 生产工人的奖金

D. 制造费用　　　　　E. 车间购买的办公用品

(20) 下列费用中属于待摊费用的有（　　）。

A. 预付报刊杂志费　　B. 预付保险费　　　　C. 预付购料款

D. 业务招待费　　　　E. 低值易耗品摊销

3. 判断题

(1) 企业的日常会计核算，是对资金筹集的核算。（　　）

(2) 企业从银行借入的短期借款所应支付的利息一般采用按季结算的办法。（　　）

(3) 投资者投入企业的资本应当保全，除法律、法规另有规定外，不得抽回。（　　）

(4) 企业实现利润，首先应按照国家规定提取盈余公积金。（　　）

(5) 在材料采购过程中支付的各项采购费用，不构成材料采购的成本，将其列为期间费用处理。（　　）

(6) 管理费用账户的借方发生额，应于期末采用一定的方法计入产品成本。（　　）

(7) 主营业务收入账户期末结转后，余额在贷方。（　　）

(8) 本期生产过程中支付的费用均应计入本期产品的生产成本。（　　）

(9) 应付利润账户期末的贷方余额，表示尚未支付的利润。（　　）

(10) 预提费用账户属于成本类账户。（　　）

4. 思考题

(1) 资金筹集过程通常发生哪些主要经济业务？利用哪些账户进行核算？需要编制哪些主要会计分录？

(2) 什么是直接费用？什么是间接费用？如何分配间接费用？

(3) 生产准备过程通常会发生哪些经济业务？利用哪些账户进行核算？主要编制哪些会计分录？

(4) 材料采购成本包括哪些内容？材料采购成本如何计算？

(5) 产品生产成本包括哪些内容？产品生产成本如何计算？

(6) 产品制造企业生产经营活动的特点是什么？如何对材料采购进行核算？账户设置有何特点？

(7) 直接生产费用和间接生产费用的含义是什么？直接费用和间接费用的含义是什么？

(8) 产品发出的成本是如何确定、如何结转的？

(9) 主营业务过程通常发生哪些经济业务？需利用哪些账户进行核算，主要需编制哪些会计分录？

(10) 在我国现行会计实务中，常按照何种原因确认销售收入？

(11) 主营业务成本包括哪些内容？如何计算？

(12) 企业的利润总额包括哪些内容？如何核算？

5. 业务题

习题一

一、目的：练习筹集资金业务。

二、资料：利丰公司20××年12月份发生下列经济业务。

(1) 收到投资人投入资金300 000元，款项已存入银行。

(2) 收到投资人投入材料500 000元。

（3）收到投资人投入的不需要安装的设备一台，该设备原值为 750 000 元，评估确认作价为 400 000 元。

（4）从银行借入流动资金 150 000 元，期限半年，年利率为 6%，款项已收存入银行。

（5）接受长城公司以某项专有技术 500 000 元作为投资，经评估确认为 400 000 元。

三、要求：根据上述经济业务编制会计分录。

习题二

一、目的：练习工业企业材料采购的核算。

二、资料：利丰公司本月份发生下列经济业务。

（1）向光明工厂购入甲种材料 200 吨，单价 150 元，增值税进项税率为 17%，货款、税款尚未支付，材料已经到达，并验收入库。

（2）以银行存款 500 元支付上项购入外地材料的装卸搬运费。

（3）上项购入的材料验收入库，并按实际成本转账。

（4）向曙光工厂购入乙种材料 5 000 公斤，单价 50 元，增值税进项税率为 17%。货款、税款已用银行存款支付，但材料尚在运输途中。

（5）上项材料已到厂并验收入库，按其实际采购成本转账。

（6）以银行存款偿还前欠光明工厂的款项。

（7）按合同规定，以银行存款 12 500 元预付光明工厂的购料款。

（8）收到光明工厂发来丙种材料 100 吨，单价 100 元，增值税进项税额 1 700 元，代垫运输费 600 元。上项材料已验收入库，款已预付。

三、要求：根据上列资料编制会计分录。

习题三

一、目的：练习材料采购的核算和采购成本的计算。

二、资料：利丰公司本月份发生下列经济业务。

（1）向黎明工厂购入甲种材料 400 吨，单价 250 元，增值税进项税额 17 000 元。材料已验收入库，款项尚未支付。

（2）向曙光工厂购入乙种材料 400 吨，单价 500 元，增值税进项税额 34 000 元。材料已验收入库，款项以银行存款付讫。

（3）向光明工厂购入丙种材料 200 吨，单价 100 元，增值税进项税额 3 400 元。材料已验收入库，款项尚未支付。

（4）以银行存款支付购入以上三种材料共同发生的外地运杂费 5 000（运杂费按材料重量比例分摊）。

（5）对上述已验收入库的材料按其实际采购成本转账。

三、要求：

（1）根据上述各项经济业务编制会计分录并登记"原材料"、"材料采购"总分类账和登记"材料采购——甲材料"和"原材料——甲材料"的明细分类账。

（2）编制"材料采购成本计算表"，计算各种材料的实际采购成本。

习题四

一、目的：练习生产过程的核算。

二、资料：利丰公司本月份发生下列经济业务。

（1）仓库发出下列材料供各方面使用：

项　目	甲材料	乙材料	丙材料	合计
A产品生产耗用	10 000	2 000	4 000	16 000
B产品生产耗用	20 000		6 000	26 000
车间一般耗用		4 000		4 000
管理部门耗用			2 000	2 000
合计	30 000	6 000	12 000	48 000

（2）本月份应付职工的工资分配如下：A产品生产工人工资6 000元、B产品生产工人工资4 000元、车间技术和管理人员工资1 200元、行政管理部门人员工资800元、合计12 000元。

（3）按照本月份工资总额的14％，计提职工福利费。

（4）以银行存款预付租入固定资产三个月的租金1 500元。

（5）摊销应由本月车间负担的租金400元，行政管理部门负担的租金100元。

（6）计提本月份固定资产折旧，其中：车间应提取的折旧2 000元，行政管理部门应提取的折旧400元。

（7）本月预提银行季度借款利息500元。

（8）以银行存款支付车间办公费135元。

（9）将本月份发生的制造费用全部转入"生产成本"账户，并按照生产工人工资的比例在各种产品之间进行分配。

（10）本月生产的A产品200件，B产品100件，均已全部制成并验收入库，按实际生产成本转账。

三、要求：

（1）根据上述经济业务编制会计分录，并登记"生产成本"、"制造费用"总分类账。

（2）根据上述的有关资料，登记"生产成本——A产品"明细分类账。

习题五

一、目的：练习销售过程的核算。

二、资料：利丰公司本月份发生下列经济业务。

（1）售给红光工厂A产品250件，单位售价200元，B产品100件，单位售价500元，共计100 000元，销项税额17 000元，款项收到已存入银行。

（2）按合同收到宏大公司预付的购货款60 000元。

（3）以银行存款支付销售A、B两种产品的运输费500元。

（4）售给向阳工厂A产品400件，单位售价200元，B产品20件，单位售价500元，共计90 000元，销项税额15 300元，款项尚未收到。

（5）按合同向宏大公司发出A产品250件，单位售价200元，销项税额8 500元，并用银行存款支付代垫运输费1 500元，款已预收。

（6）按规定，计算出本月应纳城市维护建设税1500元。

（7）结转本月已销售A、B产品的实际生产成本。（单位产品的实际生产成本：A产品为150元，B产品为400元。）

三、要求：根据上列经济业务，编制会计分录。

习题六

一、目的：练习财务成果的核算。

二、资料：利丰公司本月份发生下列经济业务。

（1）企业出售甲材料 40 吨，每吨材料售价 300 元，销项税额 2 040 元，款项收到并已存入银行。

（2）企业收到出租包装物的租金 2 000 元，应收增值税款 340 元，计 2 340 元，存入银行。

（3）结转已售甲材料的实际成本 10 000 元。

（4）企业采用成本法进行股票投资的核算，收到长虹公司转来投资分得的利润 8 000 元，存入银行。

（5）企业从汇商公司收回长期投资 96 000 元，原来投资 100 000 元，其中发生投资损失 4 000 元。

（6）企业收到保险公司的赔偿款 6 000 元。

（7）以现金 3 500 元支付编外人员的工资。

（8）以银行存款 15 000 元，向希望工程捐款。

（9）将本月的主营业务收入和其他各项收入转入"本年利润"账户。（主营业务收入 195 000 元、其他业务收入 14 000 元、投资净收益 4 000 元、营业外收入 8 000 元。）

（10）将企业的各项费用转入"本年利润"账户。（主营业务成本为 177 000 元、销售费用 600 元、营业税金及附加 2 000 元、管理费用 4 200 元、财务费用 200 元、其他业务成本 10 000 元、营业外支出 15 000 元。）

（11）按本月实现利润的 25% ，计算应缴纳的所得税。

（12）按税后利润的 10% ，提取盈余公积金。

（13）企业决定向投资者分配利润 6 000 元。

三、要求：根据上列经济业务，编制会计分录。

习题七

一、目的：练习期间费用及其他业务。

二、资料：利丰公司 20×× 年 12 月份发生下列经济业务。

（1）采购员张强预借差旅费 5 000 元，以现金付讫。

（2）张强出差回来报销 2 800 元，余款 2 200 元退回。

（3）预提本月应负担的短期借款利息 1 500 元。

（4）摊销应由本月管理费用负担的报刊费 1 800 元。

（5）以银行存款支付广告费 30 000 元。

（6）以银行存款 5 500 元，预付第三季度的报刊杂志费。

（7）以银行存款支付行政管理部门本月办公费 6 000 元。

（8）因客户违反合同，通过索赔，取得 26 000 元的赔偿费，款已收存入银行。

（9）缴纳滞纳金及罚款共计 15 000 元，已开出转账支票支付。

三、要求：根据上述经济业务编制会计分录。

习题八

一、目的：练习全部经营业务的核算。

二、资料：利达公司本年初"应交税金——应交增值税"期初余额为 0，"生产成本"期初余额为 0，"本年利润"期初贷方余额为 2 505 700 元。12 月份该公司发生如下经济业务。

（1）收到甲投资者投入设备一台，价值 400 000 元，收到乙投资者投入货币资金 100 000 元存入银行。

（2）从银行取得期限 3 个月，年利率 9% 的短期借款 50 000 元，存入银行。

（3）采购 A 材料 6 000 千克，单价 80 元；采购 B 材料 4 000 千克，单价 50 元；增值税率 17%，货款以银行存款支付。

（4）上述 A、B 材料验收入库，结转材料采购成本。

（5）以支票 2 400 元支付明年报刊杂志费。

（6）用现金 850 元购买车间办公用品。

（7）仓库发出材料汇总如下：

单位：元

项 目	A 材料	B 材料
甲产品耗用	82 500	63 000
乙产品耗用	41 250	78 750
车间一般耗用	16 500	15 750
管理部门耗用	500	600
合计	140 750	158 100

（8）收到银行付款通知，本月水电费 4 500 元，其中：车间负担 2 700 元，厂部负担 1 800 元。

（9）摊销本月负担的财产保险费 3 380 元。其中车间：2 000 元，厂部 1 380 元。

（10）提取现金 75 000 元，备发工资。

（11）以现金 75 000 元发放工资。

（12）月末分配工资费用，其中：

单位：元

项 目	费 用	项 目	费 用
甲产品生产工人工资	26 000	厂部管理人员工资	10 000
乙产品生产工人工资	24 000	合计	75 000
车间管理人员工资	15 000		

（13）按工资总额的 14% 提取福利费。

（14）计提本月固定资产折旧费，其中：车间提取 2 100 元，厂部提取 1 000 元。

（15）以银行存款购买设备一台，买价 100 000 元，增值税 17 000 元，运杂费 1 000 元，投入使用。

（16）车间人员出差回厂报销差旅费 1 200 元（预借 1 500 元）。

（17）结转本月制造费用。（甲产品工时 6 000 小时，乙产品 4 000 小时）。

（18）本月甲产品、乙产品全部完工，已验收入库。（甲产品完工 400 件，乙产品 200 件）。

（19）本月销售甲产品 150 件，每件售价 1 100 元，销售乙产品 250 件，每件售价 1 600 元，增值税率 17%，货款尚未收到。

（20）结转本月已销商品成本。

（21）销售本月商品用银行存款支付运杂费 2 000 元。

（22）计提本月短期借款利息 375 元。

（23）计算应交本月城市维护建设税 1 000 元，教育费附加 500 元。

（24）用银行存款支付职工子弟学校经费 5 000 元。

（25）收到职工罚款现金 2 000 元。

（26）收到联营单位分来利润 150 000 元。

（27）将本月所有的损益类科目转入本年利润。

（28）计算本月应交所得税，并将所得税转入本年利润。

（29）按净利润的 10% 提取盈余公积金。

（30）按净利润的 50% 向投资者分配利润。

（31）将本年利润转入利润分配。

（32）将利润分配的所有明细科目转入未分配利润。

三、要求：根据上述经济交易编制会计分录。

第六章　成　本　计　算

本章学习目的

- 了解成本计算的概念与作用
- 掌握成本计算的原理与基本要求
- 掌握成本计算的基本程序
- 掌握企业成本经营过程的成本计算

导入案例 ▶▶▶

王晓丽大学毕业后，到一家啤酒生产企业从事成本会计核算工作。王晓丽通过一段时间的学习，归结出该公司啤酒生产过程为：啤酒生产工艺流程可以分为制麦工序、糖化工序、发酵工序，从而可以完成整个的生产流程。根据掌握的资料，王晓丽认为该啤酒生产企业是典型的分步骤生产，因此将其成本核算方法设计为分步成本计算法。这种分析设计是否科学合理？是否有其他方法可供选择？实际核算工作中又应怎样去实施呢？

资料来源：114学习网—管理文库，作者略有删改。

成本计算主要以会计核算为基础，以货币为计算单位。成本计算是成本管理工作的重要组成部分，成本核算的正确与否，直接影响企业的成本预测、计划、分析、考核和改进等控制工作，同时也对企业的成本决策和经营决策的正确与否产生重大影响。

第一节　费用要素与成本项目

一、成本计算的含义

成本核算过程是对企业生产经营过程中各种耗费如实反映的过程，也是为更好地实施成本管理进行成本信息反馈的过程，因此，成本核算对企业成本计划的实施、成本水平的控制和目标成本的实现起着至关重要的作用。

把一定时期内企业生产经营过程中所发生的费用，按其性质和发生地点，分类归集、汇总、核算，计算出该时期内生产经营费用发生总额并分别计算出每种产品的实际成本和单位成本的管理活动。其基本任务是正确、及时地核算产品实际总成本和单位成本，提供正确的成本数据，为企业经营决策提供科学依据，并借以考核成本计划执行情况，综合反映企业的生产经营管理水平。

成本计算是成本会计的核心内容，包括生产费用的汇总核算和产品成本的计算两方面内容。首先，应按照成本开支范围、费用开支标准和企业的计划、定额，严格控制和审核费用，分析这些费用是否应该发生；对已经发生的费用，应分清哪些费用应该计入产品成本，哪些费用不应计入成本；对于计入有关成本的费用，按照一定的程序进行归集，以汇总所发生的费用总数。其次，将汇总的应计入产品成本的生产费用，按照受益原则，采用一定的方法，在各个成本计算对象之间进行分配，进一步确定为生产某种产品所发生的费用总和。最后，在会计期末，根据费用的特点，采用一定的分配方法，在完工产品和期末在产品之间进行分配，以计算出该完工产品的总成本和单位成本。完工产品成本的计算公式为：

完工产品成本＝月初在产品成本＋本期发生的生产费用－期末在产品成本

生产费用和产品成本两者之间既有联系，又有区别：产品成本是对象化的生产费用，生产费用的发生过程也是产品成本的形成过程，所以费用是产品成本形成的基础。产品成本是生产产品所耗费的生产费用，它与一定种类、一定数量的产品相联系。生产费用是企业在某一期间为进行生产而发生的耗费，它与一定期间相联系。

二、费用要素

企业生产经营过程中发生的费用，可按其经济内容分为劳动对象、劳动手段和活劳动三方面。为了具体反映各种费用的构成和水平，可将其细分为以下几种费用要素。

（1）外购材料　企业为进行生产而耗用的一切从外部购入的原料及主要材料、半成品、辅助材料、修理用备件、包装物、低值易耗品等。

（2）外购燃料　企业为进行生产而耗用的一切从外部购入的各种燃料，包括固体、液体，气体燃料等。

（3）外购动力　企业为进行生产经营而耗用的一切从外部购入的各种动力，如电力、热力等。

（4）工资薪酬　企业应计入产品制造成本和期间费用的职工薪酬。

（5）折旧费　企业按照规定计算提取的固定资产折旧费。

（6）利息费用　企业应计入财务费用的借款利息支出减去存款利息收入后的净额。

（7）税金　企业应缴纳并计入企业经营管理费用的各种税金支出。包括房产税、车船使用税、印花税、土地使用税等。

（8）无形资产摊销　企业按照规定计算提取的如专利权、商标权、著作权等无形资产的摊销。

（9）其他支出　不属于以上各种要素的费用支出，如租赁费、差旅费，外部加工费以及保险费等。

企业的生产费用按其经济内容的分类，可以反映产品生产中消耗了什么，为企业编制材料采购资金计划，了解企业资金需用量等，提供必要的会计信息；也可以为企业核定储备资金定额，考核储备资金的周转速度提供依据。

但是，这种分类不能说明各项费用的用途，因而不便于分析各种费用的支出是否节约、合理。

三、成本项目

企业生产经营过程中发生的费用，按其经济用途可划分为计入产品成本的费用和计入期间费用的费用两大类。成本项目是对计入产品成本的费用进一步按其经济用途所作的细分，具体分类如下。

（1）直接材料　企业在生产过程中直接构成产品实体或主要部分的原料、主要材料与外购半成品，以及有助于产品形成的辅助材料等。

（2）直接燃料及动力　企业在生产过程中直接用于产品生产的燃料和动力。在不单独设置此成本项目时，可将这部分成本费用归入"直接材料"项目中。

（3）直接人工　企业在生产过程中为了生产产品、提供服务所需要向相关职工支付的职工薪酬。

（4）制造费用　企业在生产过程中所发生的那些除了直接材料及直接人工以外的各种费用。具体指企业各个生产单位为组织和管理生产所发生的费用，生产单位房屋、建筑物折旧、低值易耗品摊销等。

（5）废品损失　企业生产过程中因产生废品所发生的损失。对于废品较少或者废品损失在产品中所占比重不大的企业，可不单独设置此项目。

将产品成本的费用按照经济用途划分为成本项目，可以反映产品成本的构成，有利于分析、考核成本计划的执行情况，找出费用增减的原因，从而寻求降低产品成本的途径。

第二节　成本计算的基本要求和一般程序

做好计算成本工作，首先要建立健全原始记录；建立并严格执行材料的计量、检验、领发料、盘点、退库等制度；建立健全原材料、燃料、动力、工时等消耗定额；严格遵守各项制度规定，并根据具体情况确定成本核算的组织方式。

一、成本计算的要求

正确核算企业的生产成本，对于加强企业的经济管理，控制和降低成本，增强企业的竞争能力，提高经济效益，以及正确确定企业的收益，处理好企业与国家、投资者的利益关系，有着十分重要的意义。因此，为了充分发挥成本核算的重要作用，在成本核算工作中，应符合以下几方面要求。

（一）严格执行国家规定的成本开支范围和费用开支标准

成本开支范围是根据企业在生产过程中的生产费用的不同性质，根据成本的内容以及加强经济核算的要求，由国家统一制定的。企业在进行成本核算时，首先要根据国家有关的法规和制度，以及企业的成本计划和相应的消耗定额，对企业发生的各项费用进行审核，看应不应该开支，可以开支的，应不应该计入产品成本。例如，企业为生产产品所发生的各项费用应计入产品生产成本，为购建固定资产、无形资产发生的支出以及发生的与企业或活动无关的营业外支出，不得列入产品成本。费用开支标准是国家对某些费用的开支数额、比例所作的具体规定。严格执行国家规定的成本开支范围和费用开支标准，既能够保证企业成本核算的真实性，也能保证企业财务成果核算的真实可靠。

（二）正确划分各种费用界限

为了正确地进行成本核算，正确地计算产品成本和期间费用，必须正确划分以下五个方面的费用界限。

1. 正确划分应否计入生产费用、期间费用的界限

按照现行国家统一的会计制度的规定，工业企业的生产费用是指一定会计期间内为生产产品发生的各种耗费，包括生产产品耗用的直接材料、直接人工和制造费用等。生产费用归集到一定种类和数量的产品上，即形成该种产品的生产成本。期间费用特指管理费用、财务费用和销售费用，它们直接计入发生当期的损益，而不计入产品生产成本。

制造业企业在生产经营活动中，会发生各种各样的支出或费用，应严格按照国家统一的

会计制度，根据各种支出或费用的用途，区分是否应计入生产费用或期间费用。凡是在生产经营过程之外发生的非生产经营管理费用，都不应计入成本费用。例如，企业购置和建造固定资产、无形资产和其他资产的支出、对外投资的支出、固定资产盘亏损失和报废清理净损失、非正常原因造成的停工损失、自然灾害造成的损失、被没收的财产、支付的滞纳金、违约金、罚款等，以及赞助和捐赠支出、为销售产品缴纳的消费税等，都不应计入产品生产费用或期间费用。

2. 正确划分生产费用与期间费用的界限

生产费用和期间费用具有不同的性质。生产费用形成产品成本，并在产品销售后作为产品销售成本计入销售当期的损益；而当月投产的产品不一定当月完工，当月完工的产品也不一定当月销售，因而当月的生产费用不一定计入当月损益。本月发生的销售费用、管理费用和财务费用等期间费用，则直接计入当月损益。因此，为了正确计算产品成本和期间费用，正确计算企业各月份的损益，必须正确地划分生产费用和期间费用的界限。应当防止混淆生产费用与期间费用的界限，借以调节各月产品成本和各月损益的错误做法。

3. 正确划分各月份的生产费用和期间费用界限

为了按月分析和考核成本计划和期间费用的执行情况及结果，正确计算产品生产成本和各月损益，还必须正确划分各月份的生产费用和期间费用界限。为此应该贯彻权责发生制原则，正确地核算摊提费用。为了简化核算工作，按照重要性原则对数额较小的应该跨期摊销和预提的费用，也可以将其全部计入支付月份的生产费用或期间费用，而不作为摊提费用处理。正确划分各月份的生产费用和期间费用界限，是保证成本核算正确的重要环节；但应当防止利用待摊和预提的办法，人为地调节各月生产费用和期间费用，人为地调节产品生产成本和各月损益的错误做法。

4. 正确划分各种产品的生产费用界限

如果企业生产的产品不止一种，那么，为了正确地计算各种产品的生产成本，必须将应计入本月产品成本的生产费用在各种产品之间正确地进行划分。凡属于某种产品单独发生，能够直接计入该种产品的生产费用，均应直接计入该种产品的生产成本；凡属于几种产品共同发生，不能直接计入某种产品的生产费用，则应采用适当的分配方法，分配计入这几种产品的成本。但应该防止在盈利产品与亏损产品之间、可比产品与不可比产品之间任意转移生产费用，借以掩盖成本超支或以盈补亏的错误做法，以确保各种产品成本的真实性。

5. 正确划分完工产品与在产品的生产费用界限

在月末计算产品成本时，如果某种产品已全部完工，那么，这种产品的各项生产费用之和就是这种产品的完工产品成本；如果某种产品均未完工，那么，这种产品的各项生产费用之和，就是这种产品的月末在产品成本；如果某种产品既有完工产品，又有在产品，则应将这种产品的各项生产费用，采用适当的分配方法在完工产品与月末在产品之间进行分配，分别计算完工产品成本和月末在产品成本。但应该防止任意提高或降低月末在产品成本，人为地调节完工产品成本的错误做法。

以上五个方面费用界限的划分过程，也就是产品生产成本的计算和各项期间费用的归集过程。在这一过程中，应贯彻受益原则，即何者受益，何者负担费用，何时受益，何时负担费用；负担费用的多少应与受益程度的大小成正比。

例1 利丰公司20××年7月份有关支出情况如下：

① 购买一项非专利技术，支付6 000元。

② 预提本月银行短期借款利息 5 000 元。

③ 支付厂部管理人员工资及福利费、办公级、差旅费等 200 000 元。

④ 本月支付罚款、滞纳金等 2 000 元。

⑤ 产品销售过程中发生的广告费、展览费、包装费、专设销售机构人员工资、福利费等共计 80 000 元。

⑥ 本月生产甲、乙两种产品。其中，甲产品发生直接费用 64 000 元，乙产品发生直接费用 36 000 元。共计 100 000 元。

⑦ 本月车间一般消耗材料 6 000 元，车间管理人员工资及福利费 3 000 元，车间管理人员办公费等 2 000 元，共 11 000 元。

⑧ 月末，甲产品尚有在产品 20 件，其单位在产品成本为 700 元，乙产品全部完工。

⑨ 本月制造费用分配比例为：甲产品 60%，乙产品 40%。

根据上述资料，现分析计算如下：

① 本月应计入成本费用＝5 000＋200 000＋80 000＋100 000＋11 000＝336 000（元）

② 本月应计入产品成本的费用＝100 000＋11 000＝111 000（元）

③ 本月应计入甲产品成本的费用＝64 000＋11 000×60%＝70 600（元）

④ 本月应计入乙产品成本的费用＝36 000＋11 000×40%＝40 400（元）

⑤ 本月完工的甲产品总成本＝70 600－20×700＝56 600（元）

⑥ 本月完工的乙产品总成本＝40 400（元）

将上述各项费用列表，见表 6-1 所示。

表 6-1　某企业 7 月份费用界限划分表

应计入产品成本或期间费用的支出 336 000 元			不应计入产品成本或期间费用的支出 6 000 元
本月计入产品成本或期间费用的支出 336 000 元		以后各期应计入成本、费用的支出 0 元	
应计入产品成本 111 000 元		期间费用 285 000 元	
应计入甲产品成本 70 600 元	期间费用 285 000 元		
甲产品完工产品成本 56 600 元	甲产品月末在产品成本 14 000 元	乙产品完工产品成本 40 400 元	

（三）正确确定财产物资的计价和价值结转方法

企业财产物资计价和价值结转方法主要包括：固定资产原值的计算方法、折旧方法、折旧率的种类和高低，固定资产修理费用是否采用待摊或预提方法以及摊提期限的长短；固定资产与低值易耗品的划分标准；材料成本的组成内容、材料按实际成本进行核算时发出材料单位成本的计算方法、材料按计划成本进行核算时材料成本差异率的种类、采用分类差异时材料类别的大小等；低值易耗品和包装物价值的摊销方法、摊销率的高低及摊销期限的长短等。为了正确计算成本，对于各种财产物资的计价和价值的结转，应严格执行国家统一的会计制度。各种方法一经确定，应保持相对稳定，不能随意改变，以保证成本信息的可比性。

（四）做好各项基础工作

为了保证成本核算的质量，企业应重视建立健全有关成本核算的原始记录，制订必要的消耗定额，建立健全材料的计量、收发、领退和盘点制度，制订内部结算价格和结算办法。这是做好成本核算的基础。

1. 建立健全原始资料记录制度

对于企业生产经营过程中原材料、燃料、动力、工时的消耗，费用的开支，在产品、自制半成品在企业内部的转移以及产成品的验收和发出，都必须建立原始记录、凭证并及时登记。还要确定凭证的合理传递程序，为正确计算产品成本提供可靠的资料。

原始记录的内容一般包括：反映产品产量和质量的记录，即生产记录；反映劳动消耗的记录，即工时记录；反映物资消耗的记录；反映产品入库和发出的记录及其他有关原始记录。各种原始记录的填写，应做到全面、准确，书写清楚，签署齐全，并按规定的程序依次传递、审核、登记入账。

2. 建立健全材料物资的计量、收发、领退和盘点制度

企业中各种材料物资以及半成品、产成品的验收、领取都应进行准确的计量、填制和相应的凭证，并据以进行会计核算。企业一方面要配备各种必要的计量器具，并经常进行校正和维修；另一方面应建立健全各种存货验收、领退手续和制度，明确责任分工，以保证成本核算正确。仓库、车间、班组内的物资应按规定进行定期和不定期的清查盘点，防止丢失、积压、损失变质和被贪污、盗窃。做好上述工作，不仅有利于正确计算产品成本，而且有利于加强生产管理和物资管理，保护企业财产的安全完整。

3. 建立健全定额管理制度

消耗定额是指某种产品或某个部门在当前设备条件、技术水平下，需要耗费人力、物力、财力的数量标准，它包括材料物资消耗定额、工时定额和费用定额等。企业应根据当前设备条件、技术水平，充分考虑职工的积极因素，凡能制订定额的各项耗费，都应制订定额。先进可行的消耗定额是对产品成本进行预测、控制、考核的依据。随着生产的发展，技术的进步，劳动生产率的提高，还应不断修订消耗定额，以保证定额的先进可行，充分发挥其在控制生产耗费与加强管理上的积极作用。

4. 建立健全内部结算制度

内部结算价格是指企业内部各单位之间在生产经营过程中相互提供材料、产品、劳务等进行结算所采用的计价标准。一般以计划单位成本为基础。例如，供应部门向各生产车间、在建工程等供应材料，机修车间、运输部门向各生产车间、管理部门提供辅助产品或劳务，采用分步法结转半成品成本时，上一加工步骤将生产的自制半成品转移到下一加工步骤继续加工等，都需进行价格结算。确定合理的内部结算价格，不仅是正确计算产品成本的重要保证，也是分清各责任单位的经济责任，审核其经济效益的重要环节。

（五）选择适当的成本计算方法

产品生产成本是在生产过程中形成的，产品的生产工艺过程、生产组织和管理要求不同，所采用的产品成本计算方法也应该有所不同。因此，企业只有按照产品生产特点和管理要求，选用适当的成本计算方法，才能正确及时地计算产品成本，为成本管理提供有用的成本信息。

二、成本核算的一般程序

成本核算的一般程序是指对企业在生产经营过程中发生的各项生产费用和期间费用，按照成本核算的要求，逐步进行归集和分配，最后计算出各种产品的生产成本和各项期间费用的基本过程。根据前述的成本核算要求和生产费用、期间费用的分类，可将成本核算的一般程序归纳如下：

从生产费用发生开始，到算出完工产品总成本和单位成本为止的整个成本计算的步骤。成本核算程序一般分为以下几个步骤。

（1）生产费用支出的审核　对发生的各项生产费用支出，应根据国家、上级主管部门和本企业的有关制度、规定进行严格审核，以便对不符合制度和规定的费用，以及各种浪费、损失等加以制止或追究经济责任。

（2）确定成本计算对象和成本项目，开设产品成本明细账　企业的生产类型不同，对成本管理的要求不同，成本计算对象和成本项目也就有所不同，应根据企业生产类型的特点和对成本管理的要求，确定成本计算对象和成本项目，并根据确定的成本计算对象开设产品成本明细账。

（3）进行要素费用的分配　对发生的各项要素费用进行汇总，编制各种要素费用分配表，按其用途分配计入有关的生产成本明细账。对能确认某一成本计算对象耗用的直接计入费用，如直接材料、直接工资，应直接记入"生产成本——基本生产成本"账户及其有关的产品成本明细账；对于不能确认某一费用，则应按其发生的地点或用途进行归集分配，分别记入"制造费用"、"生产成本——辅助生产成本"和"废品损失"等综合费用账户。

（4）进行综合费用的分配　对记入"制造费用"、"生产成本——辅助生产成本"和"废品损失"等账户的综合费用，月终采用一定的分配方法进行分配，并记入"生产成本——基本生产成本"以及有关的产品成本明细账。

（5）进行完工产品成本与在产品成本的划分　通过要素费用和综合费用的分配，所发生的各项生产费用的分配，所发生的各项生产费用均已归集在"生产成本——基本生产成本"账户及有关的产品成本明细账中。在没有产品的情况下，产品成本明细账所归集的生产费用即为完工产品总成本；在有在产品的情况下，就需将产品成本明细账所归集的生产费用按一定的划分方法在完工产品和月末在产品之间进行划分，从而计算出完工产品成本和月末在产品成本。

（6）计算产品的总成本和单位成本　在品种法、分批法下，产品成本明细账中计算出的完工产品成本即为产品的总成本；在分步法下，则需根据各生产步骤成本明细账进行顺序逐步结转或平行汇总，才能计算出产品的总成本。以产品的总成本除以产品的数量，就可以计算出产品的单位成本。

第三节　生产成本的核算

成本计算的主要任务，是按要求计算产品成本，并为成本管理提供必要的资料。成本会计所设置的会计科目，就是为了完成成本计算的任务。

一、生产成本需设置的账户

为了总分类核算，应设立"生产成本"总账科目。为了分别核算基本生产成本和辅助生产成本，还应在该总账科目下，分别设立"基本生产成本"和"辅助生产成本"两个二级科目。除此，还要设置"制造费用"、"销售费用"、"管理费用"、"财务费用"等科目，如果需要单独核算废品损失，还应设置"废品损失"科目。下面将分别加以介绍。

（一）"基本生产成本"总账账户及其明细账的设立

基本生产是指为完成企业主要生产目的而进行的产品生产。"基本生产成本"总账账户是为了归集基本生产过程中所发生的各种生产费用和计算基本生产产品成本而设立的。基本生产所发生的各项费用，记入该账户的借方；完工入库的产品成本，记入该账户的贷方；该账户的余额，就是基本生产在产品的成本。该账户应按产品品种等成本计算的对象分设基本生产成本明细账，该账户也称产品成本明细账或产品成本计算单。账户应按成本项目分设专栏或专行，登记各种产品的各成本项目的月初在产品成本、本月发生的生产费用、本月完工产品成本和月末在产品成本。其格式见表 6-2 和表 6-3 所示。

表 6-2　基本生产成本明细账（一）

产品名称：A产品

车间名称：第一车间　　　　　　　　20××年 7 月　　　　　　　　单位：元

月	日	摘　要	数量	成本项目			合计
				直接材料	直接人工	制造费用	
7	31	本月生产费用		30 000	25 000	9 000	64 000
	31	本月完工产品成本	100	30 000	25 000	9 000	64 000
	31	完工产品单位成本		300	250	90	640

表 6-3　基本生产成本明细账（二）

产品名称：B产品

车间名称：第二车间　　　　　　　　20××年 7 月　　　　　　　　单位：元

月	日	摘　要	数量	成本项目			合计
				直接材料	直接人工	制造费用	
7	1	月初在产品成本		4 600	3 800	2 300	10 700
	31	本月生产费用		28 400	21 600	2 120	52 120
	31	生产费用累计		33 000	25 200	4 420	62 620
	31	本月完工产品成本	200	22 000	24 000	4 200	50 200
	31	完工产品单位成本		110	120	21	251
	31	月末在产品成本		11 000	1 200	220	12 392

（二）"辅助生产成本"总账账户及其明细账的设立

辅助生产是指为基本生产部门、企业管理部门和其他部门提供劳务或产品的生产，例如工具、模具、修理用备件等产品的生产和修理、运输等劳务的供应等。辅助生产提供的产品或劳务，有时也对外销售，但这不是它的主要目的。辅助生产所发生的各项费用，记入"辅助生产成本"总账账户的借方；完工入库产品的成本或分配转出的劳务费用，记入该账户的贷方；该账户的余额，就是辅助生产在产品的成本。该账户应按辅助生产车间和生产的产品、劳务分设辅助生产成本明细账，账户按辅助生产的成本项目或费用项目分设专栏或专行进行登记。

二、"制造费用"账户

为了核算生产单位在生产过程中为组织和管理生产成本发生的各项生产费用，应设立"制造费用"科目，该科目的借方登记实际发生的制造费用；贷方登记分配转出的制造费用；除季节性生产企业外，该科目月末应无余额。"制造费用"账户应按车间、部门设置明细分类账，账内按费用项目设立专栏进行明细登记。

三、"管理费用"账户

为了核算企业行政管理部门为组织和管理生产经营活动而发生的费用，应设置"管理费用"账户。其借方登记企业发生的各项管理费用；贷方登记转入"本年利润"账户借方的数额。期末结转后无余额。该账户按费用项目设置多栏式明细账，进行明细核算。

四、"财务费用"账户

为了核算企业为筹集生产经营所需资金而发生的费用，包括利息支出、汇兑损失以及相关的手续货等，应设置"财务费用"账户。其借方登记企业发生的各项财务费用；贷方登记冲减财务费用的项目及期末转入"本年利润"账户借方的数额。期末结转后无余额。该账户按费用项目设置多栏式明细账，进行明细核算。

五、"销售费用"账户

为了核算企业在产品销售过程中所发生的各项费用，应设置"销售费用"账户，该账户的借方登记实际发生的各项销售费用；贷方登记期末转入"本年利润"账户的销售费用；期末结转后该账户应无余额。该账户按费用项目设置多栏式明细账，进行明细核算。

六、"废品损失"账户

需要单独核算废品损失的企业，应设置"废品损失"科目。该科目的借方登记不可修复废品的生产成本和可修复废品的修复费用；贷方登记期末转入"本年利润"科目的产品销售费用；期末结转后该科目应无余额。"废品损失"科目应按车间设置明细分类账，账内按产品品种分设专户，并按成本项目设置专栏或专行进行明细登记。

为了在具体讲述工业企业成本核算以前，能够对其财务处理有一个总括的了解，列出其财务处理的基本程序，如图 6-1 所示。

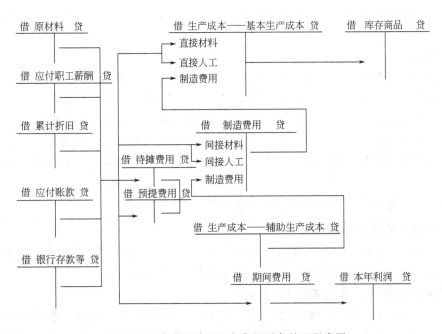

图 6-1　生产费用分配和归集的财务处理程序图

第四节　产品成本计算方法

一、成本计算方法的含义

成本计算，就是对实际发生各种费用的信息进行处理。计算成本总是计算某个具体对象的成本。而企业规模有大有小，经营性质和项目各不相同，因而如何组织成本的计算，如何确定成本计算对象，只能具体问题具体分析，依实际情况而定。而一个企业发生的费用种类繁多，制造某个对象的过程又是由各个部门、各项生产要素密切配合，经过很多环节才最终形成的。所以，记录归类汇集和分配企业发生的各种生产费用，是一项比较复杂的工作。

二、产品成本计算的基本方法

（一）品种法

品种法是以各种产品作为成本计算对象，归集生产费用，计算产品总成本和单位成本的成本计算方法。品种法主要适用于大量大批单步骤生产的企业，如发电、发掘、供水、磨粉等行业，也适用于一些在管理上不要求分步骤提供产品成本信息的，大量大批多步骤生产的企业，如糖果厂、饼干厂、小造纸厂等。基本生产成本计算实体是各品种产品的产成品，其成本计算期是月份（与会计报告期一致）。由于品种法在传统上主要应用于生产工艺过程相对简单的生产企业，故品种法也称为简单法。

（二）分批法

分批法是以各批产品作为成本计算对象，归集生产费用，计算产品总成本和单位成本的成本计算方法。由于采用分批法的企业常常是根据购买单位的订单作为不同的批别来组织生产的，所以分批法又称为订单法。它主要适用于单件小批多步骤复杂生产的企业，如重型机械制造、船舶制造、专用设备制造等企业，也适用于除主要产品生产以外的修理作业、自制设备、新产品试制或实验等。另外，在某些按单件小批组织生产、管理上又要求分批计算成本的单步骤简单生产的企业，也可以采用分批法。其成本计算实体是各批产品的产成品，成本计算期是各批产品的生产周期。

（三）分步法

分步法是以各步骤产品作为成本计算对象，归集生产费用，计算半成品与产成品总成本和单位成本的成本计算方法。分步法主要适用于大量大批连续式多步骤复杂生产类型的企业，如造纸、水泥、冶金、纺织工业等。在某些大量流水线生产的装配式复杂生产的企业，也可以采用分步法来计算产品成本，以便及时地计算出对外出售半成品的成本，加强成本管理。其成本计算实体是各步骤产品的半成品和产成品，其成本计算期是月份（与会计报告期一致）。

综上所述，可将产品成本计算的主要方法归类如表6-4所示。

三、产品成本计算方法的应用

在实际工作中，应根据企业不同的生产特点和管理要求，并考虑到企业的规模和管理水平等具体条件，从实际出发对上述各种成本计算方法灵活加以运用。

（一）几种产品成本计算方法的同时应用

一个企业的各个生产车间，如果生产类型不同，可同时采用不同的成本计算方法。例如，基本生产车间生产大量大批多步骤的产品，辅助生产车间生产大量大批单步骤的产品，

表 6-4　成本计算对象的确定与成本计算基本方法的形成

生产组织特点	生产工艺过程	成本管理要求	成本计算对象要素			成本计算基本方法
			计算主体	计算期	计算实体	
大量大批	单阶段生产	全厂核算成本	全厂	某月份	生产的某种产成品	品种法
	多阶段生产	不要求按阶段核算成本				
		要求按阶段核算成本	各个步骤（车间）	某月份	生产的半成品与产成品	分步法
单件小批	单阶段或多阶段生产	全厂核算成本	全厂	某件或某一批产品的生产周期（从开工到完工）	产成品	分批法

在这种情况下，对基本生产车间可采用分步法计算产品成本，而对辅助生产车间可采用品种法计算产品成本。

一个企业或一个车间的各种产品可同时采用不同的成本计算方法。例如瓷器厂生产各种瓷器，有的已经定型，且大量大批生产，可采用分步法计算产品成本；有的正在试制或刚刚试制成功，只能单件、小批生产，则应采用分批法计算成本。

（二）几种产品成本计算方法的结合应用

在实际工作中，即使是一种产品，它的各个生产步骤、各种半成品和成本项目之间，其生产持点和管理要求也不完全相同，因而在一种产品中可能将几种成本计算方法结合起来使用。

一种产品的不同生产步骤，由于生产特点和管理要求不同，可以用不同的成本计算方法。例如，小批、单件生产的大型机械厂、铸造车间可采用品种法计算铸件的成本；加工、装配车间可采用分批法计算各批产品的成本；而在铸造车间和加工、装配车间，则可来用逐步结转分步法结转铸件的成本；若加工车间和装配车间之间要求分步骤计算成本，但加工车间不要求计算半成品成本，则在加工车间和装配车间之间可采用平行结转分步法结转成本。这样，该厂就在分批法的基础上，结合采用了品种法和分步法。

在一种产品的不同零件、部件之间，由于管理要求不同，也可以用不同的成本计算方法。例如，某种产品由若干零件、部件组装而成，其中不需对外出售的零件、部件不要求单独计算成本；经常对外销售的零件、部件，管理上要求用适当的成本计算方法单独计算成本。

一种产品的不同成本项目，可以结合采用不同的成本计算方法。例如，大量大批多步骤生产的某种产品，该产品原材料费用比重较大，原材料费可采用逐步结转分步法，分步计算该产品的原材料费用；其他比重较小的成本项目，则可采用品种法等适当的成本计算方法。

综上所述，企业实际情况复杂，因而所采用的成本计算方法也是多种多样的。为了便于企业进行各种成本资料的分析、考核和对比，防止企业利用成本计算方法的改变，人为调节各期成本与利润，企业的成本计算方法一经确定，不应随意变更。

本 章 小 结

本章主要介绍了工业企业成本计算的基本内容，采购费用的分配及入库材料成本的组成内容；产品生产成本应包含的成本项目及制造费用的分配结转、产品成本的计算；还包括了入库材料成本、完工产品成本和已销产品成本的核算和结转的账务处理。

复习思考

1. 单项选择题

（1）制造费用明细账一般采用借方多栏式，在账页内要按着（　　）设置专栏。

A. 生产车间　　　　B. 产品品种　　　　C. 费用用途　　　　D. 费用项目

（2）一次从某地采购两种以上材料时，所发生的采购费用应当按（　　）在各种材料之间进行分配。

A. 采购数量　　　　B. 购买价格　　　　C. 价值大小　　　　D. 路程远近

（3）生产成本明细账一般采用（　　）的格式。

A. 三栏式　　　　B. 多栏式　　　　C. 数量金额式　　　　D. 借方多栏式

2. 多项选择题

（1）分配结转制造费用的关键是计算制造费用分配率，计算制造费用分配率时可用作分配标准的是（　　）。

A. 工资总额　　　　B. 基本生产工人工资　　C. 生产工时

D. 机器工时　　　　E. 设备台时

（2）分配结转制造费用时正确的记账方向和科目是（　　）。

A. 借：制造费用　　B. 贷：制造费用　　C. 借：生产成本

D. 贷：生产成本　　E. 贷：管理费用

（3）已销产品的销售成本＝销售数量×单位制造成本，但各批完工产品的单位成本可能不同，为此要计算平均单位成本，计算发出产品平均单位成本的方法可以是（　　）。

A. 先进先出法　　　B. 后进先出法　　　C. 加权平均法

D. 移动加权平均　　E. 个别计价法

3. 判断题

（1）生产产品发生的制造费用都必须经过分配后才能计入产品成本。（　　）

（2）"主营业务成本"账户用来核算已经销售的产品成本，是成本类账户。（　　）

（3）"生产成本"和"制造费用"属于成本计算的账户。（　　）

4. 思考题

（1）为了正确、规范地进行成本核算，企业应该做好哪些基础工作？

（2）简述产品成本项目包括的主要内容。

（3）试述费用按经济内容的分类。

（4）生产费用要素与产品成本项目各自的具体内容是什么？区分生产费用要素与产品成本项目的作用何在？

（5）生产过程核算应如何设置账户和确定核算程序？

（6）成本核算的一般程序是什么？在成本核算问题上，成本会计和财务会计是如何结合和分工的？

5. 业务题

习题一

一、目的：练习制造费用分配的核算。

二、资料：

利丰公司某月份某车间发生如下经济业务：①5 日，修理机器领用配件 7 000 元；②8 日，领用办公用品 600 元；③15 日，发放劳动保护用品 17 000 元；④30 日，车间管理人员工资 5 000 元，同时按 14％ 的比例计提职工福利；⑤30 日，支付一般用水费 540 元，⑥30 日，支付照明用电费 2 000 元。

基本生产工人工资 260 000 元，其中甲产品工人工资 120 000 元，乙产品工人工资 140 000 元。

三、要求：（1）根据以上经济业务编制会计分录并据资料登记制造费用明细账；

（2）以生产工人工资比例为标准分配制造费用并结转制造费用。

制造费用明细账

月	日	摘要	薪酬	办公费	修理费	水费	电费	劳保费	……	合计

制造费用分配表

产品	分配标准（工资）	分配率	应分配金额
甲产品			
乙产品			
合计			

习题二

一、目的：练习生产成本明细账的登记。

二、资料：利丰公司基本生产车间同时生产 A、B 两种产品，期初余额、期末余额及产量资料如下。

产品相关资料
单位：元

项 目		直 接 材 料	直 接 人 工	制 造 费 用	合 计
期初余额	A产品	30 000	25 000	10 000	65 000
	B产品	40 000	20 000	25 000	85 000

本月生产产品共发生如下费用：①领用原材料 230 000 元，其中 A 产品耗用 110 000 元，B 产品耗用 120 000 元；②人工费用 150 000 元，其中 A 产品工人工资 70 000 元，B 产品工人工资 80 000 元；③按工资总额的 14％ 计提职工福利费；④分配转入的制造费用 A 产品 65 000 元，B 产品 86 000 元。

三、要求：

（1）根据以上经济业务编制会计分录；

（2）登记 AB 产品基本生产成本明细账；

（3）编制成本计算单。

A产品生产成本明细账

月 日	凭证	摘　要	直接材料	直接人工	制造费用	合　计
（略）	（略）	期初余额				
		生产领用材料				
		计算结转工资				
		计提职工福利				
		结转制造费用				
		本月生产费用合计				
		全部生产费用合计				

B产品生产成本明细账

月 日	凭证	摘　要	直接材料	直接人工	制造费用	合　计
（略）	（略）	期初余额				
		生产领用材料				
		计算结转工资				
		计提职工福利				
		结转制造费用				
		本月生产费用合计				
		全部生产费用合计				

第七章 账户的分类

本章学习目的

- 了解会计账户分类的意义、作用和标志
- 理解各类账户之间的区别和联系
- 掌握账户按经济内容和用途、结构的分类

导入案例 ▶▶▶

　　某大学会计专业大一年级一个学习小组在讨论会计课程的学习体会时，某同学说："我感觉会计分录的编制在确定用什么账户时比较困难，会计主体的会计事项涉及几十个会计账户，利用会计账户反映会计要素的增减变化时，我隐约觉得它们之间有许多共性的东西，但又说不出来，我很着急。"他的发言得到了大家的认同。于是就请了师兄"常学习"来共同参与他们的讨论。师兄"常学习"说道："每个账户都是从某一个侧面反映和监督会计要素的变化情况和变化结果，每个账户都有既定的适用范围和专门用途，各账户之间具有明显的区别，但因其经济业务内容的内在联系和某些账户在使用方法的共同点，决定了各账户之间又是相互联系的，并存在着共性。"大家听了以后似乎有所明白。师兄"常学习"接着说道："不要着急，我在学习会计课程时也有同感，但通过学习了账户按用途和结构的分类，并掌握了账户运用的规律性后，这个问题就得到了解决。"大家一致表示下次小组讨论会还邀请他来参加。师兄"常学习"愉快地接受了邀请。请思考并回答以下问题：

　　（1）为什么要研究账户按用途和结构的分类？

　　（2）你们班能否也经常组织一些学习体会的讨论？

资料来源：百度文库—高等教育—会计学，作者略有删改。

　　为了正确地设置和运用账户，就需要从理论上进一步了解和认识各个账户的核算对象、具体结构和用途以及其在整个账户体系中的地位和作用，在此基础上掌握它们在提供核算指标方面的规律性，这就是账户进行分类的意义所在。

第一节　账户按经济内容分类

　　所谓账户分类是指对账户按性质、核算内容、用途和结构进行的归类。账户分类的主要方法有两种，即：按经济内容分类；按用途和结构分类。其中，按经济内容分类又是账户分类的基础。

　　账户是反映经济业务的工具，因此任何一个账户都有明确的经济内容。账户的经济内容是指每一个账户所反映的会计对象的具体内容，即反映企业资金运动的某一方面。账户按经济内容分类，具体地说，就是按会计要素分类。我国《企业会计准则》将会计对象的具体内

容分为六大会计要素：资产、负债、所有者权益、收入、费用和利润。账户按所反映的经济内容，一般可分为六大类：资产类账户、负债类账户、共同类账户、所有者权益类账户、成本类账户、损益类账户。

一、资产类账户

资产类账户反映企业各项资产增减变动的状况和结果。按照资产的流动性，这类账户又可分为两类：反映流动资产的账户和反映非流动资产的账户。

（一）反映流动资产类的账户

这类账户反映可以在一年或超过一年的一个营业周期内变现或耗用的资产。按流动资产在生产经营活动中存在的不同形态和作用，反映流动资产的账户又可进一步分为以下几类。

（1）反映货币资金的账户　如"库存现金"、"银行存款"、"其他货币资金"等。

（2）反映短期投资的账户　如"交易性金融资产"。

（3）反映结算债权的账户　如"应收票据"、"应收账款"、"预付账款"、"其他应收款"等。

（4）反映待摊费用的账户　如"长期待摊费用"等。

（5）反映存货的账户　如"材料采购"、"在途物资"、"原材料"、"周转材料"、"库存商品"等。

（二）反映非流动资产的账户

包括长期投资、固定资产、无形资产和其他长期资产等的财产、债权和其他权利的账户。如："长期股权投资"、"持有至到期投资"、"固定资产"、"无形资产"等。

二、负债类账户

负债类账户反映各项负债增减变动的状况和结果。按其流动性可以分为两类：反映流动负债的账户和反映非流动负债的账户。

（一）反映流动负债的账户

这类账户反映将在一年或超过一年的一个营业周期内偿还的债务。包括"短期借款"、"应付票据"、"应付账款"、"预收账款"、"应付职工薪酬"、"应付股利"、"应付利息"、"应交税费"、"其他应付款"等。

（二）反映非流动负债的账户

反映偿还期在一年或超过一年的一个营业周期以上的负债。包括"长期借款"、"应付债券"、"长期应付款"等。

三、共同类账户

共同类账户是具有双重性的账户，这一类账户视其余额在哪一方，再确定账户的性质。如果期末为贷方余额，则为负债、所有者权益类账户；如果期末为借方余额，则为资产类账户。共同类账户有"衍生工具"、"套期工具"、"被套期项目"等账户。这类账户主要在金融企业使用。

四、所有者权益类账户

所有者权益类账户反映所有者在企业资产中享有的经济利益。所有者权益按照来源和构成的不同，可以再分为投入资本类账户和留存收益类账户。

（一）投入资本类账户

投入资本类账户反映投资人对企业原始投入的资本，以及投资本身引起的增值。包括"实

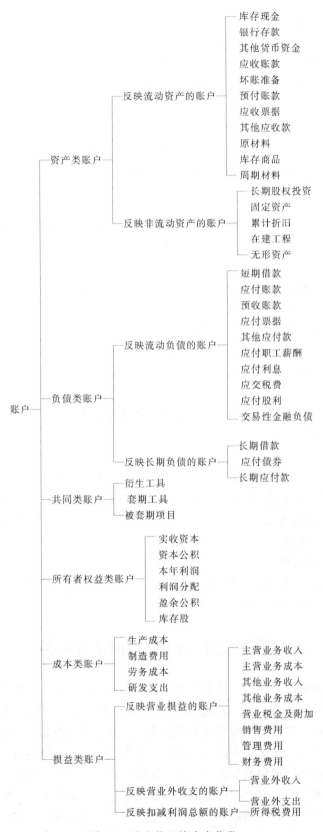

图 7-1 账户按经济内容分类

收资本"、"资本公积"等账户。

（二）留存收益类账户

留存收益类账户是反映企业在经营过程中形成盈利而增加的公积金和未分配利润或发生亏损而减少的所有者权益。包括"盈余公积"、"本年利润"、"利润分配"等。

五、成本类账户

成本类账户是反映企业在生产经营过程中各成本计算对象的费用归集、成本计算情况的账户。它针对一定成本计算对象（如某产品、某生产步骤等），表明了由此发生的企业经济资源的耗费。包括"生产成本"、"制造费用"、"劳务成本"等。

六、损益类账户

损益类账户是反映企业某一会计期间的一切经营活动和非经营活动及其他活动中所引起的经济利益的总流入，该类账户可分为以下几类。

（一）收入类账户

收入类账户反映企业在某一会计期间经营业务活动及其他活动中所引起的经济利益的总流入。该类账户可分为以下三类。

（1）基本业务收入类账户　如"主营业务收入"账户。

（2）其他业务收入类账户　如"其他业务收入"账户。

（3）非经营性收入类账户，如"投资收益"、"营业外收入"账户。

（二）费用类账户

费用类账户包括企业在某一会计期间经营业务活动及其他活动中所发生的经济利益的流出。该类账户分为以下几类。

1. 经营费用类账户

反映企业为取得业务收入而发生的主营业务成本和其他业务成本、在生产经营过程中发生的直接计入损益的期间费用、为取得营业收入和利润而发生的流转税和所得税支出等。如"主营业务成本"、"其他业务成本"、"营业税金及附加"、"销售费用"、"管理费用"、"财务费用"、"所得税费用"等账户。

2. 非经营性费用类账户

反映企业与生产经营无直接关系的各项支出，如"营业外支出"等账户。

账户按经济内容的分类可总括如图7-1所示。

第二节　账户按用途和结构分类

账户按用途和结构分类是在按会计对象要素基础上的进一步分类。账户的用途是指设置的某一账户能够提供什么指标。账户的结构是指设置的某一账户是如何提供会计核算的指标。采用借贷记账法时，账户的结构是指账户的借方、贷方应当登记什么内容，其余额是在借方还是贷方，余额又表示什么经济内容。某些账户按照反映的经济内容划分，属于一类账户，但它们却有着截然不同的用途和结构。如"固定资产"和"累计折旧"账户，按照经济内容划分同属于资产类账户，但"累计折旧"却是用来抵减"固定资产"账户的余额，以求得固定资产净值的账户，二者在用途和结构上完全不同。因此，为了正确地运用账户来记录经济业务，掌握账户在提供核算指标方面的规律性，有必要在对账户按经济内容分类的基础上，进一步研究对账户按其用途和结构的分类。

账户按用途和结构划分，可分为三个大类或九个小类。三个大类是基本账户、调整账户和业务账户，九个小类有盘存账户、结算账户、跨期摊销账户、资本账户、调整账户、成本计算账户、损益计算账户、财务成果计算账户、集合分配账户。现以企业常用的基本账户为例，说明各类账户的特点。

一、基本账户

基本账户是用来反映和监督资产、负债和所有者权益实有数和增减变动情况的账户，这些账户反映的对象是企业经济活动的基础，通常都有余额，其余额均反映在资产负债表上。基本账户主要包括盘存账户、结算账户、跨期摊销账户和资本账户。

（一）盘存账户

盘存账户是用来核算各项财产物资和货币资金的增减变动及其实存数的账户。该类账户的结构是借方登记各项财产物资和货币资金的增加数，贷方登记其减少数，期末余额在借方，表示各项财产物资和货币资金的实存数。主要有库存现金、银行存款、原材料、库存商品、固定资产等账户。盘存账户的结构如下：

借方	盘存账户	贷方
期初余额——期初财产物资或货币资金结存数额 发生额——本期财产物资或货币资金的增加额		发生额——本期财产物资或货币资金的减少额
期末余额——期末财产物资或货币资金结存数额		

（二）结算账户

结算账户是用来核算企业与其他单位或个人发生的结算关系而引起的各种应收款项（债权）和应付款项（债务）的账户。根据不同的账户结构，又可以分为债权结算账户、债务结算账户和债权债务结算账户。

1. 债权结算账户

债权结算账户是用来核算各种债权结算业务的账户。该类账户的结构是借方登记各种债权的增加数，贷方登记各种债权的减少数，余额一般在借方，表示期末尚未收回的债权数。主要有"应收账款"、"其他应收款"、"预付账款"、"应收票据"等账户。债权结算账户的结构如下：

借方	债权结算账户	贷方
期初余额——期初尚未收回应款及未结算的预付款 发生额——本期应收款项的增加额及预付款的增加额		发生额——本期应收款项的增加额及预付款的减少额
期末余额——期末尚未收回应款及未结算的预付款		

2. 债务结算账户

债务结算账户是用来核算各种债务结算业务的账户。由于债务和债权是相对立的，因而该类账户的结构与债权结算账户相反，贷方登记各种债务的增加数，借方登记各种债务的减少数（偿还数），余额一般在贷方，表示期末尚未偿还的债务数。主要有"短期借款"、"长期借款"、"应付账款"、"应付票据"、"应付职工薪酬"、"应交税费"、"预收账款"、"应付股利"、"其他应付款"等账户。债务结算账户的结构如下：

借方	债务结算账户	贷方
发生额——本期应付款及预收款项减少数	期初余额——期初结欠的应付款及未结算的预收款数额 发生额——本期应付款及预收款项增加数	
	期末余额——期末结欠的应付款及未结算的预收款数额	

3. 债权债务结算账户

债权债务结算账户是核算和监督企业与某一单位或个人之间发生的债权和债务往来结算业务的账户，具有双重性质。在实际工作中，与企业经常发生结算业务往来的单位，有时是企业的债权人，有时是企业的债务人。如企业同一单位销售产品，有些款项是预收的，预收款时，企业是该单位的债务人。有些款项是应收未收的，应收未收款时，企业是该单位的债权人。为了集中反映企业同某一单位或个人所发生的债权债务往来结算情况，可以在一个账户中核算应收和应付款的增减变动和余额。债权债务结算账户的借方登记债权的增加数和债务的减少数，贷方登记债务的增加数和债权的减少数，余额可能在借方也可能在贷方。例如，某些企业不单独设置"预收账款"账户，而用"应收账款"账户代替，此时的"应收账款"就是一个债权债务结算账户；当企业不单独设置"预付账款"账户时，用"应付账款"代替，此时"应付账款"账户也是债权债务结算账户。债权债务结算账户的结构如下：

借方	债权债务结算账户	贷方
期初余额——期初债权大于债务的差额 发生额——本期债权增加数或本期债务减少数		期初余额——期初债务大于债权的差额 发生额——本期债务增加数或本期债权减少数
期末余额——期末债权大于债务的差额		期末余额——期末债务大于债权的差额

（三）跨期摊销账户

跨期摊销账户是用来核算和监督应由几个会计期间共同负担的费用，并将这些费用在各个会计期间中进行分摊的账户。企业在生产经营过程中，有些费用是在某一个会计期间支付，但要由几个受益的会计期间共同负担，以正确计算各个会计期间的损益。按照"权责发生制"的原则，为严格划清费用的受益期限，可设置"长期待摊费用"账户。"长期待摊费用"账户属于资产类账户，其借方用来登记费用的实际支出数，贷方用来登记由各个会计期间负担的费用数，期末余额在借方，表示已支付但尚未摊销完毕的长期待摊费用。跨期摊销账户的结构如下：

借方	跨期摊销账户	贷方
期初余额——期初已支付但尚未摊销的长期待摊费用 发生额——本期费用的支付数		发生额——摊销的长期待摊费用
期末余额——已支付但尚未摊销的长期待摊费用		

（四）资本账户

资本账户是用来核算和监督取得资本及公积金的增减变动及其实有情况的账户。该账户的结构是贷方登记各项资本、公积金的增加数或形成数，借方登记减少数或运用，余额在贷方，表示各项资本、公积金的实有数额。资本账户主要有"实收资本"、"资本公积"、"盈余公积"等账户。这类账户的总分类账及其明细账只能提供货币指标。资本账户的结构如下：

借方	资本账户	贷方
发生额——本期资本和公积金的减少额	期初余额——期初资本和公积金的实有额 发生额——本期资本和公积金的增加额 期末余额——期末资本和公积金的实有额	

二、调整账户

调整账户是为表示被调整账户的实际金额而开设的账户。其特点是要同被调整账户结合起来使用，两者形成一对账户。调整账户按调整的方式不同，分为备抵账户、附加账户和备抵附加账户。

（一）备抵账户

备抵账户亦称抵减账户，是用来抵减被调整账户的余额，以求得被调整账户的实际金额。其特点是调整账户和被调整账户的期末余额的方向是相反的，一个在借方，另一个在贷方，如"累计折旧"是"固定资产"账户的调整账户；"坏账准备"是"应收账款"账户的调整账户；"利润分配"是"本年利润"账户的调整账户等。其调整方式可用如下公式表示：

被调整账户借方余额－备抵账户贷方余额＝该项活动的实际余额

被调整账户贷方余额－备抵账户借方余额＝该项活动的实际余额

典型的备抵账户是"累计折旧"，它是用来调整"固定资产"的账户，以求得企业目前所拥有固定资产的净值。

例如，"固定资产"和"累计折旧"账户的关系如下所示：

借	调整账户——累计折旧	贷		借	被调整账户——固定资产	贷
	期末余额	12 000			期末余额	500 000

固定资产的实际余额＝500 000－12 000＝488 000（元）

从以上账户的记录可以得出：固定资产原值 500 000 元，累计折旧 12 000 元，固定资产净值 488 000 元。

（二）附加账户

附加账户是用以增加被调整账户的余额，以求得被调整账户的实际余额。其调整公式为：

被调整账户借（贷）方余额＋附加账户借（贷）方余额＝该项经济活动的实际余额

如"应付债券——债券溢价"账户，其特点是调整账户和被调整账户的期末余额方向是一致的，它与备抵账户正好相反，不是抵减而是增加。

例如，"应付债券——债券溢价"与"应付债券——债券面值"账户的关系如下所示：

借	调整账户——应付债券——债券溢价	贷		借	被调整账户——应付债券——债券面值	贷
	期末余额	10 000			期末余额	100 000

债券实际发行金额＝100 000＋10 000＝110 000（元）

（三）备抵附加账户

备抵附加账户是既可用来抵减又可用来增加被调整账户余额的账户，其特点是兼有备抵账户和附加账户的作用，如"材料成本差异"、"商品进销差价"、"待处理财产损益"等账户。

例如，"原材料"与"材料成本差异"账户的关系如下所示：

（1）

	被调整账户				调整账户	
借方	原 材 料	贷方		借方	材料成本差异	贷方
期末余额	246 000			期末余额	3 200	

式中：

"原材料"账户的借方余额（计划成本）	246 000
加："材料成本差异"账户借方余额（超支数）	＋ 3 200
材料的实际成本	249 200

（2）

	被调整账户				调整账户	
借方	原 材 料	贷方		借方	材料成本差异	贷方
期末余额	246 000				期末余额	3 200

式中：

"原材料"账户的借方余额（计划成本）	246 000
减："材料成本差异"账户借方余额（节约数）	－ 3 200
材料的实际成本	242 800

三、业务账户

业务账户是反映企业在供、产、销过程中业务活动内容的账户，其特点是需要通过计算、分配，对企业经济效益作出评价，主要有集合分配账户、成本计算账户、损益计算账户和财务成果计算账户四类。

（一）集合分配账户

集合分配账户是用来反映企业在经营过程中对某种费用的归集和分配内容的账户，其结构是应归集的费用发生数在借方，应由有关对象负担的费用分配额在贷方，期末一般无余额，如"制造费用"账户。集合分配账户的结构如下：

借方	集合分配账户	贷方
发生额——制造费用的发生额	发生额——制造费用的分配额	
	期末无余额	

（二）成本计算账户

成本计算账户是计算企业某个生产经营过程中全部费用和实际成本的账户，其结构是借方登记某个生产经营过程应负担的费用，贷方登记已转出有关核算对象的实际成本，期末余额在借方，表示尚未结束该过程的有关核算对象的实际成本。主要有"生产成本"、"材料采购"、"在建工程"等账户。成本计算账户的结构如下：

借方	成本计算账户	贷方
期初余额——期初尚未完成某个经营阶段的成本计算对象的实际成本	发生额——结转已完成某个经营阶段的成本计算对象的实际成本	
发生额——汇集经营过程中某个阶段发生的全部费用额		
期末余额——期末尚未完成某个阶段的成本计算对象的实际成本		

成本计算账户除设置总分类账户以外，还应按各个成本计算对象分别设置明细分类账，进行明细分类核算，提供有关成本计算对象的货币指标和实物指标。

（三）损益计算账户

损益计算账户是用来归集企业在生产经营过程中某个会计期间的收入和费用的账户。根

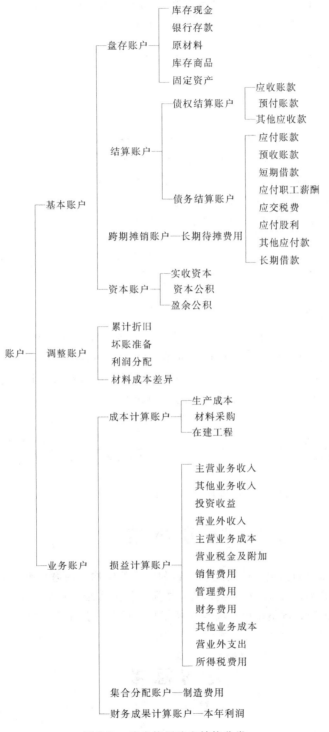

图 7-2　账户按用途和结构分类

据账户的用途和结构,损益计算账户又可分为期间收入账户和期间费用账户两类。

1. 期间收入账户

期间收入账户是专门用于归集企业在经营过程中各项收入的账户。该类账户的贷方登记一定会计期间发生的收入数,借方登记转入"本年利润"账户的数额。由于各项期间收入都要在期末转入"本年利润"账户,所以该类账户期末一般没有余额。主要有"主营业务收入"、"其他业务收入"、"营业外收入"等账户。期间收入账户的结构如下:

借方	期间收入账户	贷方
发生额——转入"本年利润"账户中的数额		发生额——归集本期内各项收入的发生额

期末无余额

2. 期间费用账户

期间费用账户是专门用于归集企业在经营过程中各项费用的账户。该类账户的借方登记一定会计期间发生的费用数,贷方登记转入"本年利润"账户的数额。由于各项期间费用账户要在期末转入"本年利润"账户,所以该类账户期末一般没有余额。主要有"主营业务成本"、"其他业务成本"、"营业外支出"、"营业税金及附加"、"管理费用"、"销售费用"、"财务费用"、"所得税费用"等账户。期间费用账户的结构如下:

借方	期间费用账户	贷方
发生额——归集本期内各项费用的发生额		发生额——转入"本年利润"账户中的数额

期末无余额

(四)财务成果计算账户

财务成果计算账户是反映企业在一定时期内财务成果的形成,计算最终成果内容的账户,其结构是贷方登记由"收入"账户转来的各项收入,借方登记由"费用"账户转来的各项费用支出,其贷方余额表示盈利,借方余额表示亏损,年末转入"利润分配"账户。主要有"本年利润"账户等。财务成果计算账户的结构如下:

借方	财务成果计算账户	贷方
发生额——应计入本期损益的各项费用		发生额——应计入本期损益的各项收益
期末余额——本期发生的亏损		期末余额——本期实现的净利润

企业的账户按用途和结构分类,如图 7-2 所示。

本 章 小 结

本章主要学习了账户的分类,即按经济内容和账户的结构、用途分类。按经济内容可分为资产类、负债类、共同类、所有者权益类六类;按账户用途和结构可分为盘存账户、结算账户、跨期摊销账户、资本账户、调整账户、成本计算账户、损益计算账户、财务成果计算账户和集合分配账户。

复 习 思 考

1. 单项选择题

(1)除"库存现金"和"银行存款"账户之外,其他盘存账户的明细分类账户应能提供

（　　）。

A. 实物指标 B. 金额指标 C. 实物和工时指标 D. 实物和金额指标

（2）"坏账准备"账户按其经济内容分类，属于（　　）类账户。

A. 资产 B. 费用 C. 负债 D. 备抵调整

（3）"制造费用"账户按用途和结构分类属于（　　）账户。

A. 费用 B. 集合分配 C. 成本计算 D. 收入

（4）账户按用途和结构分类，属于资本账户的是（　　）。

A. 银行存款 B. 长期股权投资 C. 盈余公积 D. 应收账户

（5）盘存账户月终如果有余额，应在账户的（　　）。

A. 借方 B. 贷方 C. 借方或贷方 D. 无余额

（6）下列属于按经济内容分类的账户是（　　）。

A. 集合分配账户 B. 资本账户 C. 成本账户 D. 成本计算账户

（7）下列不属于按用途和结构分类的账户是（　　）。

A. 所有者权益账户 B. 资本账户 C. 财务成果计算账户 D. 调整账户

（8）若"固定资产"账户余额为 500 000（借方），"累计折旧"账户余额为 100 000 元（贷方），则固定资产净值为（　　）。

A. 500 000 B. 100 000 C. 600 000 D. 400 000

（9）下列账户中，属于调整账户，但不属于资产账户的是（　　）。

A. 累计折旧 B. 利润分配 C. 坏账准备 D. 材料成本差异

（10）本年利润属于（　　）账户。

A. 资本 B. 集合分配 C. 成本计算 D. 财务成果计算

2. **多项选择题**

（1）债权债务结算账户借方登记（　　）。

A. 债权的增加数 B. 债权的减少数 C. 债务的增加数 D. 债务的减少数

（2）被调整账户的实际数额，等于被调整账户的余额与（　　）。

A. 附加账户余额之和 B. 附加账户余额之差

C. 备抵账户余额之和 D. 备抵账户余额之差

（3）下列账户中（　　）一般没有余额。

A. 集合分配账户 B. 收入账户 C. 跨期摊销账户 D. 费用账户

（4）下列账户中属于损益类账户的有（　　）账户。

A. 管理费用 B. 财务费用 C. 制造费用 D. 销售费用

（5）"预付账款"属于（　　）。

A. 资产类账户 B. 负债类账户 C. 盘存账户 D. 结算账户

（6）下列账户中按经济内容划分属于费用类账户，且按用途和结构划分属于费用账户的是（　　）。

A. 制造费用 B. 管理费用 C. 营业外支出 D. 财务费用

3. **判断题**

（1）账户按用途和结构分类是对账户按经济分类的必要补充。（　　）

（2）对每一个账户来讲，期初余额只可能在账户的一方，即借方或贷方。（　　）

（3）按经济内容归为一类的账户，必须具有相同的用途和结构。（　　）

（4）资产类账户的期末余额一般在借方。（　　）

（5）"累计折旧"账户属于资产类账户。（　　）

4. 思考题

（1）账户按经济内容可分为哪几大类？每大类账户又可再分为哪几小类？每小类各举一例。

（2）何谓账户的用途？何谓账户的结构？

（3）账户按用途和结构可分为哪几大类？每大类账户又可再分为哪几小类？每小类各举一例。

（4）什么是盘存账户？它有什么特点？

（5）什么是调整账户？其可以分为哪几类？它们与被调整账户的关系是怎样的？

5. 业务题

习题一

一、目的：练习按经济内容分类账户。

二、资料：利丰公司20××年8月30日有关资料如下。

（1）存放在银行的款项3 568 000元；

（2）存放在出纳处的现金5 000元；

（3）向银行借入的三年期借款1 520 000元；

（4）仓库中存放的待售商品1 445 000元；

（5）房屋、设备等财产5 508 000元；

（6）已付款正在运入途中的材料80 000元；

（7）投资者投入的资本10 000 000元；

（8）商标权价值500 000元；

（9）购入的五年期国库券850 000元；

（10）应付外单位货款150 000元；

（11）预付外单位货款100 000元；

（12）应收外单位货款165 000元；

（13）应交未交的税金60 000元；

（14）从银行借入的三个月借款450 000元；

（15）支付给职工的工资41 000元。

三、要求：根据上述经济业务填写下表。

资　产		负　债		所 有 者 权 益	
账户名称	借方金额	账户名称	贷方金额	账户名称	贷方金额
合　计		合　计		合　计	

习题二

一、目的：练习按用途和结构分类账户。

二、资料：

借方	原材料	贷方
期初余额： 980 000		
本期发生额：2 175 000	本期发生额：2 300 000	
期末余额：		

借方	材料成本差异	贷方
期初余额：10 000		
本期发生额：25 000	本期发生额：22 000	
期末余额：		

借方	应收账款	贷方
期初余额：50 000		
本期发生额：20 000	本期发生额：10 000	
期末余额：		

借方	坏账准备	贷方
	期初余额：200	
本期发生额：400	本期发生额：500	
	期末余额：	

借方	固定资产	贷方
期初余额：3 200 000		
本期发生额：50 000	本期发生额：110 000	
期末余额：		

借方	累计折旧	贷方
	期初余额： 620 000	
本期发生额：12 000	本期发生额： 35 000	
	期末余额：	

三、要求：

（1）指出资料中各账户按用途和结构的分类；

（2）计算各账户的期末余额；

（3）计算原材料的实际成本；计算应收账款净额、固定资产净值。

习题三

一、目的：综合练习账户的分类。

二、资料：某公司在日常会计核算中设置了以下账户。

应收账款、银行存款、短期借款、销售费用、预收账款、本年利润、长期待摊费用、预付账款、库存商品、利润分配、累计折旧、固定资产、管理费用、应付账款、生产成本、制造费用、盈余公积、原材料、实收资本、材料采购、主营业务收入、主营业务成本。

三、要求：将上述账户按经济内容、按用途和结构分类，并将账户名称填入下表相应格内。

分　类	资产类账户	负债类账户	所有者权益类账户	成本类账户	损益类账户
盘存账户					
结算账户					
资本账户					
跨期摊销账户					
集合分配账户					
成本计算账户					
损益计算账户					
财务成果账户					
调整账户					

习题四

一、目的：练习"原材料"账户和"材料成本差异"账户之间的调整关系。

二、资料：企业原材料按照计划成本组织核算，"原材料"账户期末余额为 145 000 元，如果①"材料成本差异"账户为借方余额 3 000 元；②"材料成本差异"账户为贷方余额 2 000 元。

三、要求：分别对上述两种情况计算该企业期末原材料的实际成本，并分析说明上述两个账户之间的关系。

习题五

一、目的：练习"固定资产"和"累计折旧"账户之间的调整关系。

二、企业"固定资产"账户的期末余额为 256 000 元，"累计折旧"账户期末余额为 70 000 元。

三、要求：

（1）计算固定资产净值；

（2）说明"固定资产"账户与"累计折旧"账户之间的关系。

第八章 会 计 凭 证

本章学习目的

- 理解并掌握会计凭证的概念和意义
- 掌握会计凭证的构成要素、分类、填制和取得的要求
- 掌握填制和审核各种会计凭证的要求和方法
- 了解会计凭证作为重要会计档案其传递与保管的要求和作用

导入案例 ▶▶▶

企业的现金应由专职的出纳员保管。现金的收支应由出纳员根据收付款凭证办理，业务办理完毕后，由出纳员在有关的凭证上签字盖章。这是现金收支业务的正常账务处理程序。

但在大连某实业公司，这个正常的账务处理程序却被打乱了。企业的现金由会计人员保管。现金的收支也由会计人员办理。更为可笑的是：该企业的记账凭证也是由出纳员张某先盖好印章，放在会计人员那里，给会计人员作弊提供了可乘之机。

该实业公司会计（兼出纳）邵某就是利用这种既管钱，又管账的"方便"条件，尤其是借用盖好章的记账凭证，编造虚假支出，贪污公款1.4万余元。

资料来源：百度文库—高等教育—会计学，作者略有删改。

会计凭证是整个会计信息系统的基础，填制和审核会计凭证是会计核算的基本方法之一。本章阐述会计凭证的设计、填制方法、审核内容以及传递和保管等内容。要求了解会计凭证的概念和编制会计凭证的意义。掌握会计凭证的分类、会计凭证的填制方法等。

第一节 会计凭证的意义和种类

一、会计凭证的概念及意义

（一）会计凭证的概念

会计凭证是具有一定格式、用以记录经济业务发生和完成情况的书面证明，也是登记账簿的依据，是会计核算的重要资料。

填制和审核会计凭证是会计核算工作的起点，是会计核算的基础工作，企事业单位处理任何一项经济业务都要办理凭证手续，真实、正确地记录和反映经济业务的发生和完成情况，从而保证会计核算的真实性和准确性。会计凭证由执行和完成该项经济业务的有关部门和人员填制或取得，记录经济业务的内容、数量和金额，并在凭证上签名或盖章，对业务的合法性、真实性和正确性负责。所有的会计凭证都要由会计部门审核无误后，才能作为经济业务的证明和记账依据。

（二）会计凭证的意义

正确填制和严格审核会计凭证是检查和监督一切单位经济活动的基础，是把握好财务收支的第一关，对于完成会计任务，发挥会计在经济管理中的作用具有重要意义。

1. 正确填制和审核会计凭证是正确登记账簿的依据

对于任何一项经济业务的发生，都要有关部门和人员按照规定及时填制或取得会计凭证，如实记录经济业务的内容和金额，并要经过严格的审核，才能登记账簿。不准无凭证记账或先记账后补办凭证手续。这就保证了会计记录的客观、真实和正确，防止主观臆断和弄虚作假行为的发生。

2. 正确填制和审核会计凭证是对经济业务的监督和检查

会计凭证记录和反映了经济业务活动的发生、进程和完成情况等具体内容，通过对会计凭证的严格审查，可以检查每笔经济业务是否合理、合法，是否符合有关政策、法令、制度、计划和预算的规定，有无铺张浪费和违纪行为，从而可以严肃财经纪律，限制和防止各种违法行为，充分发挥会计的监督作用。

3. 正确填制和审核会计凭证是加强经济管理岗位责任制的手段

由于一切经济活动都有经办业务的部门和有关人员办理凭证手续，并签字盖章，对此项经济业务的真实性和合法性负有责任，这样就促使有关人员在自己的职责范围内严格按照有关政策、法令、制度、计划和预算办事，一旦出现问题，也便于检查和分清责任，以借助于会计凭证进行正确的裁决和处理。

4. 正确填制和审核会计凭证是企事业单位财产安全和完整的保障

对于企事业单位财产物资的收发、现金的收付，费用的支出，都必须有会计凭证作为依据，否则不能入账，对会计凭证的审核也可以查明各项经济业务是否存在损失和浪费，是否违法乱纪，从而保护企事业单位财产物资的安全和完整。

会计凭证按照其填制程序和用途不同，可分为原始凭证和记账凭证两类。

二、原始凭证的种类

原始凭证是在经济业务发生或完成时取得或填制的，用以记录或证明经济业务的发生或完成情况，明确经济责任，具有法律效力的书面证明，是进行会计核算的原始资料和重要依据。例如，购入商品取得的发货票，领用材料填制的领料单，支出现金取得的收据等都是原始凭证。

1. 原始凭证按其来源不同可分为外来原始凭证和自制原始凭证

① 外来原始凭证是在经济业务发生或完成时，从其他单位或个人直接取得的原始凭证。如采购材料时取得的发货票、出差的住宿发票和车船票等。增值税专用发票的一般格式如表8-1所示。

② 自制原始凭证是指本单位内部具体经办人员的部门和人员，在执行或完成某项经济业务时所填制的、仅供本单位内部使用的原始凭证，如产品入库单、验收材料的收料单、领用材料的领料单等。如表8-2和表8-3所示。

2. 原始凭证按其填制方法不同，可以分为一次原始凭证和累计原始凭证两种

① 一次原始凭证是指在一张凭证上，只反映一项经济业务或反映若干项同类经济业务，凭证填制手续一次完成的各种原始凭证，如领料单、发票等都是一次原始凭证。一次原始凭证能反映一笔经济业务的内容，使用方法灵活，但数量较多，核算麻烦。如表8-4所示。

② 累计原始凭证，用于连续记载一定时期内不断重复发生的同类经济业务，是在一张凭证中多次进行填制才能完成的凭证。为简化填制手续，平时随时登记发生的经济业务，并

表 8-1　增值税专用发票

开票日期：年　月　日　　　　　　　　　　　　No 007289

购货单位	名　称		纳税人登记号										
	地址 电话		开户银行记账号										

	计量单位	数量	单价	金　额									(税率)%	税　额								
				百	十	万	千	百	十	元	角	分		百	十	万	千	百	十	元	角	分
合　计																						

价税合计(大写)	

销货单位	名　称		纳税人登记号	
	地址　电话		开户银行记账号	

表 8-2　产品入库单

交库单位：　　　　　　　　　　　年　月　日　　　　　　　凭证编号：
　　　　　　　　　　　　　　　　　　　　　　　　　　　　产品仓库：

产品编号	产品名称	规格	计量单位	交付数量	检验结果		实收数量	单价	金额
					合格	不合格			

备注：	合计	

记账：　　　　　检验：　　　　　仓库：　　　　　经手：

表 8-3　收料单

　　　　　　　　　　　　　　　　　　　　　　　　　　　　编号：
发票号：册　号　　　　　　　　年　月　日　　　　　　　仓库：

材料类别	材料编号	材料名称及规格	计量单位	数量		单价	金额	供货单位
				发票	实收			

实际成本	买价	运杂费	合计	备注

仓库保管：　　　　　收料：　　　　　记账：　　　　　仓库负责人：

表 8-4　领料单

领料单位：　　　　　　　　　　　　　　　　　　　　　　编号：
用途：　　　　　　　　　　　年　月　日　　　　　　　　仓库：

材料类别	材料编号	材料名称及规格	计量单位	数量		单价	金额
				请领	实领		

备注：	合计	

记账：　　　　　发料：　　　　　审批：　　　　　领料：

计算累计数，期末计算总数后作为记账的依据。如限额领料单就是一种累计原始凭证，如表8-5所示。

表8-5 限额领料单

领料单位：   凭证编号：
用途：   年 月   发料仓库：

材料编号	材料名称及规格	计量单位	领用限额	实际领用			计划产量	单位耗用定额
				数量	单价	金额		

日期	请 领		实 发			退 回			限额结余
	数量	领料单位负责人签章	数量	发料人签章	领料人签章	数量	发料人签章	领料人签章	
合计									

3. 原始凭证按用途不同，可以分为通知凭证、执行凭证和计算凭证三种

① 通知凭证是指要求、指示或命令企业进行某项经济业务的原始凭证，如"罚款通知书"、"收款通知书"、"银行进账单"等。

② 执行凭证是用来证明某项经济业务已经发生或已执行完毕的凭证，也被称为证明凭证。执行凭证大多可以立即据以编制记账凭证，如"收料单"、"发货票"等。

③ 计算凭证也被称为手续凭证，是对已完成的经济业务进行计算而编制的原始凭证。计算凭证一般是为了便于以后记账、了解各项数据来源和产生情况而编制的，如"制造费用分配表"、"产品成本计算单"、"工资计算表"等。如表8-6所示。

表8-6 产品生产成本计算单

20××年3月   单位：元

项 目	A产品		B产品	
	总成本	单位成本	总成本	单位成本
直接材料 直接工资 制造费用				
产品生产成本				

4. 原始凭证按格式不同，分为通用凭证和专用凭证

通用凭证是指全国、省、市或某系统具有统一格式和使用方法的凭证。如银行汇票、由税务部门统一规定使用的发货票等。

专用凭证是指一些单位具有特定内容、格式和专门用途的原始凭证，如"差旅费用报销单"、"工资费用分配表"等。

原始凭证可以按照不同的标准进行分类，如图8-1所示。

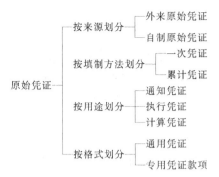

原始凭证 ┬ 按来源划分 ┬ 外来原始凭证
　　　　 │　　　　　 └ 自制原始凭证
　　　　 ├ 按填制方法划分 ┬ 一次凭证
　　　　 │　　　　　　　　└ 累计凭证
　　　　 ├ 按用途划分 ┬ 通知凭证
　　　　 │　　　　　　 ├ 执行凭证
　　　　 │　　　　　　 └ 计算凭证
　　　　 └ 按格式划分 ┬ 通用凭证
　　　　 　　　　　　　└ 专用凭证款项

图 8-1　原始凭证可以按照不同的标准进行分类

第二节　原始凭证的填制和审核

一、原始凭证的基本内容

由于企业的经济业务是多种多样的，原始凭证的记录内容也是多种多样的，各种原始凭证的具体内容和格式也不相同。为充分发挥原始凭证的作用，无论哪一种原始凭证都必须具备一些相同的基本内容，包括：①原始凭证的名称；②填制原始凭证的日期和编号；③填制凭证的单位名称或者填制人的姓名；④经办人员的签名或盖章；⑤接受凭证单位的名称；⑥经济业务的内容摘要；⑦经济业务所涉及的品名、数量、计量单位、单价和金额；⑧原始凭证的附件（经济合同或费用预算）；⑨原始凭证的填制依据。

此外，原始凭证一般还需要载明凭证的附件。原始凭证的上述基本内容，又称原始凭证的基本要素，一般不得缺少，否则，就不能成为具有法律效力的书面证明。

二、原始凭证的填制

原始凭证是根据经济业务活动的执行和完成情况来填制，并具有法律效力的书面证明。在填制时应由填制人员将各项原始凭证要素按规定方法填写齐全，办妥签章手续，明确经济责任。

由于各种凭证的内容和格式千差万别，原始凭证的填制方法也不同。自制原始凭证，一部分是根据经济业务的执行和完成的实际情况直接填制的，如根据实际领用的材料名称和数量填制领料单等；另一部分自制原始凭证是根据账簿记录对某项经济业务加以归类、整理而重新编制的。另外，自制的汇总原始凭证是根据若干张反映同类经济业务的原始凭证定期汇总填列。外来原始凭证是由其他单位或个人填制的。它同自制原始凭证一样，也要具备能证明经济业务的完成情况和明确经济责任所必要的内容。

尽管各种原始凭证的具体填制依据和方法不尽相同，为了保证原始凭证能够正确地、及时地、清晰地反映各项经济业务的真实情况，其填制必须符合下列要求。

1. 内容真实齐全

原始凭证的各项内容，必须与实际情况相符，不允许有任何歪曲或弄虚作假。对于实物的数量、质量和金额，必须经过严格的审核，保证凭证真实可靠。从外单位取得的原始凭证丢失，应取得原签发单位盖有"财务专用章"的证明，并注明原始凭证的号码、金额等内容。详尽地填写齐全，不得遗漏，以确保原始凭证所反映的经济业务真实可靠，符合实际。

2. 手续完备

① 从外单位取得的原始凭证必须盖有填制单位的公章。从个人取得的原始凭证，必须

有填制人员的签章或盖章。自制原始凭证必须有经办单位或其指定人员的签名或盖章。对外开出的原始凭证，必须加盖本单位公章。

② 发生销货退回的，除填制退货发票外，还必须有退货验收证明；退款的，必须取得对方的收款收据或者汇款银行的凭证，不得以退货发票代替收据。

③ 职工公出借款凭据，必须附在记账凭证之后，收回借款时，应当另开收据或者退还借据副本，不得退还原借款收据。

④ 经上级有关部门批准的经济业务，应当将批准文件作为原始凭证附件。如果批准文件需要单独归档的，应当在凭证上注明批准机关名称、日期和文件字号。

⑤ 凡填有大写和小写金额的原始凭证，大写与小写金额必须相符。购买实物的原始凭证必须有验收证明。支付款项的原始凭证必须与收款单位和收款人的收款证明。

3. 书写规范

① 一式几联的原始凭证，应当注明各联的用途，只能以一联作为报销凭证。一式几联的发票和收据，必须用双面复写纸（发票和收据本身具备复写功能的除外）套写，并连续编号。作废时应加盖"作废"戳记，连同存根一起保存，不得撕毁。

② 原始凭证要用蓝色或黑色笔填写，文字、数字书写要规范，应符合下列要求：

a. 阿拉伯数字应当一个一个地写，不得连笔写。阿拉伯金额数字前面应当书写货币币种符号或者货币名称简写符号，如人民币符号"￥"、美元符号"$"。币种符号与阿拉伯金额数字之间不得留有空白。凡阿拉伯数字前写有币种符号的，数字后面不再写货币单位。

b. 所有以元为单位（其他货币种类为货币基本单位，下同）的阿拉伯数字，除表示单价等情况外，一律填写到角分；无角分的，角位和分位可写"00"，或者"—"；有角无分的，分位应当写"0"，不得用符号"—"代替。

c. 汉字大写数字金额如零、壹、贰、叁、肆、伍、陆、柒、捌、玖、拾、佰、仟、万、亿等，一律用正楷或者行书体书写，不得用〇、一、二、三、四、五、六、七、八、九、十等简化字代替，不得任意自造简化字。大写金额数字到元或者角为止的，在"元"或者"角"字之后应当写"整"字或者"正"字，大写金额数字有分的，分字后面不写"整"或者"正"字。

d. 大写金额数字前未印有货币名称的，应当加填货币名称，货币名称与金额数字之间不得留有空白。

e. 阿拉伯数字中间有"0"时，汉字大写金额要写"零"字；阿拉伯数字金额中间连续有几个"0"时，汉字大写金额中可以只写一个"零"字；阿拉伯金额数字元位是"0"，或者数字中间连续有几个"0"、元位也是"0"但角位不是"0"时，汉字大写金额可以只写一个"零"字，也可以不写"零"字。

③ 凭证不得随意涂改、刮擦、挖补。若填写错误需要更正时，一般应重新填写。但提交银行的各种结算凭证的大小写一律不得更改，如果填写错误，应加盖"作废"戳记，重新填写。

4. 填制及时

原始凭证必须根据经济业务执行或完成情况，按照规定时间及时填制，避免事后回忆填制造成差错，贻误工作。

三、原始凭证的审核

原始凭证填制完毕后，为了确保会计资料的真实性、合法性，必须按照规定程序及时送交会计部门，由会计人员对原始凭证进行严格认真的审核。

（一）审核原始凭证所反映经济业务的合理性和合法性

审核时应根据有关政策、法令、制度、合同、预算和计划，对经济业务活动是否合理，合法地进行审核，不应有弄虚作假、违法乱纪、贪污舞弊行为发生；审核经济业务的内容是否符合规定的审核权限和手续；审核经济活动是否满足提高经济效益的要求；是否符合规定的开支标准等。

（二）审核原始凭证内容和填制手续是否齐备合格

审核原始凭证是否与实际情况相符，应填写的项目是否填制齐全，文字和数字是否填写正确、清楚，大小写金额是否相符，有无涂改，有关经办人是否签章，主管人员是否审批同意。

原始凭证审核是一项十分细致而严肃的工作，必须坚持原则，照章办事。在审核中对内容不完整、手续不全、书写不清、计算错误的原始凭证应退回有关部门和人员，及时补办手续和进行更正；对于不合法、不合规的收支，会计人员有权不予办理。原始凭证审核无误后，才能作为编制记账凭证和登记账簿的依据。

第三节　记账凭证的填制和审核

记账凭证是由会计部门根据审核无误的原始凭证编制，记载经济业务简要内容的一种履行记账手续的会计分录凭证，是登记账簿的依据。由于原始凭证种类多，格式不一，因此必须将各种原始凭证反映的经济业务加以归类和整理，编制记账凭证。这样可以简化记账工作，减少记账差错，还有利于会计检查和会计核算工作的组织。

一、记账凭证的种类

（一）记账凭证按用途及使用范围的不同，可分为专用记账凭证和通用记账凭证

1. 专用记账凭证

专用记账凭证是专门用于记录某一类经济业务的记账凭证。专用记账凭证按其反映经济业务的内容不同，又分为收款凭证、付款凭证和转账凭证三种。收款凭证和付款凭证是用来反映货币资金收入和付出的凭证。货币资金收入、付出业务是直接引起现金和银行存款增减变动的业务，转账凭证是用来反映非货币资金业务的凭证，它不涉及货币资金增减变动的经济业务。

（1）收款凭证　收款凭证是用来记录货币资金收入业务的记账凭证，库存现金或银行存款的增减变动在收款凭证的借方反映，所以收款凭证又分为库存现金收款凭证和银行存款收款凭证。根据库存现金收入业务的原始凭证编制的收款凭证，称为库存现金收款凭证；根据银行存款收入业务的原始凭证编制的收款凭证，称为银行存款收款凭证。如表 8-7 所示。

（2）付款凭证　付款凭证是用来记录货币资金付出业务的记账凭证，库存现金或银行存款的增减变动在付款凭证的贷方反映，所以付款凭证又分为库存现金付款凭证和银行存款付款凭证。根据库存现金付款业务的原始凭证编制的付款凭证，称为库存现金付款凭证；根据银行存款付款业务的原始凭证编制的付款凭证，称为银行存款付款凭证。如表 8-8 所示。

表 8-7　收款凭证

借方：　　　　　　　　　　　　　年　月　日　　　　　　　　　　　字第　号

摘　　要	贷　　方		金　　额	记账符号	
	一级科目	二级科目			附件
					张
合　　计					

会计主管：　　　　记账：　　　　出纳：　　　　审核：　　　　制单：

表 8-8　付款凭证

贷方：　　　　　　　　　　　　　年　月　日　　　　　　　　　　　字第　号

摘　　要	借　　方		金　　额	记账符号	
	一级科目	二级科目			附件
					张
合　　计					

会计主管：　　　　记账：　　　　出纳：　　　　审核：　　　　制单：

（3）转账凭证　转账凭证是用来记录非货币资金收付的其他业务的记账凭证，见表 8-9 和表 8-10 所示。凡是不涉及现金和银行存款增减业务的，均为转账业务，应据此编制转账凭证。

表 8-9　转账凭证（一）

年　月　日　　　　　　　　　　　字第　号

摘　　要	借方		贷方		金　　额	记账符号	
	一级科目	二级科目	一级科目	二级科目			附件
							张
合　　计							

会计主管：　　　　记账：　　　　审核：　　　　制单：

162

表 8-10　转账凭证（二）

年　月　日　　　　　　　　　　　　　　　　字第　号

摘　要	会计科目		借方金额	贷方金额	记账符号	
	一级科目	二级科目				附件
						张
合　计						

会计主管：　　　　　　记账：　　　　　　审核：　　　　　　制单：

2. 通用记账凭证

通用记账凭证就是用来反映所有业务的记账凭证，是既可以反映收付款业务，又可以反映转账业务的记账凭证，其格式与转账凭证相同。

（二）记账凭证按其编制方法有不同分类

记账凭证按其编制方法，可分为单式记账凭证、复式记账凭证和汇总记账凭证。

1. 单式记账凭证

单式记账凭证是指在一张凭证上只填列会计分录中的一方账户，而对应账户的名称仅作参考，不据以记账，从而每笔分录至少要填制两张单式记账凭证，一是便于汇总，减少差错；二是为贯彻会计内部岗位责任制；三是便于贯彻内部控制制度，单式记账凭证便于归类、整理、汇总和传递，便于会计人员在核算上的合理分工，能够提高工作效率。但是凭证张数过多，不易保管，填制凭证的工作量较大，它主要适用于那些经济业务较多、会计部门内部分工较细的单位，或者经济业务单一、特殊需要使用的单位，如银行等。填列借方账户的称为借项记账凭证，填列贷方账户的称为贷项记账凭证。见表 8-11 和表 8-12。

表 8-11　借项记账凭证

对应账户：　　　　　　　　　　年　月　日　　　　　　　　　　编号

摘　要	一级账户	明细账户	金　额	记账	
					附件
					张

会计主管：　　　　记账：　　　　稽核：　　　　出纳：　　　　制单：

表 8-12　贷项记账凭证

对应账户：　　　　　　　　　　年　月　日　　　　　　　　　　编号

摘要	一级账户	明细账户	金　额	记账	
					附件
					张

会计主管：　　　　记账：　　　　稽核：　　　　出纳：　　　　制单：

2. 复式记账凭证

复式记账凭证是在一张凭证上完整列出每笔会计分录的全部账户。使用这种凭证，每笔经济业务一般仅需编制一张记账凭证，便于反映经济业务的全貌及会计科目间的对应关系，可以减少记账凭证的数量。但采用复式记账凭证，不便于同时汇总计算每一会计科目的发生额，也不利于会计人员分工记账。

3. 汇总记账凭证

汇总记账凭证是根据许多同类的单一记账凭证按账户名称定期加以汇总而重新编制的记账凭证，目的是简化登记总分类账的手续。汇总记账凭证，按其反映经济业务的内容不同，分为汇总收款凭证、汇总付款凭证、汇总转账凭证和记账凭证汇总表。

二、记账凭证的基本内容

由于原始凭证只表明经济业务的具体内容，而且种类繁多、数量庞大、格式不一，因而不能凭以直接入账。记账凭证的表现形式有多种，各种记账凭证在格式上有所不同，因此，记账凭证必须具备以下基本内容：①记账凭证的名称；②填制单位的名称；③填制凭证的日期；④经济业务的内容摘要；⑤编制会计分录；⑥记账凭证编号；⑦所附原始凭证张数和其他有关资料；⑧填制人员、稽核人员、记账人员、会计机构负责人（或会计主管人员）签名或盖章，收款凭证和付款凭证还要有出纳人员的签名或盖章。

三、记账凭证的填制

（一）记账凭证填列的基本要求

1. 摘要简明

记账凭证的摘要应用简明扼要的语言，概括经济业务的内容。要防止简而不明，又要避免过于繁琐。对于不同性质的账户，其摘要填写应有所区别，以便日后查阅凭证，登记账簿。

2. 准确选择会计科目

必须按会计制度统一规定的会计科目填写，不能任意简化或改动。二级和明细科目也要填列齐全。应借应贷的记账方向和账户对应关系必须清楚。

3. 正确编制会计分录

会计分录应列明总账和明细账，以便按会计科目归类汇总和登记有关明细账和总账。

4. 分类正确

即根据经济业务的内容，正确区别不同类型的原始凭证，正确应用会计科目。不得将不同内容类别的原始凭证汇总填制在一张记账凭证上。

5. 连续编号

即记账凭证应当连续编号。这有利于分清会计事项处理的先后顺序，便于记账凭证与会计账簿之间的核对，确保记账凭证的完整。一般来说，每月按凭证的种类从第一号编起。如果一笔经济业务需填制多张记账凭证，可以采用"分数编号法"。每月末为了避免凭证丢失，在最后一张凭证的编号旁加注"全"字。

6. 附件齐全

记账凭证所附的原始凭证必须完整无缺，并在凭证上注明所附原始凭证的张数，以便核对摘要及所编会计分录是否正确无误。若两张或两张以上的记账凭证依据同一原始凭证，则应在未附原始凭证的记账凭证上注明"原始凭证 X 张，附于第 X 号凭证之后"以便日后查阅。

7. 金额栏的数字应对准相应栏次，防止错栏窜行

填写金额栏时，应注意保持平衡关系。

8. 记账凭证上必须有填制人员、审核人员、记账人员和会计主管签章

对收款凭证和付款凭证，必须先审核后办理收付款业务。出纳人员应在有关凭证上签章，以明确经济责任。对已办妥收款或付款的凭证和所附的原始凭证，出纳人员要当即加盖"收讫"或"付讫"戳记，以免重收，重付。

（二）记账凭证的填制方法

1. 专用记账凭证的填制

（1）收款凭证的填制方法　收款凭证是用来记录现金和银行存款收入业务的凭证，它是会计人员根据审核无误的有关现金和银行存款收入的原始凭证填制的。记账凭证的借方反映的是"库存现金"和"银行存款"科目。填制时，摘要栏应填列经济业务的简要说明，左上方的借方账户名称应填列"银行存款"或"库存现金"账户。贷方账户应根据经济业务的内容，填写与左上方借方账户相对应的一级账户，其明细账户栏填上相应的明细科目。金额栏内在相应的位数上填列原始凭证列示的实际金额。借方账户应借金额为贷方账户金额合计行的合计数。"记账符号"栏应填写计入总账、日记账或明细账的页次，也可以写上"√"符号，表示已经入账。

例1　利丰公司20××年5月8日收到A公司偿还所欠货款5 000元，银行已转来收账通知。根据该项业务的原始凭证，填制收款凭证，见表8-13。

表8-13　收款凭证

借方：银行存款　　　　　　　　　　　20××年5月8日　　　　　　　　　　银收字第1号

摘　要	贷　方		金　额							记账符号
	一级科目	二级科目								
收到欠款	应收账款	A公司			5	0	0	0	0	0	
合　　计				¥	5	0	0	0	0	0	

会计主管：（印）　　　记账：（印）　　　出纳：（印）　　　审核：（印）　　　制单：（印）

附件1张

（2）付款凭证的填制方法　付款凭证的填制方法与收款凭证的填制方法基本相同。不同的只是左上方的应贷账户名称应填列"银行存款"或"库存现金"，在借方账户栏填写与其对应的账户。要说明的是，对于现金与银行存款之间的相互划转业务，如从银行提取现金或将现金存入银行，一般只填制一张付款凭证，即将现金存入银行，只编制现金付款凭证，从银行提取现金，只编制银行存款付款凭证，而不要再编制银行收款凭证或现金收款凭证，而不要再编制银行存款收款凭证或现金收款凭证，目的是为避免重复记账。

例2　利丰公司20××年5月10日以现金预付出差人王英差旅费950元。根据该项业务的原始凭证，填制付款凭证，见表8-14。

表 8-14　付款凭证

贷方：库存现金　　　　　　　　　20××年 5 月 10 日　　　　　　　　　现付　字第 1 号

摘　要	借　方		金　额							记账符号	
	一级科目	二级科目									
预借差旅费	其他应收款	王英			9	5	0	0	0		附件
											张
合　计			￥		9	5	0	0	0		

会计主管：（印）　　　记账：（印）　　　出纳：（印）　　　审核：（印）　　　制单：（印）

例 3　利丰公司 2010 年 5 月 11 日从银行提取现金 5 000 元。根据该项业务的原始凭证，填制付款凭证，见表 8-15。

表 8-15　付款凭证

贷方：银行存款　　　　　　　　　20××年 5 月 11 日　　　　　　　　　现付　字第 2 号

摘　要	借　方		金　额							记账符号	
	一级科目	二级科目									
到银行提现	库存现金			5	0	0	0	0	0		附件
											张
合　计			￥	5	0	0	0	0	0		

会计主管：（印）　　　记账：（印）　　　出纳：（印）　　　审核：（印）　　　制单：（印）

例 4　利丰公司 20××年 5 月 12 日将现金 3 000 元存入银行。根据该项业务的原始凭证，填制付款凭证，见表 8-16。

表 8-16　付款凭证

贷方：库存现金　　　　　　　　　20××年 5 月 12 日　　　　　　　　　现付　字第 3 号

摘　要	借　方		金　额							记账符号	
	一级科目	二级科目									
到银行提现	银行存款			3	0	0	0	0	0		附件
											张
合　计			￥	3	0	0	0	0	0		

会计主管：（印）　　　记账：（印）　　　出纳：（印）　　　审核：（印）　　　制单：（印）

（3）转账凭证的填制方法　转账凭证是记录与货币资金收付无关的转账凭证业务，转账凭证是根据审核无误的转账业务原始凭证填制的，其填制方法与收款凭证、付款凭证有所不同。转账凭证的科目栏应分别填列应借、应贷的一级账户和所属的明细账户。借方账户应记金额，在借方账户同一行的"借方金额"栏填列；贷方账户应记金额，在贷方账户同一行的"贷方金额"栏填列。借、贷方金额栏合计数应与该笔经济业务发生所涉及的全部金额相等。

例5 利丰公司20××年5月30日结转应由一车间承担的折旧费24 000元。根据该项业务的原始凭证，填制转账凭证，见表8-17。

表8-17 转账凭证

20××年5月30日　　　　　　　　　　　　　　转字　第1号

摘　要	会计科目		借方金额							贷方金额							记账符号	
	一级科目	二级科目																
结转折旧费	制造费用	一车间		2	4	0	0	0	0	0								附
		累计折旧									2	4	0	0	0	0	0	件
																		张
			¥	2	4	0	0	0	0	0	¥	2	4	0	0	0	0	0

会计主管：（印）　　　　记账：（印）　　　　审核：（印）　　　　制单：（印）

2. 通用记账凭证的填列

通用记账凭证是用以记录各种经济业务的凭证。通用记账凭证的填列与转账凭证的填列方法基本相同。采用通用记账凭证的单位，不再根据经济业务的内容填制收款凭证、付款凭证和转账凭证，而是将经济业务所涉及的会计科目全部填列在凭证内，借方在先，贷方在后，借方科目的金额填入"借方金额"栏，贷方科目填入"贷方金额"栏。制单人应在填制凭证完毕后签名盖章，并在相应的位置填写所附原始凭证的张数。

例6 利丰公司20××年6月10日采购甲材料100吨，以银行存款支付买价60 000元，增值税10 200元。该项目业务根据原始凭证，填列通用记账凭证，见表8-18。

表8-18 通用凭证

20××年6月10日　　　　　　　　　　　　　　第001号

摘　要	会计科目		借方金额							贷方金额							记账符号	
	一级科目	二级科目																
购入甲材料	材料采购	甲材料		6	0	0	0	0	0	0								附
	应交税费	应交增值税		1	0	2	0	0	0	0								件
		银行存款									7	0	2	0	0	0	0	
																		张
合　计			¥	7	0	2	0	0	0	0	¥	7	0	2	0	0	0	0

会计主管：（印）　　　　记账：（印）　　　　审核：（印）　　　　制单：（印）

3. 汇总记账凭证的填列

（1）汇总收款凭证的填列　汇总收款凭证，是按"现金"和"银行存款"科目的借方分别设置，根据汇总期内现金、银行存款的收款凭证，分别按与设置的借方科目相对应的贷方科目加以归类汇总，定期（一般为5天或10天）填列1次，每月编制1张。但对于货币资金的相互划转业务，在汇总付款凭证中汇总，在汇款收款凭证中不汇总，以避免重复，如将现金存入银行，应汇总在现金的汇总付款凭证中。月终，计算出汇总收款凭证的合计数，据以分别计入现金、银行存款总分类账的借方以及各个对应账户的贷方。具体编制如表8-19所示。

表8-19　汇总收款凭证

借方科目：银行存款　　　　　　　　　　　　20××年6月　　　　　　　　　　　　汇收第1号

贷方科目	金　额				总账页数	
	1日至10日收款凭证1号至5号5张	11日至20日收款凭证6号至11号6张	21日至30日收款凭证12号至15号4张	合计	借方	贷方
短期借款			200 000	350 000	略	略
实收资本	100 000	150 000		100 000		
主营业务收入	120 000	235 000	132 000	487 000		
营业外收入			8 200	8 200		
合计	220 000	385 000	340 200	945 200		

（2）汇总付款凭证的填制　汇总付款凭证，是按"库存现金"和"银行存款"科目的贷方分别设置，根据汇总期内现金、银行存款的付款凭证，分别按与设置科目贷方相对应的借方科目加以归类汇总，定期（一般为5天或10天）填列1次，每月编制1张。月终，计算出汇总付款凭证的合计数，据以分别计入现金、银行存款总分类账的贷方以及各个对应账户的借方。具体编制如表8-20所示。

表8-20　汇总付款凭证

贷方科目：银行存款　　　　　　　　　　　　20××年6月　　　　　　　　　　　　汇收第1号

借方科目	金　额				总账页数	
	1日至10日付款凭证1号至8号8张	11日至20日付款凭证9号至20号12张	21日至30日付款凭证21号至28号8张	合计	借方	贷方
管理费用	5 300	8 200	4 700	18 200	略	略
销售费用	4 400		2 100	6 500		
材料采购	13 000	11 500	7 000	31 500		
应付职工薪酬			8 300	8 300		
应付账款	7 200	6 500	3 500	17 200		
合计	29 900	26 200	25 600	81 700		

（3）汇总转账凭证的填制　汇总转账凭证，通常是按每个科目贷方分别设置，根据汇总期内的转账凭证，按与设置科目贷方相对应的借方科目加以归类汇总，定期（一般为5天或10天）汇总填列1次，每月编制1张，月终，计算出汇总转账凭证的合计数，据以分别登记总分类账中有关账户的借方和设置账户的贷方。为了简化会计核算，如在汇总期内某一贷

方账户的转账凭证不多时，可以不编制汇总转账凭证，而直接根据转账凭证登记总分类账。具体编制如表 8-21 所示。

表 8-21 汇总转账凭证

贷方科目：原材料　　　　　　　　　　　　　20××年6月　　　　　　　　　　　　　汇转第 2 号

借方科目	金　额				总账页数	
	1 日至 10 日转账凭证 号至 号 张	11 日至 20 日转账凭证 号至 号 张	21 日至 30 日转账凭证 3 号至 8 号 6 张	合计	借方	贷方
生产成本			135 800	135 800	略	略
管理费用			13 200	13 200		
制造费用			28 600	28 600		
合计			177 600	177 600		

（4）记账凭证汇总表的填制　记账凭证汇总表又称科目汇总表，通常是按每个科目借方发生额和贷方发生额归类汇总，定期（一般 5 天、10 天、15 天或者 1 个月）填写 1 张，每月编制 1 至数张，按每张的科目发生额汇总登记总分类账。如果企业经济业务量大，根据记账凭证逐笔登记总分类账，工作量很大，可以先填制科目汇总表，根据科目汇总表登记总分类账，以减少记账工作量。具体编制见表 8-22。

表 8-22 记账凭证（科目）汇总

20××年6月1日至6月10日　　　　　　　　　　　　　　科汇字 1 号

会 计 科 目	借　　方	贷　　方
库存现金	1 000	
银行存款	60 000	12 000
应收账款	10 000	
短期借款		50 000
应付账款	10 000	
管理费用	1 000	
主营业务收入		20 000
合　　计	82 000	82 000

四、记账凭证的审核

记账凭证是根据审核无误的原始凭证填制的，是登记账簿的依据。为保证账簿记录的正确性，记账前必须对已编制的记账凭证由专人进行认真、严格的审核。审核内容主要有以下几个方面：

① 审核记账凭证是否附有原始凭证，所附原始凭证是否齐全，手续是否完备，记账凭证的内容是否同所附原始凭证的内容相符。

② 审核记账凭证中会计科目使用是否正确，应借应贷的金额是否一致，账户的对应关系是否清晰，核算内容是否符合会计制度的规定等。

③ 审核记账凭证所要求填写的项目是否齐全，有关人员是否签名盖章。

④ 根据经济业务的计量单位、单价、数量计算其金额，汇总各项经济业务的金额，要计算每一项金额数字，复核其合计数。

⑤ 经审核发现记账凭证上有错误时，应查清原因，重填或按照错账更正方法进行更正。

第四节　会计凭证的传递与保管

一、会计凭证的传递

会计凭证的传递是指从原始凭证的填制或取得时开始，经过填制、稽核、记账，直到归档保管为止，在本单位内部有关职能部门和人员之间的传递路线、传递时间和处理程序。

会计凭证传递的时间是指各种凭证在各经办部门、环节所停留的最长时间。它应考虑各部门和有关人员，在正常情况下办理经济业务所需时间来合理确定。明确会计凭证的传递时间，能防止拖延处理和积压凭证，保证会计工作的正常秩序，提高工作效率。一切会计凭证的传递和处理，都应在报告期内完成。会计凭证的传递手续是指在凭证传递过程中的衔接手续。应做到完备严密，简便易行。此外，各单位应根据经济业务的特点、机构设置和人员分工情况，明确会计凭证填制的联数和传递程序，既要保证会计凭证经过必要的环节进行处理和审核，又要避免会计凭证在不必要的环节停留，使有关部门和人员及时了解情况，掌握资料，并按规定手续进行工作。

会计凭证的传递程序、传递时间和衔接手续明确后，可制成凭证流转图，制定凭证传递程序，规定凭证传递的路线、环节，在各环节上的时间、处理内容及交接手续，使凭证传递工作有条不紊，迅速有效地进行。

二、会计凭证的保管

如前所述，会计凭证是记录经济业务、明确经济责任的证明文件，又是登记账簿的依据，所以，它是重要的经济档案和历史资料。任何企业在完成经济业务手续和记账之后，必须按规定建立立卷归档制度，形成会计档案资料，妥善保管，以便日后随时查阅。

① 各种会计凭证在记账后，连同所附原始凭证，应定期（每天、每旬或每月）进行分类管理，并将其按顺序编号，所附原始凭证应折叠整齐，加具封面、封底装订成册，并在装订线上加贴封签。在封面上应写明单位名称、年、月份、凭证的起讫日期、记账凭证的种类、起讫号码以及记账凭证和原始凭证的张数，并在封签处加盖会计主管的骑缝图章。如果采用单式记账凭证，在整理装订时，必须保持会计分录的完整，并按凭证号的顺序装订成册，不得按科目归类装订。

② 各种经济合同、保证金收据、涉外文件等重要的原始凭证以及各种需要随时查阅和退回的单据，应另编目录，单独登记保管，并在有关记账凭证和原始凭证上相互注明日期和编号。如果某些记账凭证所附的原始凭证过多，可以单独装订保管，在封面注明所属记账凭证的日期、编号、种类，同时在有关的记账凭证上注明"附件另订"和原始凭证的名称和编号，以便查找。

③ 会计人员必须做好会计凭证的保管工作，严格防止会计凭证错乱不全或丢失损坏。原始凭证不得外借，其他单位因特殊原因需要借阅原始凭证时，应持有单位正式介绍信，经会计主管人员或单位领导人批准，必要时，可以提供复印件。向外单位提供原始凭证复件时，应当专设登记簿登记，同时提供人员和收取人员要共同签名盖章。装订成册的会计凭证，应指定专人保管，年度终了，要移交财会档案室登记归档。

④ 从外单位取得的原始凭证如有遗失，应当取得原开出单位盖有公章的证明，并注明

原来凭证的号码、金额和内容等，由经办单位会计机构负责人、会计主管人员和单位领导人批准后，才能代作原始凭证。如果确实无法取得证明的，如火车、轮船、飞机票等凭证，由当事人写出详细情况，由经办单位会计机构负责人、会计主管人员和单位领导人批准后，代作原始凭证。

⑤ 会计凭证的保管期限和销毁手续，必须严格执行会计制度的有关规定。对一般的会计凭证应分别规定保管期限，对重要的会计凭证，如涉及外事和重要业务资料，必须长期保管。未到规定保管期的会计凭证，任何人不得随意销毁。对保管期满需要销毁的会计凭证，必须开列清单，经本单位领导审批，报上级主管部门批准后，才能销毁。

本 章 小 结

会计凭证是会计核算的重要资料。会计凭证按照其填制程序和用途不同，可分为原始凭证和记账凭证两种。原始凭证是在经济业务发生或完成时取得或填制的，是进行会计核算的原始资料和重要依据。原始凭证的种类繁多，填写人员不固定，但无论哪一种原始凭证，其基本内容是相同的。对原始凭证必须经审核后才能用作编制记账凭证的依据。记账凭证的填制和审核是保证会计账簿记录正确与否的关键。会计凭证的传递是指从原始凭证的填制或取得时开始，经过填制、稽核、记账，直到归档保管为止。会计凭证作为重要的经济档案和历史资料，应妥善保管。

复 习 思 考

1. 单项选择题

（1）会计凭证按其（　　）不同，可以分为原始凭证和记账凭证。

A. 填制方式　　　　　B. 反映业务的方法　　　C. 填制的程序和用途　　　D. 取得的来源

（2）限额领料单属于（　　）。

A. 一次凭证　　　　　B. 汇总凭证　　　　　　C. 累计凭证　　　　　　　D. 外来凭证

（3）原始凭证按其取得的不同来源，可以分为（　　）。

A. 外来原始凭证和自制原始凭证　　　　　　B. 一次凭证和累计凭证

C. 单式记账凭证和复式记账凭证　　　　　　D. 收款凭证、付款凭证和转账凭证

（4）收款凭证中，"金额"栏合计数表示（　　）。

A. 借方发生额　　　　　　　　　　　　　　B. 贷方发生额

C. 借贷双方的记账金额　　　　　　　　　　D. 借方金额扣减贷方金额后的净额

（5）通用记账凭证的填制方法与（　　）的填制方法相同。

A. 原始凭证　　　　　B. 收款凭证　　　　　　C. 付款凭证　　　　　　　D. 转账凭证

（6）付款凭证是用来记录（　　）的凭证。

A. 资产付出业务　　　　　　　　　　　　　B. 应付账款业务

C. 货币资金付款业务　　　　　　　　　　　D. 现金及银行存款付出业务

（7）销售产品一批，部分货款尚未收到，应填制的记账凭证是（　　）。

A. 收款和转账凭证　　　　　　　　　　　　B. 付款和转账凭证

C. 收款和付款凭证　　　　　　　　　　　　D. 两张转账凭证

（8）不能作为记账依据的是（　　）。

A. 发货票　　　　　　　　B. 收货单　　　　　　　　C. 入库单　　　　　　　　D. 经济合同

(9) 会计凭证的传递，是指（　　），在本单位内部各有关部门和人员之间的传递程序和传递时间。

A. 会计凭证从取得到编制成记账凭证时止

B. 从取得原始凭证到登记账簿时止

C. 从填制记账凭证到编制会计报表时止

D. 会计凭证从取得或编制时起到归档保管时止

(10) 将现金存入银行，按规定应编制（　　）。

A. 现金收款凭证　　　　　　　　　　　　B. 银行存款收款凭证

C. 现金付款凭证　　　　　　　　　　　　D. 银行存款付款凭证

2. 多项选择题

(1) 原始凭证的基本内容包括（　　）。

A. 凭证名称　　　　　B. 日期和编号　　　　　C. 经济业务的内容

D. 会计分录　　　　　E. 接受凭证的单位名称

(2) 记账凭证基本内容包括（　　）。

A. 凭证名称　　　　　B. 日期和编号　　　　　C. 经济业务的内容摘要

D. 会计分录　　　　　E. 报附原始凭证的张数

(3) 对于现金和银行存款之间相互划转的经济业务，在编制记账凭证时，应该（　　）。

A. 既编收款凭证，又编付款凭证　　　　B. 可编付款凭证，也可编通用记账凭证

C. 只编收款凭证，不编付款凭证　　　　D. 不编收款凭证，只编付款凭证

E. 只编转账凭证，不编收、付款凭证

(4) 下列属于一次凭证的原始凭证有（　　）。

A. 领料单　　　　　B. 限额领料单　　　　　C. 领料单汇总表

D. 发货票　　　　　E. 收料单

(5) 下列有关记账凭证编号的说法，正确的有（　　）。

A. 记账凭证在一个月内应当连续编号

B. 通用记账凭证可以按照经济业务发生的先后顺序编号

C. 收款凭证、付款凭证和转账凭证一般采用"字号和编号法"

D. 一笔经济业务需要编制多张记账凭证时，可"分数编号法"

3. 判断题

(1) 转账凭证是根据有关转账业务的原始凭证或者账簿记录填制的。（　　）

(2) 所有记账凭证都必须附有原始凭证。（　　）

(3) 会计凭证的传递，是指会计凭证从填制到归档保管整个过程中，在本单位内部各有关部门和人员之间的传递程序和传递时间。（　　）

(4) 根据会计凭证，只能登记总分类账，而不能登记明细分类账。（　　）

4. 思考题

(1) 原始凭证的填制和审核有哪些要求？

(2) 记账凭证的填制和审核有哪些要求？

(3) 记账凭证应具备哪些内容？

(4) 会计凭证的保管有哪些要求？

5. 业务题

(1) 1 日，开出现金支票（2866#），从银行提取现金 30 000 元，准备发放工资。

(2) 2 日，以现金发放工资 30 000 元。

(3) 4 日，销售给 C 单位 M 产品 120 000 元，销项税额 20 400 元，货款尚未收到。

(4) 5 日，收到 F 单位还来欠款 30 000 元，存入银行。

要求：填制记账凭证。

第九章 会计账簿

本章学习目的

- 理解账簿设置的意义和原则
- 掌握账簿的分类及各种账簿的登记
- 掌握各种账簿的对账与结账、错账更正等会计基本技能和方法

导入案例 ▶▶▶

　　三利股份公司所属的宏远工厂生产 M 产品，构成 M 产品实体的主要材料为乙材料，其次为甲材料和丙材料。该工厂对所需的三种原材料固定向三个厂采购，本月三种材料只购入一次。刘马虎在记账时误记了有关的明细账户，导致了总账与相关明细账户记录核对不上。其不符的记录为：原材料总账余额为 72 800 元，其中：甲材料 25 300 元、乙材料 11 000 元、丙材料 6 500 元；应付账款总账余额为 50 200 元，其中：友谊工厂 15 000 元、胜利工厂 28 700 元，顺达工厂 6 500 元。公司的会计人员在对有关明细账进行检查时，发现下列有助于查找错误的内容：自友谊工厂购入甲材料时即付 15 000 元，乙材料中现购 7600 元，原材料明细账户中只有一个明细账户记错。请您思考并回答：

　　(1) 对此错误您认为应如何查找？从何处入手？

　　(2) 请指出刘马虎记账过程中的错误之所在，并予以更正。

　　(3) 通过查找错误，进一步理解会计记录的严密性，并体会会计的艺术性。

资料来源：114 学习网—管理文库，作者略有删改。

　　在整个会计核算体系中，账簿是一个中间环节，对于会计凭证和会计报表来说，账簿起着承前启后的作用。本章简述了会计账簿的概念、意义、种类、格式、记账原则和登记方法。要求读者理解会计账簿的作用，重点掌握会计账簿的记账原则和登记方法。

第一节 会计账簿的意义和种类

一、会计账簿的意义

　　会计账簿是以会计凭证为依据，连续、系统、全面、综合地记录和反映各项经济业务的簿籍，是由专门格式并一定形式联结在一起的账页所组成的。一旦标明会计科目，这个账页就成为记录该科目所核算内容的账户。账页是账户的载体，账簿是若干账页的集合。根据会计凭证在有关账户中进行登记，就是把会计凭证所反映的经济业务内容记入设立在账簿中的账户，即登记账簿。保证会计工作的质量，提供真实、准确的会计信息具有重要的意义。

（一）设置和登记账簿能够对凭证资料进行系统的总结

　　在日常会计核算中，各会计主体对所发生的各项经济事项，首先必须取得和填制会计凭

证，但由于会计凭证是分散的、数量种类多，缺乏系统性，无法满足管理上所需要的各种会计信息，为了全面、系统、连续地反映企事业单位的经济活动和财务收支情况，必须通过设置和登记账簿来完成。通过设置和登记账簿，自动将那些分散的、零星的会计凭证上所记录的经济事项进行整理、归纳、分类、汇总，最终提供出连续完整的各种会计信息。

（二）设置和登记账簿能够全面反映各会计要素的变动结果

通过设置和登记账簿，可以全面、系统、连续地记录和反映各项资产、负债、所有者权益的增、减变动情况，同时为正确计算收入、费用和利润提供可靠的依据，为改善经营管理，合理运用资金，保护投资者利益，提供总括和明细的资料。有利于企业单位考核经营成果和财务状况，促进依法经营，遵守财经法规，进一步提高经济效益。

（三）设置和登记账簿能够保护各项财产物资的安全和完整

通过设置和登记账簿，可以随时了解和掌握各项财产物资的增减变化，将有关账簿的账面结存数与实存数进行核对，监督检查账账、账实是否相符。同时，借助于账簿的记录，可以监督各项财产物资的妥善保管，防止损失浪费，揭露贪污盗窃行为，保护财产安全完整。

（四）设置和登记账簿能够提供编制会计报表的信息和资料

为定期编制资产负债表、利润表、现金流量表等财务报告提供系统的数据资料。账簿记录资料的质量高低，是企业、单位编制财务报告的重要保证，只有完整、系统、真实的会计资料才成为财务报告的资料来源。此外这些资料又可以作为企事业单位编制财务计划，进行财务分析的依据。

二、会计账簿的种类

账簿的种类繁多，不同的账簿，其用途、形式、内容和登记方法都不相同。为了更好地掌握账簿的使用方法，发挥账簿的作用，有必要对账簿进行的分类。账簿分类的标准一般有以下两种。

（一）按用途分类

账簿按用途可分为序时账、分类账和备查账三种。

1. 序时账

序时账又称日记账。它是按照经济业务的发生和完成的时间顺序，逐日逐笔进行登记的账簿。在实际工作中，序时账是按照记账凭证号的先后顺序逐日逐笔登记的，在古代会计中也把它称为"流水账"。序时账又分为两种，一种是将企业每天发生的所有经济业务，按先后顺序记入账簿，称为普通日记账。

另一种是特种日记账，用来记录某一类经济业务的。特种日记账是按经济业务的性质单独设置的账簿，它只把特定项目按经济业务发生或完成的先后顺序登记入账，反映其详细情况。特种日记账的设置应根据业务特点和管理而定，特别是一些发生频繁，需严加控制的项目。在实际工作中，应用比较广泛的是特种日记账。如"库存现金日记账"和"银行存款日记账"。

2. 分类账

分类账是对全部经济业务进行分类登记的账簿。按其反映内容的详细程度不同，又分为总分类账和明细分类账。

① 总分类账简称为总账，是根据一级科目开设账户，总括反映全部经济业务和资金状况的，提供总括会计核算资料的账簿。

② 明细分类账简称明细账，是根据二级或明细科目设置，按其所属明细科目开设账户，

用以分类登记某一类经济业务，提供明细会计核算资料的账簿。

3. 备查账

备查账又称辅助账簿。是对某些在日记账和分类账等主要账簿中未能记载的事项或记载不全的经济业务进行补充登记的账簿。它主要是用于记录一些日后查考的有关经济事项，提供必要的参考资料。备查账是对账簿记录的一种补充，它与其他账簿之间不存在严密的依存或勾稽关系。可以由各单位根据需要进行设置。

（二）按外表形式分类

账簿按外表形式不同可划分为订本账、活页账和卡片账三种。

1. 订本账

订本账是在未启用前把一定数量的账页固定装订在一起，并进行连续编号的账簿。应用订本账可以避免账页散失或防止抽换账页，因此，一般用于比较重要的账簿，如"现金日记账"、"银行存款日记账"和"总分类账"等。但这种订本账的账页固定，不能根据需要增减账页，必须为每一账户预留若干空白页。而且不便于分工记账和计算机打印记账。

2. 活页账

活页账是在启用和使用过程中将零散账页存放在账夹中，可以随时取放的账簿。由于账页并不固定装订在一起，同一时间可以由若干会计人员分工记账，在年终使用完后，必须将其整理归类装订成册，按一定类别统一编号，妥善保管。这种账簿使用灵活，也便于分工，但账页容易散失或被抽换，因此要加强平时的管理监督。

3. 卡片账

卡片账是由具有一定格式的卡片组成的，存放在卡片箱内保管，可以随时查阅和按不同要求归类整理的账簿。它实际上是一种活页账，除了具有一般活页账的优、缺点外，不需要每年更换，可以跨年使用。但也存在账页容易散失或被抽换的情况。适用于"固定资产明细账"、"低值易耗品明细账"等。它一般在实物保管、使用部门使用。

第二节　会计账簿的设置和登记

一、设置账簿的原则

各企业、事业单位具有不同的经营管理特点，设置账户也不同，会计账簿的设置、账簿格式的选择，一般应遵循下列原则。

（一）统一性

各单位应当按照国家统一会计制度的规定和本单位的实际需要设置账簿。所设置的账簿应能全面反映本单位的各项经济事项，满足经营、管理的需求，并为对外提供各种会计信息奠定基础。

（二）科学性

会计账簿的设置要组织严密、层次分明，账簿之间要相互衔接、相互补充、相互制约，能清晰反映各账户之间的对应关系，满足单位内部管理需求的各种总括、明细、完整、系统的会计数据和资料。

（三）实用性

会计账簿的设置要从企业、事业单位的实际出发，根据规模、业务量的大小和管理水平的高低，综合考虑会计机构和会计人员的配备等。既防止账簿过于繁杂，又不能过于简化，力求避免重复记账和遗漏。对于规模大、业务复杂、会计人员较多、分工较细的单位，账簿设置可以细一些。对于业务简单、规模小、会计人员少的单位，账簿设置可以简化一些。

（四）合法性

各单位必须依据会计有关法规设置会计账簿。依法设账，一些单位不设账，或者设置外账，私设小金库，造假账等现象比较严重，损害了国家和社会公众的利益，干扰了正常的经济秩序。我国的《会计法》中对依法设账作出了明确的规定，这充分地说明了依法设账的重要性。

二、账簿的基本内容

各企业、单位由于管理要求不同，所设置的账簿也不同，各种账簿所记录和反映的经济业务也不同，其格式也不同，但无论格式如何，作为会计账簿都具备以下基本内容。

① 封面，写明账簿名称和记账单位的名称。

② 扉页，填列启用日期和截止日期、页数、册次，经管账簿人员一览表和签章，会计主管签章，账户目录等。

③ 账页，账页的具体格式因记录和反映的经济业务内容不同而有很大的差异，基本内容包括：

a. 账户名称（一级科目、二级科目或明细科目）；

b. 记账日期；

c. 凭证种类和号数栏；

d. 摘要栏，用于记录经济业务的内容；

e. 金额栏，记录经济业务发生的金额；

f. 总页次和分户页次。

三、日记账的设置与登记

由于企业规模、业务量的大小和经济业务内容上的差异，日记账的种类多种多样。日记账分为普通日记账的特种日记账两种。

（一）普通日记账的设置和登记

普通日记账是用来记录企业全部经济业务完成情况的日记账，按照每天经济业务完成时间的先后顺序，逐笔进行登记。普通日记账一般只设借方和贷方两个金额栏，以便分别记录各种经济业务应记入的账户名称及借、贷方的金额，也称两栏式日记账，或分录簿。格式如表 9-1 所示。

表 9-1　普通日记账　　　　　　　　　　单位：元

20××年		凭证号数	摘　要	会计科目	金　额		过账分类账页数
月	日				借方	贷方	
1	6	略	将现金存入银行	银行存款	20 000		
				库存现金		20 000	
	8		采购材料	原材料	500 000		
				应付账款		500 000	

（二）特种日记账的设置和登记

特种日记账是专门用来登记某一类经济业务的日记账，它是普通日记账的进一步发展。

常用的特种日记账主要有库存现金日记账和银行存款日记账。

1. 库存现金日记账的设置和登记

库存现金日记账是用来登记库存现金每天收入、支出和结余情况的账簿。库存现金日记账由出纳人员根据审核后的库存现金收款凭证、现金付款凭证以及涉及的现金业务的银行付款凭证序时的逐日逐笔登记现金收、付业务的账簿。每次收入现金是将收入的金额登记在借方栏内，每次付出现金时将付出的金额登记在贷方栏内，随时结出账面余额，每日结出的账面余额应与库存现金实存额核对相符。做到日清月结。现金日记账分为三栏式和多栏式两种。

① 三栏式现金日记账，在同一账页上分设借方、贷方和余额三栏。为了清晰地反映现金收、付业务的具体内容，在"摘要"栏后，还应设"对应科目"专栏，登记对方科目名称，以便随时检查、核对与现金收、付业务相关的对应会计科目。三栏式现金日记账格式及登记如表9-2所示。

表 9-2　库存现金日记账

年		凭证号	摘要	对方科目	借方								贷方								核对号	余　额							
月	日				十	万	千	百	十	元	角	分	十	万	千	百	十	元	角	分		十	万	千	百	十	元	角	分

② 多栏式现金日记账是将现金收支业务分别设置现金收入日记账和现金支出日记账，把"收入"、"支出"分别按对应科目设置若干专栏。现金收入日记账按应贷科目设置，现金支出日记账按应借科目设置。每日终了，应分别计算现金收入、支出的合计数及账面结存余额，并与实存现金核对相符。

2. 银行存款日记账的设置和登记

银行存款日记账是用来专门登记银行存款的增减变动和结余情况的账簿，银行存款日记账由出纳人员根据审核无误的银行收款凭证、银行付款凭证或将现金存入的现金付款凭证，序时逐日逐笔登记银行收、付业务的账簿。登记时应填明经济业务发生的日期、凭证号、摘要和对方科目。每次银行存款增加或减少后，随时结出余额，定期结出账面余额后，应与银行对账单对账，以验证企业银行存款日记账的记录是否正确。而且每月至少核对一次，以便检查监督各项收支的正确性。当银行对账单余额与银行日记账的余额不一致时，要找出原因，并编制银行存款余额调节表。银行存款日记账分为三栏式和多栏式两种。

三栏式银行存款日记账格式及登记与现金日记账基本相同，但不同的是，在银行存款日记账上应增设"结算凭证"这一项。

多栏式银行存款日记账，一般在实际工作中，为了避免账页过长，可分别设"银行收入日记账"和"银行支出日记账"。

（三）分类账的设置与登记

分类账分为总分类账和明细分类账两种。

1. 总分类账的设置和登记

总分类账是按照一级会计科目设置的，对全部经济业务按照总分类账户进行分类登记的账簿。总分类账能够提供全面、系统、连续的经济业务，同时也是编制会计报表的重要依据，各个独立核算的经济单位必须设置总分类账。由于只需提供货币计量单位的价值变化，因此，总分类账一般采用借、贷、余三栏式订本账。

总分类账的登记方法是根据企业、单位采用的会计核算组织程序不同而有所区别。概括地讲，登记总账的方法有两种：一种是直接根据记账凭证逐笔登记；另一种是将记账凭证定期汇总后登记。三栏式总账的登记方法见表 9-3。

表 9-3　总账

会计科目：银行存款

20××年 月	日	凭证号	摘要	借方金额 十万	万	千	百	十	元	角	分	贷方金额 十万	万	千	百	十	元	角	分	借或贷	余额 十万	万	千	百	十	元	角	分
1	1		期初余额																	借	2	0	0	0	0	0	0	0
1	15	略	汇总登记	4	0	0	0	0	0	0	0		7	0	0	0	0	0	0	借	5	3	0	0	0	0	0	0
1	31		汇总登记	2	0	0	0	0	0	0	0	1	0	0	0	0	0	0	0	借	6	3	0	0	0	0	0	0

总分类账除三栏式外，还有多栏式。它是把所有的总账科目设在一张账页上，对所有的经济业务，根据记账凭证进行序时、分类的登记。这种格式的日记账兼有序时、分类的作用，实际上是一种序时、分类结合的联合账，通常也称为日记总账。它适于规模小、业务量少的企业单位。优点是对企业全部经济业务的来龙去脉一目了然，缺点是账页过长，不便于分工记账和保管。

2. 明细分类账的设置和登记

明细分类账是根据经济管理的需要，按照总账所属的明细科目设置的，是用以记录某一类经济业务明细核算资料的分类账。明细账的格式主要根据所反映的经济业务特点以及实物管理的不同要求来选择确定。明细账是根据原始凭证或原始凭证汇总表登记的，也可以根据记账凭证登记。

（1）三栏式明细账的设置和登记　三栏式明细账的格式与总分类账格式相同，即账页只设有借方、贷方和余额三个金额栏，不设数量栏。它一般适用于反映只需要金额核算，不需要进行数量核算的经济业务。如"应收账款"、"应付账款"、"待摊费用"等明细账。下面举例说明"应付账款"明细账的格式和登记方法。如表 9-4 所示。

（2）数量金额式明细账的设置和登记　数量金额式明细账账页的基本格式也同样采用"借方"、"贷方"、"余额"三栏，但在每栏下面再分设"数量"、"单价"、"金额"三个小栏目，分别记录实物、金额的增、减变动情况，以具体反映这三者之间的关系。数量金额式账页适用于既需要金额核算又需要数量核算的经济业务。如"原材料"、"库存商品"等明细账采用这种格式。下面举例说明"库存商品"明细账的格式和登记方法。如表 9-5 所示。

表 9-4　应收账款明细账

会计科目：应收账款　　　　　　　　明细科目：华盛公司

20××年		凭证号	摘要	借方								贷方								借或贷	余额							
月	日			十万	万	千	百	十	元	角	分	十万	万	千	百	十	元	角	分		十万	万	千	百	十	元	角	分
1	1		期初余额																	贷		5	0	0	0	0	0	0
1	5	略	购买原材料										3	0	0	0	0	0	0	贷		8	0	0	0	0	0	0
1	12		归还前欠货款		4	6	0	0	0	0	0									贷		3	4	0	0	0	0	0
1	31		本月合计		4	6	0	0	0	0	0		3	0	0	0	0	0	0	贷		3	4	0	0	0	0	0

表 9-5　库存商品明细账

贮备天数：30 天　　　　　　最高存量：1 000　　　　　　计划价格：200.00

会计科目：甲产品　　　　　　最低存量：200　　　　　　计量单位：吨

20××年	凭证号	摘要	借方数量	借方单价	借方金额								贷方数量	贷方单价	贷方金额								核对号	余额数量	余额单价	余额金额							
					十万	万	千	百	十	元	角	分			十万	万	千	百	十	元	角	分				十万	万	千	百	十	元	角	分
1 1		期初余额																						500	200	1	0	0	0	0	0	0	0
1 5	略	生产入库	100			2	0	0	0	0	0	0												600		1	2	0	0	0	0	0	0
1 12		销售											200			4	0	0	0	0	0	0		400			8	0	0	0	0	0	0
1 31		销售											200			4	0	0	0	0	0	0		200			4	0	0	0	0	0	0
1 31		本月合计	100			2	0	0	0	0	0	0	400			8	0	0	0	0	0	0		200			4	0	0	0	0	0	0

（3）多栏式明细账的设置和登记　多栏式明细账是根据经济业务的特点和管理的需要，在同一账页内通过按项目设置若干个专栏，集中反映某一经济业务详细资料的。它适用于费用、成本、收入和成果等明细分类核算。如"生产成本"、"制造费用"、"管理费用"等明细账。下面举例说明"生产成本"明细账的格式和登记方法。如表 9-6 所示。

表 9-6　制造费用明细账

会计科目：制造费用　　　　　　细目：　　　　　　子目：　　单位：元

20××年		凭证号	摘要	借方发生额				贷方发生额	余额
月	日			办公费	水电费	保险费	差旅费	转出	
1	5	略	车间办公费	5 000					5 000
1	7		车间水电费		3 000				3 000
1	31		结转费用					8 000	
1	31		本月合计	5 000	3 000			8 000	0

（4）横线登记式明细账的设置和登记　横线登记式明细账是采用在同一账页的同一行分

设若干专栏，详细记录一项经济业务从发生到结束的有关内容。它的结构特点是，将前后密切联系的相关经济业务在同一横行内进行登记，以便检查每笔业务的完成及变动情况。它适用于"材料采购"、"其他应收款"等明细账。下面举例说明"材料采购"明细账的格式和登记方法。如表 9-7 所示。

表 9-7　材料采购明细账　　　　　单位：元

20××年		凭证号	发票账单号数	供应单位名称	摘要	借方（实际成本）				年		凭证号	收料凭证号数	摘要	贷方			
月	日					买价	运杂费	其他	合计	月	日				计划成本	成本差异	其他	合计
1	1				购料	200			200	1	5			收料	8 000	100		8 100
1	10				购料	500	300		800									

3. 总分类账与明细分类账的关系

总分类账和明细分类账同属于分类账，它们之间既有联系又有区别。

（1）总分类账和明细分类账之间的联系　总分类账和明细分类账之间具有统驭和被统驭的关系。总分类账统驭所有的明细分类账户，明细分类账所提供的资料必须与被统驭账户保持一致，对统驭账户提供的情况作必要的补充。总分类账和明细分类账都是反映和记录经济活动的会计凭证，各种具体详细的资料综合起来应与总括资料一致。

（2）总分类账和明细分类账之间的区别　①设置账户的依据不同。总分类账是根据一级会计科目设置的；明细分类账是根据单位经营管理的需要设置的。②反映经济业务的详细程度不同。总分类账是对企业所有的经济业务进行总括的反映；明细分类账是对一个总账所反映的经济业务内容进行明细分类核算，以提供详细具体的资料。

4. 总分类账与明细分类账的平行登记

所谓平行登记是指对发生的每一项经济业务都要根据相同的会计凭证，一方面记入有关总分类账户，作总括反映；另一方记入所属的明细分类账户，用以详细登记。

在总分类账和其所属的明细分类账中所登记的借贷方向必须相同。也就是说，总分类账记在借方的，其所属的明细分类账也记在借方；总分类账记在贷方的，其所属的明细分类账也记在贷方。

经过平行登记后，总分类账的期初、期末余额和本期发生额分别与其所属的明细分类账的期初、期末余额和本期发生额之和相等。这种数量关系是可以相互核对的，可以用来检验账户记录是否正确。

第三节　登记账簿要求与错账更正方法

一、登记账簿的要求

账簿作为重要的会计档案和会计信息的主要储存工具和系统，必须按规定的方法，依据审核无误的记账凭证进行登记。财政部发布的现行《会计基础工作规范》中明确规定了记账的要求。

① 账簿登记必须根据审核无误的记账凭证连续、系统地登记，不能漏记、错记和重记。在记账时必须使用会计科目、子目、细目的全称，不得简化。凭证的编号、日期、经济业务的内容摘要、金额等，要准确、清楚，登记及时。

② 各种账簿必须按页次连续登记。不能隔页、跳行，如发生类似情况，应在空页、空行处用红墨水划对角的叉线注销，注明此页或此行空白，并由记账人员签名或盖章，不得任意撕毁或抽换账页。

③ 登记账簿时必须使用钢笔或签字笔，用蓝黑墨水书写。不得使圆珠笔（银行的复写账簿除外）或铅笔书写。红墨水只能在结账划线、改错、冲账或会计制度中规定用红字登记的其他记录时使用。

④ 摘要栏的文字要用标准的简化汉字，不能使用不规范的汉字。金额栏的数字应该用阿拉伯数字，并且对齐位数。数字和文字一般应占行的 1/2 宽，为更正错误留有余地。

⑤ 凡需结出余额的账户，结出余额后，应在"借或贷"栏内写明"借"或"贷"字样；没有余额的账户，应写"平"字，在余额栏内用"0"表示。每一页登记完毕结转下页时，应结出本页合计数及余额。应在本页最后一行摘要栏内注明"过次页"，并在下一页的首行摘要栏内注明"承上页"，以便于对账和结账。

⑥ 登账时或登账后如果发现错误，应根据具体情况，按照正确的方法进行更正。不得刮擦、挖补、涂改或用退色更改字迹，应保持账簿和字迹清晰、整洁。

二、错账更正方法

（一）错账的类型及查找的方法

一般错账的类型有两种。一是由于记账凭证错误所引起的错账，这类错误是记账凭证中使用的会计科目错误或方向记反和所记金额发生错误；或汇总记账凭证在汇总时，发生漏汇、重汇和错汇而出现的错误。二是记账凭证没有错误，而登记账簿时发生的数字错位、数字颠倒、数字写错等。对上述错账的查找一般有两种方法。

1. 个别检查法

所谓个别检查法就是针对错账的数字错误进行检查的方法。这种检查方法适用于记反方向、数字错位和数字颠倒等造成的错账。常用的方法有差数法、倍数法和 9 除法三种。

差数法就是首先确定错账的差数，再根据差数去查找错误的方法。这种方法对于查找漏记账比较方便。

倍数法也称 2 除法，这种方法是将记错账的数字除以 2，得出的数就是记反方向的数字。这种方法对于查找由于数字记反方向而产生的错账。

9 除法就是先算出借方与贷方的差额，再除以 9，得出的数就可能是记错位的原数。这种方法适用于数字错位和数字颠倒。

2. 全面检查法

全面检查法就是对一定时期的账目进行全面核对检查的方法。具体又分为顺查法和逆查法。

顺查法就是按照记账的顺序，从原始凭证、记账凭证到明细账、总账以及余额表等的全过程从头到尾的检查，直至找到错误为止。

逆查法就是与记账方向相反，首先检查科目余额表数字的计算是否正确，其次检查各账户的登记、计算是否正确，再次核对各账簿记录与记账凭证是否相符，最后检查记账凭证与原始凭证是否相符。

（二）错账更正的方法

查找出错账后，不能随意更改，必须使用规定的错账更正的方法进行更正。错账原因不同，采用的更正方法也不同。下面介绍错账更正的三种方法。

1. 划线更正法

划线更正法适用于记账本身无错，而记账是笔误等原因造成的账簿记录错误。这种方法的具体操作过程是，先将错误文字或数字用红线划掉，予以注销，使原来的字迹仍然清晰可见，然后在红线上方的空白处，用蓝黑墨水作出正确记录，并由记账人员在更正处盖章。

例1 会计人员登记账簿过程中由于笔误，1月8日将收回18 000元的销货款，误记为10 000元。更正方法见表9-8。

表9-8 应收账款明细账

会计科目：应收账款

20××年		凭证号	摘要	借 方								贷 方								借或贷	余 额							
月	日			十	万	千	百	十	元	角	分	十	万	千	百	十	元	角	分		十	万	千	百	十	元	角	分
1	1		期初余额																	借		1	8	0	0	0	0	0
1	5	略	销售商品		3	5	6	9	0	0	0									借		5	3	6	9	0	0	0
1	8		收回货款										1	8	0	0	0	0	0	借		3	5	6	9	0	0	0
													1	0	0	0	0	0	0			4	3	6	9	0	0	0
1	9		收回货款										2	5	0	0	0	0	0			1	0	6	9	0	0	0
																						1	8	6	9	0	0	0

2. 红字更正法

红字更正法适用于两种情况：一是记账凭证所作会计分录用错会计科目，或借贷方向记反。二是记账凭证上所作会计分录正确，但是所记金额大于实际金额。这种方法的具体操作过程是，先用红字填制一张与原错误记账凭证完全相同的记账凭证，在摘要栏注明"更正××号凭证的错误"，并用红字登记入账，以便将原错误凭证冲销，然后用蓝字填制一张正确的记账凭证，重新据以登记入账。

例2 车间管理部门领用原材料10 000元。编制会计分录为：

借：管理费用   10 000

  贷：原材料   10 000

更正时，填制一张红字记账凭证，并据以登记入账：

借：管理费用   10 000

  贷：原材料   10 000

再填制一张蓝字记账凭证，并据以登记入账：

借：制造费用   10 000

  贷：原材料   10 000

例3 行政管理部门刘丹出差回来报销差旅费7 000元，交回结余现金200元。编制的记账凭证为：

借：管理费用   8 000

    库存现金   200

      贷：其他应收款——张叙   8 200

更正时：填制一张红字记账凭证，并据以登记入账：

借：管理费用   8 000

    库存现金   200

      贷：其他应收款——张叙   8 200

再填制一张蓝字记账凭证，并据以登记入账：

借：管理费用   7 000

    库存现金   200

      贷：其他应收款——刘丹   7 200

3. 补充登记法

补充登记法适用于记账凭证中所用会计科目无误，记账方向也正确，只是所记金额小于实际金额。这种方法的具体操作过程，将少记金额用蓝字填制一张记账凭证，在摘要栏注明"补记××号凭证少记金额"，并据以记账，补充原少计的金额。

红字更正法和补充登记法，无论是记账前还是记账后发现的错账，都可以使用。

例4 企业归还欠前华盛公司的货款 20 000 元，用银行支付。编制记账分录为：

借：应付账款——华盛公司   20 000

      贷：银行存款   20 000

更正时，填制一张蓝字记账凭证，并据以登记入账：

借：应收账款——华盛公司   18 000

      贷：银行存款   18 000

第四节　结账与对账

一、对账

对账就是核对账目。一般在会计期间（月份、季度、中期、年终）结束时，为了保证各种账簿记录的正确、完整，如实反映和监督经济活动的状况，要核对和检查账证、账账、账实、账表是否相符，为编制会计报表提供可靠的会计资料。对账包括以下几个方面。

（一）账证核对

账证核对是对各种账簿记录与记账凭证、原始凭证相核对。这种核对主要是在日常编制会计凭证和登记账簿过程中进行。必要时，也可以采用抽查核对和目标核对的方法进行。核对的重点是凭证所记载的业务内容、金额和分录是否与账簿中的记录一致。若发现差错，应重新对账簿记录和会计凭证进行复核，直到查出错误的原因为止，以保证账证相符。

（二）账账核对

账账核对是对各种账簿之间的有关数字进行核对。账账核对包括以下内容。

1. 核对总账记录

总分类账各账户的借方期末余额合计数与贷方期末余额合计数核对相符；总分类账各账户的本期借方发生额合计数与本期贷方发生额合计数核对相符。

2. 总账和其所属明细账的核对

总分类账的本期发生额、期末余额与其所属明细分类账各账户的本期发生额之和或期末余额合计数核对相符。

3. 日记账与总账的核对

现金日记账和银行存款日记账的发生额、期末余额与总分类账各账户的发生额和余额核对相符。

4. 明细账之间的核对

会计部门各种财产物资明细分类账的期末余额与保管或使用部门的财产物资明细分类账的期末余额核对相符。

（三）账实核对

账实核对就是将账面数字和实际的物资、款项进行核对。账实核对包括现金日记账账面余额与库存现金实有数相互核对；银行存款日记账账面余额与银行各账户的银行对账单相互核对；各种材料物资明细账账面余额与材料物资实存数额相互核对；各种应收、应付款项明细账账面余额与有关的债权、债务单位相互核对。保证账实相符，一般通过财产清查来进行。

（四）账表核对

账表核对是指将账簿记录与各种会计报表相互核对。

通过上述的对账工作，就能做到账证相符、账账相符、账实相符和账表相符，使会计核算资料真实、正确、可靠。

二、结账

结账是按照规定把一定时期内所发生的全部经济业务登记入账，并将各种账簿结算清楚，进而进一步根据账簿记录编制会计报表。《会计基础工作规范》中规定，为了正确反映一定时期内账簿记录中已经记录的经济业务，总结有关经济业务活动和财务状况，各单位必须在会计期末进行结账，不得为赶编会计报表而提前结账，更不得先编会计报表后结账。结账工作可相应地分为月结、季结、半年结和年结。对资产、负债和所有者权益等实账户可以在会计期末直接结账，而对收入、费用和利润等虚账户，应按权责发生制的原则进行账项调整后再结账。在结账时根据不同的账户，分别采用不同的方法。

① 对于不需要按月结计本期发生额的账户，如各项应收、应付款明细账和各种财产物资明细账等，每次记账后，都要随时结出余额，每月最后一笔余额即为月末余额。月末结账时，只需要在最后一笔经济业务记录之下通栏划红单线，不需要再结计一次余额。

② 对于需要按月结计发生额的账户，如现金、银行存款日记账；收入、费用等明细账，每月结账时，要在最后一笔经济业务记录下面通栏划红单线，结出本月发生额和余额，并在摘要栏内注明"本月合计"字样，下面再通栏划红单线。

③ 需要结计本年累计发生额的某些明细账户，每月结账时，应在"本月合计"行下结出自年初起至本月末止累计发生额，登记在月份发生额下面，在摘要栏内注明"本年累计"字样，并在下面再通栏划红单线。12月末的"本年累计"就是全年累计发生额，全年累计发生额下通栏划双红线。

举例说明"资本公积明细账"的结账方法见表9-9。

④ 总账账户平时只需结出月末余额。年终结账时，为了总括反映本年全部经济业务的全貌，要将所有总账结出全年发生额和年末余额，在摘要栏内注明"本年合计"字样，在合

表 9-9　资本公积明细账

会计科目：资本公积

20××年 月	日	凭证号	摘要	借方金额 十万	千	百	十	元	角	分	贷方金额 十万	千	百	十	元	角	分	借或贷	余额 十万	千	百	十	元	角	分
1	1		期初余额															贷	3	0	0	0	0	0	0	0
1	15	略									8	0	0	0	0	0	0	0	3	8	0	0	0	0	0	0
1	31		本月合计								8	0	0	0	0	0	0	0									0
1	31		本年累计								8	0	0	0	0	0	0	0		3	8	0	0	0	0	0	0
12	31		本年累计								8	0	0	0	0	0	0	0		3	8	0	0	0	0	0	0

计数下通栏划双红线。

年终结账后，有些账户的余额需转入下年。结转时，将有余额的账户余额直接记入新账余额栏内，不需要编制记账凭证，也不必要将余额再记入本年账户的借方或贷方。

第五节　会计账簿的更换与保管

一、账簿启用的规则

新的会计年度开始，每个会计主体要启用新的会计账簿，在启用时应记入以下相关信息：设置账簿的封面和封底，并登记单位名称、账簿名称和所属的会计年度。

（一）填写账簿启用及经管人员一览表

填写扉页上印制的"账簿启用及交接表"中的启用说明，包括单位名称、账簿名称、账簿编号、起止日期、单位负责人、主管会计、审核人员和记账人员等项目，并加盖单位公章。在会计人员变更时，应办理交接手续，并填写"账簿启用和交接表"中的交接说明。

（二）填写账户目录

总账应按照会计科目的编号顺序填写科目名称及启用页号。在启用活页式明细账时，应根据所属会计科目填写科目名称和页码，在年度结账后撤去空白账页，填写使用页码。

（三）粘贴印花税票

印花税票应粘贴在账簿的右上角，并划线注销。在使用缴款书缴纳印花税时，应在右上角注明"印花税已缴"及缴款金额。账簿使用登记表格式见表9-10。

二、账簿的更换

账簿的更换是指在会计年度终了时，将上一年度的旧账簿更换为新账簿。新的会计年度建账，一般总账、日记账和多数的明细账应每年更换一次。但有些财产物资明细账和债权、债务明细账等，由于更换工作量大，可以跨年使用，不必每年更换一次。各种备查账也可以连续使用。

更换账簿时，应做到有组织、有程序。首先对上一年度全部会计核算账簿检查登记编号，以免漏记。对于跨年度继续使用的账簿应全面核对，保证账账、账卡、账实相符。其次

表 9-10　账簿使用登记表

单 位 名 称	通 达 公 司		粘贴印花税
账簿名称	总分类账		
册次及起讫页数	自 1 页起至 100 页止共 100 页		
启用日期	20××年 1 月 1 日		
停用日期	20××年 12 月 31 日		
经管人员	接管日期	交出日期	会计主管人员
王丽	20××年 1 月 1 日		李海路
备注			单 位 公 章

建立新年度账簿,将上年度余额直接过入新账。更换账簿时要注意以下几点:

(1) 将原有账户余额相对应地过入该账户的新账中,新旧账簿名称必须一致。

(2) 将上年度各账户的余额直接记入新年度相应的账簿中,并在旧账簿各账户年终余额摘要栏内加盖"结转下年"戳记。同时,在新账簿中相关账户的第一行摘要栏内加盖"上年结转"记,并在余额栏内记入上年余额。

三、账簿的保管

会计账簿与会计凭证、会计报表一样,是记录与反映经济业务的重要经济档案和证据,必须按照国家的有关规定加强保管,做好会计档案的管理工作。会计档案管理是一项技术、政策性都很强的工作,为此,财政部和国家档案管理局发布了《会计档案管理办法》。

本 章 小 结

设置和登记账簿是会计工作的一项重要环节,对保证会计工作的质量,提供真实、准确的会计信息具有重要的意义。账簿的种类繁多,不同的账簿,其用途、形式、内容和登记方法都不相同。各企业、单位由于管理要求不同,所设置的账簿也不同,各种账簿所记录和反映的经济业务也不同,其格式和登记方法也不同。只有科学、合理地选择和设置会计账簿,才能满足本企业、单位经营、管理的需求。

复 习 思 考

1. 单项选择题

(1) 材料明细账通常采用(　　)。

A. 多栏式　　　　　　B. 三栏式　　　　　　C. 数量金额式　　　　　　D. 以上三种均可

(2) 生产成本明细账一般采用(　　)。

A. 多栏式　　　　　　B. 三栏式　　　　　　C. 数量金额式　　　　　　D. 以上三种均可

(3) 记账员根据记账凭证登记账簿时,误将 2 000 元登记为 200 元,更正这种错误应采用(　　)。

A. 红字更正法　　　　B. 补充登记法　　　C. 划线更正法　　　　D. 任意一种方法

(4) 发现一张记账凭证上的会计科目未错，但新记金额大于应记金额，并据此登记入账，更正这一错误应采用（　　　）。

A. 划线更正法　　　　B. 补充更正法　　　C. 红字更正法　　　　D. 挖补法

(5) 日记账按用途分类属于（　　　）。

A. 各类账簿　　　　　B. 序时账簿　　　　C. 订本账簿　　　　　D. 分类账簿

(6) "委托加工物资登记簿"按用途分类属于（　　　）。

A. 三栏式明细分类账　B. 备查账簿　　　　C. 分类账簿　　　　　D. 日记账

(7) 活页账和卡片账主要适用于（　　　）。

A. 特种日记账　　　　B. 普通日记账　　　C. 分类账簿　　　　　D. 明细分类账簿

(8) 固定资产明细账一般采用（　　　）形式。

A. 订本账簿　　　　　B. 卡片式账簿　　　C. 活页式账簿　　　　D. 多栏式明细分类账

2. 多项选择题

(1) 下列账簿中属于备查账簿的是（　　　）。

A. 委托加工物资登记簿　　　　　　　　B. 代销商品登记簿

C. 材料明细账　　　　　　　　　　　　D. 租入固定资产登记簿

E. 银行存款日记账

(2) 数量金额式明细账的格式适用于（　　　）。

A. "原材料"明细账　　　　　　　　　　B. "应收账款"明细账

C. "库存商品"明细账　　　　　　　　　D. "管理费用"明细账

E. "预提费用"明细账

(3) 多栏式明细分类账的格式适用于（　　　）。

A. "原材料"明细账　　　　　　　　　　B. "生产成本"明细账

C. "管理费用"明细账　　　　　　　　　D. "制造费用"明细账

E. "应付账款"明细账

(4) 三栏式明细分类账的账页格式，适用于（　　　）。

A. "管理费用"明细账　　　　　　　　　B. "原材料"明细账

C. "预提费用"明细账　　　　　　　　　D. "预收账款"明细账

E. "短期借款"明细账

3. 判断题

(1) 现金日记账的借方是根据收款凭证登记的，贷方是根据付款凭证登记的。（　　　）

(2) 一般情况下，总账、日记账和明细分类账应当每年更换一次。（　　　）

(3) 在每个会计期间可多次登记账簿，但结账只有一次。（　　　）

(4) 更换新账簿时如有余额，则在新账簿中的第一行摘要栏内注明"上年结转"。（　　　）

(5) 总分类账必须采用订本式三栏账户。（　　　）

4. 思考题

(1) 账簿记录试算不平衡时，如何查对？

(2) 怎样进行结账？

(3) 总分类账和明细分类账为什么要平行登记？平行登记有哪些要点？

(4) 简述对账内容。

5. 业务题

一、目的：练习错账的更正方法。

二、资料：某公司将账簿记录与记账凭证进行核对时，发现下列经济业务的记账凭证（均已登记入账）或账簿记录有误。

（1）签发转账支票3 000元，预付本季度厂房租金，原会计分录为：

借：预提费用	3 000
贷：银行存款	3 000

（2）结转本月实际完工产品的成本7 800元，原会计分录为：

借：库存商品	8 700
贷：生产成本	8 700

（3）收到购货单位偿还上月所欠货款9 800元，原会计分录为：

借：银行存款	8 900
贷：应收账款	8 900

（4）结算本月应付职工的工资，其中生产工人工资为8 000元。厂部管理人员工资为1 500元，原记账凭证的会计分录为：

借：生产成本	8 000
管理费用	5 100
贷：应付职工薪酬	9 500

三、要求：将上列多项经济业务的错误记录，分别采用适当的更正方法予以更正。

第十章 财产清查

本章学习目的

- 了解财产清查的种类、程序
- 掌握财产清查的方法及具体应用
- 掌握财产清查结果的会计处理

导入案例 ▶▶▶

星海公司出纳员小王由于刚参加工作不久,对于货币资金业务管理和核算的相关规定不甚了解,所以出现一些不应该有的错误,有些事情让他印象深刻,至今记忆犹新。20××年6月8日和10日两天的现金业务结束后例行的现金清查中,分别发现库存现金短缺50元和库存现金溢余20元的情况,对此他经过反复思考也弄不明白原因。为了保全自己的面子和息事宁人,同时考虑两次账实不符的金额又很小,他决定采取下列办法进行处理:现金短缺50元,自掏腰包补齐;现金溢余20元,暂时收起。

问:小王对该项业务的处理是否正确?

资料来源:徐晔编著. 会计学原理习题指南. 上海:复旦大学出版社

准确反映财产物资、货币资金和债权债务的真实情况,是会计核算的基本原则,也是经济管理对会计核算的客观要求,财产清查正满足了这一要求。财产清查是通过对企业的货币资金、实物财产和债权债务等进行实地盘点和核查,将一定时点的实存数与账面结存数核对,借以查明账实是否相符的一种专门方法。本章阐述了财产清查的意义、种类、程序和方法以及财产清查结果的会计处理等。

第一节 财产清查的意义与种类

一、财产清查的意义

财产清查是通过对企业的货币资金、实物财产和债权债务等进行实地盘点和核查,将一定时点的实存数与账面结存数核对,借以查明账实是否相符的一种专门方法。

准确反映财产物资、货币资金和债权债务的真实情况,是会计核算的基本原则,也是经济管理对会计核算的客观要求。为了保证账簿记录的正确和完整,应当加强会计凭证的日常审核。应当定期进行账证核对和账账核对。但账簿记录的正确,不能保证实物的真实,因为很多客观原因可能使各项财产物资的账面数额与实际结存数额发生差异,造成账实不符。具体表现在:财产物资的物理或者化学性能变化引起的自然损益;在管理和核算方面,由于手续不健全或制度不严格而发生错收、错付等情况;由于计量或检验不准确,造成多收多付或少收少付等情况；由于管理不善或责任者的过失所造成的毁损、短缺、丢失、贪污、盗窃等情况。因此，必须在账簿记录的基础上，运用财产清查这一行之有效的会计核算方法，对各项财产进行定期或不定期的清查，使账簿所反映的各项财产的结存数额与其实存数额相一致，做到账实相符。

财产清查工作对于加强企业管理，充分发挥会计的监督职能具有重要意义。

(一) 保证会计核算资料的真实、正确

通过财产清查，可以确定各项财产物资的实存数，并与账存数核对是否相符，发生盘亏、盘盈的要查明原因和责任，以便及时调整账面，做到账实相符，保证会计核算资料的准确可靠，为经济管理提供可靠的数据信息。

(二) 健全财产物资管理制度，保护财产物资的安全和完整

通过财产清查，可以查明各项财产物资的保管情况，短缺、霉烂变质、损失浪费以及贪污盗窃等情况。发现问题要及时采取措施，加强管理，堵塞漏洞，建立健全保管的岗位责任制，以确保财产物资的安全完整。

(三) 有利于挖掘财产物资的潜力，加速资金周转

通过财产清查，可以查明财产物资的储备和使用情况，对于积压呆滞和不配套的，应及时进行处理，避免损失浪费，促进财产物资的有效使用，充分挖掘财产物资的潜力，加速资金周转，提高其使用效能。

(四) 促进企业遵守财经纪律和信贷结算制度

通过财产清查，可以查明各单位各项往来款项的结算是否符合财经纪律和国家财政、信贷制度的规定，有无不合法的债权债务，是否及时结清债权债务，避免发生坏账损失，监督企业自觉遵守财经制度，维护财经纪律。

(五) 促进企业、行政、事业单位改善经济管理

财产清查中发现的问题往往与企业、行政、事业等单位的财产管理制度、管理方法相关联，如财产物资的毁损、短缺、积压、浪费，账款的长期拖欠，都说明有关管理工作方面存在缺陷。通过财产清查可以发现管理上存在的问题，分析原因，促使企业健全管理制度，改善管理方法，提高管理水平。

二、财产清查的种类

(一) 按清查对象的范围不同，可分为全面清查和局部清查两种

1. 全面清查

全面清查就是对所有的财产物资、各种债权债务进行全面盘点和核对。企业的全面清查的范围大，内容多，时间长，参与人员广。清查对象一般包括：

① 库存现金、银行存款等货币资金；

② 所有的固定资产、原材料、在产品、库存商品及其他物资；

③ 各项在途物资；

④ 各项债权、债务及预算缴拨款项；

⑤ 各项其他单位加工或保管的材料、库存商品及物资等。

一般来说，在以下几种情况下，需进行全面清查：

① 年终决算前要进行一次全面清查，以确保年度财务报表的真实性；

② 单位撤销、合并或改变隶属关系，要进行一次全面清查，以明确经济责任；

③ 中外合资、国内联营，需进行全面清查；

④ 开展清产核资要进行全面清查，以摸清家底，准确核定资产，保证生产的正常资金需要；

⑤ 单位主要负责人调离工作，需要进行全面清查。

2. 局部清查

局部清查就是根据需要对一部分财产物资所进行的清查，其清查的主要对象是流动性较大的财产物资，如库存现金、原材料、在产品和库存商品等。

局部清查范围小，内容少，时间短、参与的人员少，但专业性较强。下列情况属于局部清查：

① 对于流动性较大的物资，如存货等，除了年度清查外，应有计划地每月重点抽查或轮流盘点；

② 对于各种贵重物资，每月应清查盘点一次；

③ 对于库存现金，应由出纳员在每日业务终了时清点，做到日清月结；

④ 对于银行存款和银行借款，应由出纳员每月同银行核对一次；

⑤ 对于债权债务，每年至少要核对一至两次，有问题应及时核对，及时解决。

（二）按照财产清查的时间划分，可分为定期清查和不定期清查两种

1. 定期清查

定期清查是指根据管理制度的规定，按照预先计划安排时间，对财产物资、货币资金和往来款项所进行的清查。这种清查一般是在年末、季末或月末结账时进行。其清查的对象和范围，根据实际情况和需要，可以是全面清查，也可以是局部清查。

2. 不定期清查

不定期清查是指根据需要所进行的临时清查。它一般在以下情况下进行：

① 更换财产物资和现金保管人员时，要对有关人员所保管的财产物资和库存现金进行清查，以分清经济责任；

② 发生非常灾害和意外损失时，要对受灾损失的有关财产进行清查，以查明损失情况；

③ 上级主管部门和财政、银行以及审计部门要对本单位进行会计检查时，应按检查的要求和范围进行清查，以验证会计资料的准确性；

④ 进行临时的清产核资工作时，要对本单位的财产进行清查，以摸清家底；

⑤ 领导或工作人员发生贪污盗窃行为；

⑥ 发生产权转移或变化。

根据上述情况，不定期清查的对象和范围可以是全面清查，也可以是局部清查，应根据实际需要而定。

第二节　财产清查的程序与方法

财产清查是一项涉及面广、工作量大、操作时间较长的工作，因此必须按计划有条不紊地进行，必须遵循一定的程序。

一、财产清查的一般程序

（一）组建财产清查小组

为保证财产清查按计划有条不紊地顺利进行，保证清查结果的真实性，必须在主管厂长或总会计师领导下，成立由财会部门牵头，其他各有关部门共同参加的财产清查领导小组，

具体负责财产清查的领导和组织工作。财产清查小组要根据相关管理制度拟定清查工作的详细步骤，确定参加财产清查的人员及安排，确定清查对象、范围和路线，控制清查过程中的工作进度，监督清查工作的实施，解决财产清查中出现的问题，财产清查工作结束后督促清查人员写总结性书面报告，并针对清查结果提出最后的处理意见。

（二）业务准备

在进行财产清查之前，相关会计人员要把截止到清查日为止的所有经济业务全部登记入账并结出余额，认真核对总账及有关明细账的余额，有关物资管理人员应将截止到清查日为止财产物资的收入、发出办好收发凭证手续，依据凭证内容登记相应账簿，结出余额，并与会计部门的相关明细账、总账核对，同时将准备清查的各项财产物资整理清楚，排列整齐，挂上标签，标明财产物资的名称、规格、数量等，并在清查地点准备好必要的计量器具和清查登记使用的表册，对计量器具要按照国家计量标准进行校正，以确保计量的准确性。

（三）实施财产清查

做好前述的准备工作后，就可以实施财产物资的清查工作了，清查时要按事前定好的计划、步骤进行，以免发生错盘、复盘的现象。

（四）提出财产清查的处理意见

财产清查结束后，由财产清查小组根据清查结果写出书面报告，并对盘盈、盘亏提出处理意见。

二、财产清查的方法

（一）财产物资的盘存制度

存货的盘存制度有永续盘存制和定期盘存制两种。

1. 永续盘存制

永续盘存制又称账面盘存制，是指逐笔或逐日连续登记存货的收入数、发出数，并随时计算其结存数的一种方法。

$$账面期末余额＝账面期初余额＋本期增加额－本期减少额$$

在永续盘存制下，存货明细账要按存货的品种规格设置，在明细账中，平时要登记收、发、结存的数量和收入的金额。存货明细账要按存货的品种规格设置，在明细账中，平时要登记收、发、结存的数量和收入的金额。

永续盘存制的优点是：核算手续严密，加强了对存货的管理，通过存货明细账，可以随时反映各种存货的收、发、结存情况，并从数量和金额两个方面进行控制和监督。对账存数，可以通过盘点与实存数进行核对，当发生存货溢余或短缺时，可以查明原因，及时纠正明细账上的结存数，还可以随时与预定的最高或最低库存限额进行对照，取得库存积压或不足的资料，以便及时组织存货的购销或处理，加速存货周转。

永续盘存制的缺点是：存货明细分类核算的工作量较大，需要耗用较多的人力和时间。尤其对存货品种繁多的企业。

与实地盘存制比较，永续盘存制在控制和保护存货安全方面，在为经营决策及时提供有用信息方面，都具有明显的优越性。所以，在实际工作中，除少数特别情况之外，企业一般都采用永续盘存制核算存货。

2. 实地盘存制

实地盘存制又称定期盘存制，是在期末通过盘点实物，来确定存货数量，并据以计算出期末存货成本和本期销售成本的一种方法。采用这种方法，平时对存货只登记购进或收入数量，不记发出数量；期末通过实地盘点，确定存货实存数，并据以倒算出本期销售或耗用成本。

$$本期减少数＝账面期初结存数＋本期增加数－期末实际结存数$$

采用这种方法，平时对存货只登记各项财产物资的增加数，不记减少数；期末，通过实地盘点，确定存货实存数，并据以倒算出本期财产物资的减少数。

定期盘存制的优点是：在定期盘存制下，由于平时对发出和结存的存货不作数量记录，加上商品存货账户可以按大类或全部商品存货设置，而且每一品种的结存单价，可直接根据进货凭证求得，所以，采用该法存货成本和销售成本的计算较简单，可以简化核算工作。

定期盘存制的缺点是：不能随时反映存货的发出和结存情况，是一种不完善的物资管理方法。

（二）财产清查的方法

财产清查的方法较多，它是由被清查的财产物资的实物形态和具体内容所决定的。一般常用的技术方法有以下五种。

第一，实地盘点法。是指通过实地清点或度量衡器具准确计量财产物资的一种方法。

第二，抽样检查法。指按随机原则，从被检查的财产物资中抽取一部分物资进行检查，根据检查结果推断整体情况的一种方法。这种方法适用于价值较低而数量较大的物资盘点。

第三，技术推算法。采用这种方法，对于财产物资不是逐一清点计数，而是通过量方、计尺等技术推算确定财产物资实存数量的一种方法，这种方法适用于堆存量大、难以逐一清点的物资。如大堆沙石、成堆的工业食盐等盘点适用此法。

第四，余额核对法。是指被清查的账户通过余额进行核对的一种方法。这种方法适合企业与银行之间的款项核对。

第五，函证核对法。这是通过编制往来款项询证函，发函征得对方确认的一种核对方法。这种方法适用于长期投资、应收、应付款项的清查。

三、财产清查方法的具体应用

（一）库存现金的清查

库存现金的清查，是通过实地盘点的方法，确定库存现金的实存数量，与库存现金日记账的账面余额进行核对，以查明账实是否相符及盈亏情况。库存现金的清查既包括出纳人员每日清点核对，也包括清查小组进行的定期、不定期的盘点和核对。

在进行库存现金清查时，为了明确经济责任，出纳员必须在场，在清查过程中不能用白条抵库，也就是不能用不具有法律效力的借条、收据等抵充库存现金，库存现金盘点后，应根据盘点的结果及与库存现金日记账核对的情况，填制"库存现金盘点报告表"。"库存现金盘点报告表"是重要的原始凭证，它既起"盘存单"的作用，又起"实存账存对比表"的作用。"库存现金盘点报告表"应由盘点人和出纳员共同签章方能生效，其一般格式如表10-1所示。

（二）银行存款的清查

银行存款的清查，是采用银行存款日记账与开户银行核对账目的方法进行的一种清查。银行存款是企业存在银行的款项，由银行负责保管。企业在银行的存款实有数是通过银行对账单反映的。通过本单位银行存款日记账和开户银行转来的银行对账单进行逐笔核对，如果两者金额相符，说明银行和企业两者记账可能没有错误；若两者金额不一致，原因主要有两个：一是由于某一方记账有错误；二是存在未达账项。

表 10-1　库存现金盘点报告表

单位名称：　　　　　　　　　　　　　　　年　月　日

实存金额	账存金额	实存与账存对比		备注
		盘盈	盘亏	

盘点人签章：　　　　　　　　　　　　出纳员签章：

所谓未达账项，是指由于企业与银行之间对于同一项业务，由于取得凭证的时间不同，导致记账时间不一致，而发生的一方已取得结算凭证已登记入账，而另一方由于尚未取得结算凭证尚未入账的款项。未达账项有以下四种情况。

1. 企业已收，银行未收款项

企业已收款，记入银行日记账，而银行尚未收款入账。例如企业销售产品收到转账支票，即可登记银行日记账，而转账支票尚未送存银行，银行不能登记入账。如果此时对账，则形成企业已收，银行未收款项。

2. 企业已付，银行未付款项

企业已经付款记账，作为存款的减少，但银行尚未付款记账。例如企业开出一张支票支付购料款，企业可根据支票存根、发货票及收料单等凭证，记银行存款的减少，而此时银行由于尚未接到支付款项的凭证，尚未登记银行存款减少，如果此时对账，则形成企业已付，银行未付款项。

3. 银行已收，企业未收款项

银行代企业收进的款项，银行已记账，作为企业存款的增加，但企业尚未收到通知，所以尚未入账。例如外地某单位给企业汇来款项，银行收到汇款单后，登记存款增加，企业由于尚未收到汇款凭证，尚未记银行存款增加，如果此时对账，则形成了银行已收，企业未收款项。

4. 银行已付，企业未付款项

银行代企业支付的款项，银行已付款记账，作为企业存款的减少，但企业尚未收到通知，所以尚未入账。例如银行代企业支付款项（如购料款等），银行已取得支付款项的凭证已记存款减少，企业尚未接到凭证，未记银行存款减少，如果此时对账，则形成银行已付，企业未付款项。

上述任何一种未达账项的发生，都会使企业银行存款日记账与开户银行对账单的记录出现不一致。因此，在核对双方账目时，必须注意有无未达账项，如果发现有未达账项，应编制"银行存款余额调节表"进行调节。

"银行存款余额调节表"的编制方法有两种：补冲式和冲销式。

补冲式：即双方在原有账面余额的基础上，各自补记对方已入账而自己尚未入账的款项，看调整后的金额是否相等。计算公式如下：

$$企业银行存款日记账余额 + 银行已收企业未收款项 - 银行已付企业未付款项 = 银行对账单余额 + 企业已收银行未收款项 - 企业已付银行未付款项$$

冲销式：即双方在原有账面余额的基础上，各自将自己已入账而对方尚未入账的款项从本单位原有账面余额中冲销，看调整后的金额是否相等。计算公式如下：

$$\text{企业银行存款} \atop \text{日记账余额} + {\text{企业已付银} \atop \text{行未付款项}} - {\text{企业已收银} \atop \text{行未收款项}} = {\text{银行对} \atop \text{账单余额}} + {\text{银行已付企} \atop \text{业未付款项}} - {\text{银行已收企业} \atop \text{未收款项}}$$

例1 利丰公司20××年度12月31日银行存款日记账的余额为280 000元，银行转来对账单的余额为370 000元，经过逐笔核对有如下未达账项：

① 企业收销货款10 000元，已记银行存款增加，银行尚未记增加；

② 企业付购料款90 000元，已记银行存款减少，银行尚未记减少；

③ 接到上海甲工厂汇来购货款50 000元，银行已登记增加，企业尚未记增加；

④ 银行代企业支付购料款40 000元，银行已登记减少，企业尚未记减少。

根据以上资料编制"银行存款余额调节表"，调整双方余额。"银行存款余额调节表"的格式如表10-2、表10-3所示。

补冲式

表10-2　银行存款余额调节表（一）

20××年12月31日　　　　　　　　　　　　　　　　单位：元

项　　目	金额	项　　目	金额
银行存款日记账金额	280 000	银行对账单金额	370 000
加：银行已收企业未收款项	50 000	加：企业已收银行未收款项	10 000
减：银行已付企业未付款项	40 000	减：企业已付银行未付款项	90 000
调节后的存款余额	290 000	调节后的存款余额	290 000

冲销式

表10-3　银行存款余额调节表（二）

20××年12月31日　　　　　　　　　　　　　　　　单位：元

项　　目	金额	项　　目	金额
银行存款日记账金额	280 000	银行对账单金额	370 000
加：企业已付银行未付款项	90 000	加：银行已付企业未付款项	40 000
减：企业已收银行未收款项	10 000	减：银行已收企业未收款项	50 000
调节后的存款余额	360 000	调节后的存款余额	360 000

需要指出的是，在财产清查过程中，要特别注意长期存在的未达账项，这样的款项可能是出租、出借账户或舞弊造成，应对时间较长的未达账项进行分析，查明原因。要注意，"银行存款余额调节表"只起到对账的作用，不能作为调节账面余额的凭证，银行存款日记账的登记，还应待收到有关原始凭证后再进行。

（三）实物资产的清查

实物资产，是指具有实物形态的各种资产，包括固定资产、存货等。

实物资产的清查是从数量上和质量上进行清查，由于各种财产物资的实物形态、体积重量、堆放方式不同，因而应采用不同的清查方法，一般采用实地盘点法和技术推算法两种。

对于实物质量的检查方法，可根据不同的实物采用不同的方法，如有的物资采用物理方法，有的物资采用化学方法来检查其质量。

为了明确经济责任，在进行盘点时，实物保管人员必须在场并参加盘点工作。对盘点的结果，应如实地登记在"盘存单"上，并由盘点人员和实物保管人员签章。"盘存单"是记录实物盘点结果的书面证明，也是反映财产物资实有数的原始凭证之一。其一般格式如表 10-4 所示。

表 10-4　盘存单

盘点时间：
财产类别：　　　　　　　　　　　　单位名称：　　　　　　　　　　　　存放地点：

编号	名称	计量单位	数量	单价	金额	备注

盘点人签字盖章：　　　　　　　　实物保管人员签字盖章：

为了进一步查明盘点结果与账面结余额是否一致，确定盘盈或盘亏情况，还要根据"盘存单"和有关账簿的记录，填制"实存账存对比表"（也称实存账存报告表）。通过对比，确定各种实物的实存同账存之间的差异。该表是财产清查的重要报表，是调整账面记录的原始凭证，也是分析盈亏原因、明确经济责任的重要依据，应严肃认真地填报，其一般格式如表 10-5 所示。

表 10-5　实存账存对比表

单位名称：　　　　　　　　　　　　年　月　日

编号	名称	规格型号	计量单位	单价	实存		账存		实存与账存对比				备注
					数量	金额	数量	金额	盘盈		盘亏		
									数量	金额	数量	金额	
金额合计													

编表人签章：　　　　　　　　　　单位负责人签章：

（四）结算往来款项的清查

各种结算往来款项一般采取"函证核对法"进行清查，即通过函件同各经济往来单位核对账目的方法。清查单位按每一个经济往来单位编制"往来款项对账单"（一式两份，其中一份作为回联单）送往各经济往来单位，对方经过核对相符后，在回联单上加盖公章退回，表示已核对；如果经核对数字不相符，对方应在回联单上注明情况，或另抄对账单退回本单位，进一步查明原因，再行核对，直到相符为止。"往来款项对账单"的格式和内容如表 10-6 所示。

表 10-6　往来款项对账单

×　×单位：

你单位20××年10月6日到我厂购甲产品10 000件，已付款4 000元，尚有6 000元货款未付，请核对后将回联单寄回。

　　　　　　　　　　　　　　　　　　　　　　　　清查单位：（盖章）
　　　　　　　　　　　　　　　　　　　　　　　　20××年12月11日

沿此虚线裁开，将以下回联单寄回！

....
....

往来款项对账单（回联）

<u>　×　×</u>清查单位：

你单位寄来的"往来款项对账单"已收到，经核对相符无误。

×　×单位（盖章）
20×　×年 12 月 31 日

第三节　财产清查结果的处理

一、财产清查的处理原则及处理程序

对于财产清查的结果，必须按国家有关财务制度的规定，严肃认真地给予处理。财产清查的结果有如下情况：一种是账存数和实存数一致，表明账实相符，不必进行账务处理。另一种是账存数和实存数不一致，当实存数大于账存数时，为盘盈；当账存数大于实存数时，为盘亏。对于财产清查中发现的盘盈、盘亏、毁损和变质或超储积压等问题，应认真核准数字，按规定的程序上报批准后再行处理；对长期不清或有争执的债权、债务，也应核准数字，上报待批准后处理。

财产清查中发现的盘盈、盘亏和毁损的处理程序如下所述。

第一，认真查明账实不符的性质和原因，并确定处理办法。对于通过财产清查所发现的实存数量与账存数量之间的差异以及质量上的问题，应核准数字，调查分析发生差异的原因，明确经济责任，提出处理意见。因个人原因造成的损失，应由个人赔偿；因企业经营管理不善造成的损失，应计入管理费用；因自然灾害发生的意外损失，列入营业外支出，处理方案要按规定的程序，报有关领导审批。

第二，积极处理多余物资和清理长期不清的债权、债务。对于企业不需用的或多余的物资，除在本单位内部设法利用、代用外，应积极处理掉；对于长期不清的债权、债务，要指定专人负责查明原因，主动与对方单位协商解决。

第三，根据清查的结果，调整账簿记录，保证账实相符。对财产清查中所发现的财产盘盈、盘亏和毁损，应及时调整账面记录，以保证账实相符。处理应分为两步进行：在审批之前，要根据清查中取得的原始凭证编制记账凭证，据以登记有关账簿，一方面使各项财产的账存数与实存数相一致，另一方面反映待处理财产盘盈或损失的增加；在审批之后，应根据盘盈、盘亏的原因或批准处理的意见，编制记账凭证，登记有关账簿。

二、财产物资盘盈的会计处理

为了反映和监督各单位在财产清查过程中查明的各种财产的盈亏、毁损及其处理情况，应设置"待处理财产损益"账户，该账户分别开设"待处理财产损益——待处理固定资产损益"和"待处理财产损益——待处理流动资产损益"两个二级明细分类账户，进行明细分类核算。用来核算财产清查中各种财产物资盘盈、盘亏、毁损及处理。其借方核算在财产清查中发生的待处理财产盘亏、毁损数及结转已批准处理的财产盘盈数；贷方核算在财产清查中发生的待处理财产盘盈数和转销已批准处理的盘亏毁损数。处理前的借方余额，反映企业尚未处理的各种财产的净损失；处理前的贷方余额反映企业尚未处理的各种财产的净溢余。处理后本科目应无余额。

举例说明财产物资盘盈及结果的会计处理。

例 2 20××年 12 月 25 日，利丰公司在财产清查中，发现账外设备一台，其重置完全价值为 60 000 元，估计已提折旧额 24 000 元。

① 批准前，根据"财产清查报告单"作如下分录：

借：固定资产	36 000	
贷：待处理财产损益——待处理固定资产损益		36 000

② 上述盘盈设备按规定批准转作营业外收入，作如下分录：

借：待处理财产损益——待处理固定资产损益	36 000	
贷：营业外收入		36 000

例 3 20××年 12 月 25 日，利丰公司进行财产清查，发现盘盈甲材料 1 600 元，经查明是由于收发计量上的错误所致。

① 在批准前，根据"实存账存对比表"所确定的甲材料盘盈数额，作如下会计分录：

借：原材料——甲材料	1 600	
贷：待处理财产损益——待处理流动资产损益		1 600

② 批准以后，冲减管理费用，作如下会计分录：

借：待处理财产损益——待处理流动资产损益	1 600	
贷：管理费用		1 600

三、财产物资盘亏或毁损的会计处理

举例说明财产物资盘亏、毁损及结果的账务处理。

例 4 20××年 12 月 25 日，利丰公司在财产清查过程中盘亏机器一台，账面原值 40 000 元，已提折旧 14 000 元，盘亏材料 1 000 元，盘亏产成品 4 000 元。

① 在批准前，根据"实存账存对比表"所确定的机器盘亏数字，编制如下会计分录：

借：待处理财产损益——待处理固定资产损益	26 000	
累计折旧	14 000	
贷：固定资产		40 000

在批准前，根据"实存账存对比表"所确定的材料和产成品盘亏数额，编制如下会计分录：

借：待处理财产损益——待处理流动资产损益	5 000	
贷：原材料		1 000
库存商品		4 000

② 上述盘亏的固定资产，材料和库存商品经批准作如下处理：

a. 盘亏及毁损固定资产的净值 26 000 元，作为营业外支出，记入"营业外支出"账户的借方；

b. 盘亏及毁损流动资产数额中有 600 元属于自然灾害造成的非常损失，作为营业外支出处理，应记入"营业外支出"账户的借方；

c. 盘亏及毁损财产物资的数额中，属于责任者个人赔偿的有 1 000 元，记入"其他应收款"账户的借方；

d. 盘亏及毁损流动资产的数额，属于管理不善造成的有 3 400 元，记入"管理费用"账户的借方，编制如下会计分录：

借：管理费用   3 400

    其他应收款——责任者   1 000

    营业外支出   26 600

    贷：待处理财产损益——待处理固定资产损益   26 000

                ——待处理流动资产损益   5 000

四、结算往来款项盘存的会计处理

在财产清查过程中，如果是长期不清的往来款项，应及时处理。由于对方单位撤销或债务人不存在等原因造成确实收不回来的应收款项，经批准予以转销坏账损失的，转销在批准前不作账务处理，也就是不用通过"待处理财产损益"科目进行核算，按规定的程序批准后，冲减坏账准备，编制如下会计分录：

借：坏账准备

    贷：应收账款（或其他应收款）

例5 20××年 12 月 25 日，利丰公司在财产清查中，查明应收某单位的货款 10 000 元，过期已久，经再三催要只收到 6 000 元，存入开户银行，其余 4 000 元作为坏账损失。

① 收回的 6 000 元，存入银行

借：银行存款   6 000

    贷：应收账款——××单位   6 000

② 不能收回的 4 000 元，冲减"坏账准备"账户

借：坏账准备   4 000

    贷：应收账款——××单位   4 000

本 章 小 结

财产清查是通过对企业的货币资金、实物财产和债权债务等进行实地盘点和核查，将一定时点的实存数与账面结存数核对，借以查明账实是否相符的一种专门方法。通过财产清查工作，对于加强企业管理，充分发挥会计的监督职能具有重要意义。存货的盘存制度有永续盘存制和定期盘存制两种，财产清查的方法较多，它是由被清查的财产物资的实物形态和具体内容所决定的。一般常用的技术方法有实地盘点法、抽样检查法、技术推算法、余额核对法、函证核对法五种。财产清查中发现的盘盈、盘亏和毁损的要认真查明账实不符的性质和原因，并确定处理办法。根据清查的结果，调整账簿记录，保证账实相符。

复 习 思 考

1. 单项选择题

（1）通常在年终决算之前，要（   ）。

A. 对企业所有财产进行技术推算盘点   B. 对企业所有财产进行全面清查

C. 对企业一部分财产进行局部清查   D. 对企业流动性较大的财产进行全面清查

（2）技术推算法适用于（   ）。

A. 流动性较大的物资　　　　　　　　B. 固定资产

C. 大量成堆难以逐一清点的存货　　　　D. 贵重物资的清查

（3）采用永续盘存制时，财产清查的目的是（　　）。

A. 检查账实是否相符　　　　　　　　B. 检查账证是否相符

C. 检查账账是否相符　　　　　　　　D. 检查账表是否相符

（4）在永续盘存制下，平时（　　）。

A. 对各项财产物资的增加数和减少数，都不在账簿中登记

B. 只在账簿中登记财产物资的减少数，不登记财产物资的增加数

C. 只在账簿中登记财产物资的增加数，不登记财产物资的减少数

D. 对各项财产物资的增加和减少数，都要根据会计凭证在账簿中登记

（5）在实地盘存制下，平时（　　）。

A. 只在账簿中登记财产物资的减少数，不登记财产物资的增加数

B. 只在账簿中登记财产物资的增加数，不登记财产物资的减少数

C. 对各项财产物资的增加数和减少数，都要根据会计凭证在账簿中登记

D. 通过财产清查据以确定财产物资增加和减少数，并编制记账凭证登记入账

（6）现金清查方法应采用（　　）。

A. 技术推广法　　　B. 实地盘点法　　　C. 实地盘存制　　　D. 账面价值法

（7）银行存款的清查是将（　　）核对。

A. 银行存款日记账与总账　　　　　　B. 银行存款日记账与银行存款收、付款凭证

C. 银行存款日记账与银行对账单　　　D. 银行存款总账与银行存款收、付款凭证

（8）盘亏及毁损流动资产的数额，属于管理不善造成的，记入（　　）账户的借方。

A. 营业外支出　　　B. 制造费用　　　　C. 管理费用　　　　D. 待处理财产损益

（9）下列对实地盘存制表述错误的是（　　）。

A. 以存计销　　　　　　　　　　　　B. 不便于会计监督

C. 有利于实物管理　　　　　　　　　D. 一般不采用

（10）月份终了，在有未达账项的情况下，企业实际可动用的银行存款是（　　）。

A. 企业银行存款日记账的余额

B. 银行对账单上企业存款余额

C. 银行存款余额调节表上调节后的银行存款余额

D. 企业账面余额与银行对账单余额中的最小数额

2. 多项选择题

（1）财产清查按照清查时间可以分为（　　）。

A. 全面清查　　　　B. 局部清查　　　　C. 定期清查　　　　D. 不定期清查

（2）下列各项中，可用作原始凭证的是（　　）。

A. 实存账存对比表　　　　　　　　　B. 现金盘点报告表

C. 未达账项登记表　　　　　　　　　D. 结算款项核对登记表

（3）对于固定资产和存货等各项财产物资的数量清查，一般采用（　　）。

A. 账面价值法　　　B. 实地盘点法　　　C. 技术推算法　　　D. 查询核实法

（4）实地盘点法一般适用于（　　）的清查。

A. 各项实物财产物资　　　　　　　　B. 银行存款

C. 库存现金　　　　　　　　　　　　D. 应付账款

（5）"待处理财产损益"科目的借方余额栏登记的内容有（　　）。

A. 待处理财产物资盘亏净值　　　　　　B. 待处理财产物资盘亏原值

C. 待处理财产物资毁损原值　　　　　　D. 待处理财产物资盘盈数

E. 待处理财产物资毁损净值

（6）下列经济业务可通过"待处理财产损益"科目核算的有（　　）。

A. 盘存材料 4 000 元上报待批

B. 盘亏设备一台，原值 12 000 元，已提折旧 8 000 元，上报待批

C. 财产清查中发现无法收回的应收账款 6 000 元，列入坏账损失

D. 财产清查中查明无法支付的应付账款 5 000 元，转作资本公积

E. 盘亏材料 4 000 元，经批准冲减管理费用

（7）永续盘存制与实地盘存制的主要区别是（　　）。

A. 永续盘存制下需要登记账簿，实地盘存制下不需要登记账簿

B. 两种盘存制都需要对财产物资进行盘点，但目的不同

C. 两种盘存制都需要对财产物资进行盘点，但方法不同

D. 实地盘存制下需要对财产物资进行盘点，永续盘存制则不需要对财产物资进行盘点

E. 两种盘存制对财产物资在账簿中的记录方法不同

3. 判断题

（1）在一般情况下，全面清查既可以是定期清查，也可以是不定期清查。（　　）

（2）局部清查一般适用于对流动性较大的财产物资和货币资金的清查。（　　）

（3）对财产物资价值量的确定，其清查方法必须采用账面价值法。（　　）

（4）对于未达账项应编制银行存款余额调节表进行调节，同时将未达账项编制记凭证调整入账。（　　）

（5）企业定期对现金进行清查时，由出纳人员一人进行就可以了。（　　）

4. 思考题

（1）试述存货盘存制度及其优缺点。

（2）试述财产清查的作用有哪些？

5. 业务题

习题一

一、利丰公司期末进行财产清查，在清查中发现下列问题：

（1）甲材料盘盈 690 元，系出库时计量不准造成，作冲减管理费用处理；

（2）乙材料盘亏 1 200 元，盘亏数定额内合理损耗，转作管理费用；

（3）丙材料霉变损坏 200 元，因为连续阴雨天气，保管员赵青未及时采取措施所致，责令赵青赔偿 100 元，赔款尚未收到，其余作企业营业外支出处理；

（4）A 产品盘亏 300 元，系保管员李斌责任心不强造成丢失，责令李斌赔偿，赔款尚未收到；

（5）B 产品盘盈 800 元，系发货时少发造成，现将 B 产品 800 元补发给购买方；

（6）盘盈设备一台，估计市价 5 000 元，估计折旧 2 000 元；盘盈设备转作营业外收入。

二、要求：根据业务编制会计分录。

习题二

一、利丰公司 20×× 年 6 月 30 日 "银行存款日记账" 借方余额为 526 000 元，"银行对账单余额为 585 000 元。经查，发现有以下未达账项：

（1）委托银行收取的货款 120 000 元，银行已收妥入账，而企业尚未收到收账通知；

（2）企业以转账支票支付材料运费 15 000 元，企业已入账，而银行尚未记账；

（3）银行为企业代付电费 6 000 元，企业尚未记账；

（4）企业收到外单位转账支票一张，还来前欠货款 70 000 元，企业已收账，银行尚未记账。

二、要求：根据资料编制银行存款余额调节表。

第十一章 财务报告

本章学习目的

- 掌握财务报告的构成，了解财务报表列报的基本要求
- 掌握资产负债表的格式和基本编制方法
- 掌握利润表的格式和基本编制方法
- 掌握现金流量的分类和现金流量表的格式
- 掌握附注披露的内容
- 掌握会计报表分析的财务比率计算

导入案例 ▶▶▶▶

小李手上有一笔闲散资金5万元。听说最近股票行情不错，他决定运用这笔资金去购买股票，面对那么多的上市公司，他不知该选择哪一家公司的股票。于是，他请教了几个朋友。朋友小张告诉他："这很简单，你查一下上市公司公布的财务报表，分析一下企业的盈利及未来成长能力，挑选一家盈利能力强、有发展潜力的公司股票购买就可以了。"小李不解，就向小张请教：什么是财务报表？怎样通过财务报表去分析企业的盈利能力和未来成长能力？

资料来源：114学习网—管理文库，作者略有删改。

财务报告体现了企业财务会计确认与计量的最终结果，是会计信息系统对企业经济交易进行处理的最后一个环节，它是向投资者、债权人等财务报告使用者提供决策有用的信息。本章主要阐述财务报告与财务报表的定义，财务报表列报的基本要求，基本财务报表（资产负债表、利润表、现金流量表和所有者权益变动表）的格式及编制方法，附注披露的主要内容、会计报表分析中采用的财务比率等。

第一节 财务报告概述

一、财务报告的定义

财务报告，是指企业对外提供的反映企业某一特定日期的财务状况和某一会计期间的经营成果、现金流量等会计信息的文件。财务报告包括财务报表和其他应当在财务报告中披露的相关信息和资料。

财务报告体现了企业财务会计确认与计量的最终结果，投资者、债权人等使用者主要是通过财务报告来了解企业的财务状况、经营成果和现金流量等情况，预测企业未来的发展趋势，为其决策提供量化依据。

二、财务报表的定义和构成

财务报表是对企业财务状况、经营成果和现金流量的结构性表述。财务报表至少应当包

括下列组成部分：①资产负债表；②利润表；③现金流量表；④所有者权益（或股东权益，下同）变动表；⑤附注。考虑到小企业规模较小，外部信息需求相对较低，因此，小企业编制的报表可以不包括现金流量表。见图 11-1 所示。

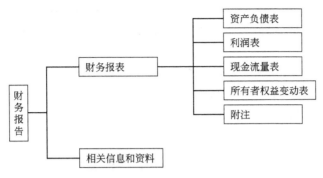

图 11-1　财务报告构成示意图

三、会计报表的分类

会计报表按照不同的标准有不同的分类方式，以下介绍几种重要的分类方式。

（一）按反映的经济内容

1. 反映企业财务状况的报表

如资产负债表，是反映企业在某一时点的全部资产、负债和所有者权益数额及其结构情况的报表。

2. 反映企业经营成果的报表

如利润表，反映企业在一定时期内取得的收入、发生的费用、实现的利润（或发生的亏损）情况的会计报表。

3. 反映企业现金流量情况的会计报表

如现金流量表，反映企业在一定时期经营活动、筹资活动和投资活动现金流入、现金流出和现金净流量情况的会计报表。

（二）按报表编制的时间

1. 月度会计报表

月度会计报表指月度终了提供的会计报表，用以反映企业某一个月份财务状况、经营成果情况的会计报表，月度报表应当于月度终了后 6 天内对外提供。

2. 季度会计报表

季度会计报表指季度终了提供的会计报表，用以反映企业某一个季度财务状况、经营成果情况的会计报表，季度会计报表于季度终了后 15 天内对外提供。

3. 半年度会计报表

半年度会计报表指在每个会计年度的前 6 个月结束后对外提供的会计报表，用以反映企业半个年度内财务状况、经营成果、现金流量情况的会计报表，一般于年度中期结束后，60 天内对外提供。

月度会计报表、季度会计报表、半年度会计报表又称为中期报表。

4. 年度会计报表

年度会计报表简称年报，指年度终了对外提供的财务会计报表，用以反映企业某一个年度内财务状况、经营成果、现金流量情况的会计报表，在我国一般于年度终了后 4 个月内对外提供。

（三）按报表编制的主体

1. 个别会计报表

个别会计报表指独立核算的一个单位在自身会计核算基础上对账簿记录进行加工而编制的会计报表，它主要用以反映企业自身的财务状况、经营成果和现金流量情况。

2. 合并会计报表

合并会计报表是以母公司和子公司组成的企业集团为一个会计主体，以母公司和子公司单独编制的个别会计报表为基础，采用独特的合并报表的方法，由母公司编制的综合反映整个企业集团财务状况、经营成果及现金流量的会计报表。

四、财务报告的作用

真实的财务报告能够反映经营者的业绩，帮助内部和外部使用者正确决策，为政府部门提供所需的信息等，具体来说有以下作用。

（一）有助于投资者和债权人等进行合理的决策

投资者和债权人是企业外部集团中最重要的财务报告使用者。财务报告披露的财务信息是投资者和债权人据以评价企业经营业绩、偿债能力、发展前景等的最直接、主要的信息来源。对于潜在的投资者来说，财务报告也是其投资决策的重要依据。

（二）帮助企业管理当局改善经营管理，促进企业快速、稳定的发展

比其他会计资料相比，财务报告提供的关于企业财务状况、经营成果、现金流量等方面的财务信息更为系统和完整，从而有助于经营管理人员分析检查企业取得的成绩和存在的问题，进而采取相应的措施改善经营管理。

（三）为有关政府部门提供各类信息，更好地发挥其经济监督和调控作用

财政、税务、审计、国有资产管理等各类政府部门通过对企业提供的财务报告进行审查分析，可以据此判断各种财经法律制度的执行情况、国民经济各部门的运行情况，以便及时采取相应措施，发挥宏观调控作用，实现资源的优化配置。

五、财务报表列报的基本要求

（一）遵循各项会计准则进行确认和计量

企业应当根据实际发生的交易和事项，遵循各项具体会计准则的规定进行确认和计量，并在此基础上编制财务报表。企业应当在附注中对遵循企业会计准则编制的财务报表作出声明，只有遵循了企业会计准则的所有规定时，财务报表才应当被称为"遵循了企业会计准则"。

（二）列报基础

企业应当以持续经营为基础，根据实际发生的交易和事项，按照《企业会计准则——基本准则》和其他各项会计准则的规定进行确认和计量，在此基础上编制财务报表。以持续经营为基础编制财务报表不再合理的，企业应当采用其他基础编制财务报表，并在附注中披露这一事实。

企业不应以附注披露代替确认和计量。

（三）列报的一致性

为使同一企业不同期间和同一期间不同企业的财务报表相互可比，会计信息质量的一项重要质量要求就是可比性，因此，财务报表项目的列报应当在各个会计期间保持一致，不得

随意变更，这一要求不仅只针对财务报表中的项目名称，还包括财务报表项目的分类、排列顺序等方面。但下列情况除外：

① 会计准则要求改变财务报表项目的列报；

② 企业经营业务的性质发生重大变化后，变更财务报表项目的列报能够提供更可靠、更相关的会计信息。

（四）按照重要性判断财务报表项目是否单独列报

重要性，是指财务报表某项目的省略或错报会影响使用者据此作出经济决策的，该项目具有重要性。重要性是判断财务报表项目是否单独列报的重要标准。企业应当根据所处环境，从项目的性质和金额大小两方面予以判断。

性质或功能不同的项目，应当在财务报表中单独列报，但不具有重要性的项目除外。

性质或功能类似的项目，其所属类别具有重要性的，应当按其类别在财务报表中单独列报。

（五）财务报表项目金额间的相互抵消

财务报表中的资产项目和负债项目的金额、收入项目和费用项目的金额不得相互抵消，但其他会计准则另有规定的除外。

下列两种情况不属于抵消，可以以净额列示：

① 资产项目按扣除减值准备后的净额列示，不属于抵消。

② 非日常活动产生的损益，以收入扣减费用后的净额列示，不属于抵消。

（六）比较信息的列报

企业在列报当期财务报表时，至少应当提供所有列报项目上一可比会计期间的比较数据，以及与理解当期财务报表相关的说明，但其他会计准则另有规定的除外。

当财务报表项目的列报发生变更时，企业应当对上期比较数据按照当期的列报要求进行调整，并在附注中披露调整的原因和性质，以及调整的各项目金额。对上期比较数据进行调整不切实可行的，应当在附注中披露不能调整的原因。不切实可行，是指企业在作出所有合理努力后，仍然无法采用某项规定。

（七）财务报表表首的列报要求

企业应当在财务报表的表首部分至少披露下列各项信息：①编报企业的名称；②资产负债表日或财务报表涵盖的会计期间；③人民币金额单位；④财务报表是合并财务报表的，应当予以标明。

（八）报告期间

企业至少应当按年编制财务报表。年度财务报表涵盖的期间短于一年的，应当披露年度财务报表的涵盖期间，以及短于一年的原因。

对外提供中期财务报告的，还应遵循《企业会计准则第 32 号——中期财务报告》的规定。

六、财务报告的编制准备

企业应当根据真实的交易、事项以及完整、准确的账簿记录等资料编制财务报告，并应遵守规定的报送期限，在会计期间结束后及时编制各种财务报表，已保证财务报告的及时性。为了真实、全面和及时地反映企业的财务状况、经营成果和现金流量情况，企业在编制财务报告前，应当做好以下准备工作。

（一）全面清查资产、核实债务

财产清查是保证财务报告反映的情况真实、数字准确的必要手段。在进行财产清查时，要查明各项存货及固定资产的实存数量与账面数量是否一致；通过查询，核实包括应收款项、应付款项等的各种结算款项是否存在，与债务、债权单位的相应债务、债权金额是否一致；各项投资是否存在，投资收益是否按照国家规定进行确认和计量。企业清查、核实后，应当将清查、核实的结果及其处理办法向企业的董事会或者相应机构报告，并根据国家统一的会计制度规定进行相应的会计处理。

（二）对账

对账也是为了确保会计日常核算数据正确性而进行的一项会计程序。通过核对总账与明细账、总账与日记账及各会计账簿记录与会计凭证的内容、金额等是否一致，记账方向是否相符，可以发现账簿记录的一些错误，及时纠正，确保日常核算和财务报告的正确性。

（三）结账

在会计期间的结账日，当期的全部交易和事项已编制了记账凭证，并全部登记入账，此时计算各账户的本期发生额和余额，从而全面反映各项经济活动对企业财务状况和经营绩效的影响。结账后，账簿中提供的数据应成为编制财务报表的主要依据。

（四）其他检查

主要包括检查相关的会计核算是否按照国家统一的会计制度的规定进行；对于会计制度没有规定统一核算方法的交易、事项，检查其是否按照会计核算的一般原则进行确认、计量，相关账务处理是否合理；检查是否存在因会计差错、会计政策变更等原因需要调整前期或者本期相关项目。

第二节　资产负债表

资产负债表是反映企业在某一特定日期财务状况的报表，它表明企业在某一特定日期所拥有或控制的经济资源、所承担的现有义务和所有者对净资产的要求权。

一、资产负债表的意义

资产负债表又称财务状况表，是企业对外提供的主要财务报表之一。其基本结构遵循会计等式：资产＝负债＋所有者权益。它把企业在特定时日所拥有的经济资源和承担的债务及所有者的权益都充分体现出来，这些信息对企业管理当局和外部使用者的决策都具有重要的意义。

利用资产负债表中的有关数据，可以分析企业资产的结构、资产的流动性、变现性、企业的负债规模、偿债能力、资本结构等情况，为企业内外部的使用者提供决策的有关信息。随着企业经营活动的开展，企业资产、负债和所有者权益是不断变化的，而资产负债表反映的是某一时点的资产、负债和所有者权益的某一相对静止状态，因此，它是一种静态会计报表。

二、资产负债表的内容和格式

（一）资产负债表的内容

资产负债表是按照规定的项目顺序，对企业某一特定日期的资产、负债、所有者权益加以适当的排列而形成的，应当分别对流动资产和非流动资产、流动负债和非流动负债进行列示。其基本内容包括以下几点。

1. 资产类项目

资产满足下列条件之一的，应当归类为流动资产：①预计在一个正常营业周期中变现、出售或耗用；②主要为交易目的而持有；③预计在资产负债表日起一年内（含一年，下同）变现；④自资产负债表日起一年内，交换其他资产或清偿负债的能力不受限制的现金或现金等价物。

流动资产以外的资产应当归类为非流动资产，并应按其性质分类列示。

资产负债表中的资产类至少应当单独列示反映下列信息的项目：①货币资金；②应收及预付款项；③交易性金融资产；④存货；⑤持有至到期投资；⑥长期股权投资；⑦投资性房地产；⑧固定资产；⑨生物资产；⑩递延所得税资产；⑪无形资产。

2. 负债类项目

负债满足下列条件之一的，应当归类为流动负债：①预计在一个正常营业周期中清偿；②主要为交易目的而持有；③自资产负债表日起一年内到期应予以清偿；④企业无权自主地将清偿推迟至资产负债表日后一年以上。

流动负债以外的负债应当归类为非流动负债，并应按其性质分类列示。

对于在资产负债表日起一年内到期的负债，企业预计能够自主地将清偿义务展期至资产负债表日后一年以上的，应当归类为非流动负债；不能自主地将清偿义务展期的，即使在资产负债表日后、财务报告批准报出日前签订了重新安排清偿计划协议，该项负债仍应归类为流动负债。

资产负债表中的负债类至少应当单独列示反映下列信息的项目：①短期借款；②应付及预收款项；③应交税费；④应付职工薪酬；⑤预计负债；⑥长期借款；⑦长期应付款；⑧应付债券；⑨递延所得税负债。

3. 所有者权益类项目

所有者项目按形成来源不同分类，按照永久性递减的顺序排列，包括实收资本（股本）、资本公积、盈余公积和未分配利润。

资产负债表中的所有者权益类至少应当单独列示反映下列信息的项目：①实收资本（或股本）；②资本公积；③盈余公积；④未分配利润。

（二）资产负债表的格式

资产负债表一般由表首、报表主体和附注三部分组成：表首应列示报表名称、企业名称、报告日期、采用的货币名称和计量单位等。报表主体则反映企业在特定日期的资产、负债和所有者权益项目名称及金额。一般来说，资产负债表提供各项目年初数和期末数的比较资料。附注主要用于进一步解释说明报表的主要项目。

资产负债表有两种惯用的格式：账户式和报告式。

1. 账户式

在这种格式下，资产负债表像一个T形账户，分为左右两部分，左方列示资产各项目，右方列示负债和所有者权益各项目。因为其编制基础是会计等式，所以报表左方资产各项目的合计等于右方负债和所有者权益各项目的合计。我国资产负债表按这种格式反映，见表11-1所示。

2. 报告式

在这种格式下，资产、负债和所有者权益从上到下垂直排列，以资产总额减去负债总额后的数额与所有者权益总额保持相等。具体格式如表11-2所示。

表 11-1　账户式资产负债表

编制单位：×××公司　　　　　　　　　　20××年××月××日　　　　　　　　　　单位：元

资　产	期末余额	年初余额	负债和股东权益	期末余额	年初余额
流动资产：			流动负债：		
货币资金			短期借款		
交易性金融资产			交易性金融负债		
应收票据			应付票据		
应收账款			应付账款		
预付款项			预收款项		
应收利息			应付职工薪酬		
应收股利			应交税费		
其他应收款			应付利息		
存货			应付股利		
一年内到期的非流动资产			其他应付款		
其他流动资产			一年内到期的非流动负债		
流动资产合计			其他流动负债		
非流动资产：			流动负债合计		
可供出售金融资产			非流动负债：		
持有至到期投资			长期借款		
长期应收款			应付债券		
长期股权投资			长期应付款		
投资性房地产			专项应付款		
固定资产			预计负债		
在建工程			递延所得税负债		
工程物资			其他非流动负债		
固定资产清理			非流动负债合计		
生产性生物资产			负债合计		
油气资产			股东权益：		
无形资产			实收资本（或股本）		
开发支出			资本公积		
商誉			减：库存股		
长期待摊费用			盈余公积		
递延所得税资产			未分配利润		
其他非流动资产			股东权益合计		
非流动资产合计					
资产总计			负债和股东权益总计		

表 11-2　报告式资产负债表（简式）

编制单位：×××公司　　　　　　　　20××年××月××日　　　　　　　　单位：元

项　目	金　额
资产	
流动资产	
各项目	
非流动资产	
各项目	
资产总计	
负债	
流动负债	
各项目	
非流动负债	
各项目	
负债合计	
所有者权益	
各项目	
所有者权益合计	

三、资产负债表的填列方法

（一）年初余额栏的填列方法

资产负债表"年初余额"栏内各项数字，应根据上年末资产负债表"期末余额"栏内所列数字填列。如果上年度资产负债表规定的各个项目的名称和内容同本年度不相一致，应对上年年末资产负债表各项目的名称和数字按照本年度的规定进行调整，填入表中"年初余额"栏内。

（二）期末余额栏的填列方法

资产负债表"期末余额"栏内各项数字，一般应根据资产、负债和所有者权益类科目的期末余额填列。主要包括以下方式。

1. 根据总账科目余额填列

资产负债表中的有些项目，可直接根据有关总账科目的余额填列，如"交易性金融资产"、"短期借款"、"应付票据"、"应付职工薪酬"、"实收资本"、"资本公积"、"盈余公积"等项目；有些项目则需根据几个总账科目的期末余额计算填列。如"货币资金"项目，需根据"库存现金"、"银行存款"、"其他货币资金"三个总账科目的期末余额的合计数填列。

2. 根据明细账科目余额计算填列

如"应付账款"项目，根据"应付账款"和"预付款项"两个科目所属的相关明细科目的期末贷方余额计算填列；"应收账款"，根据"应收账款"、"预收账款"科目的所属相关明细科目的期末借方余额计算填列。

3. 根据总账科目和明细账科目余额分析计算填列

资产负债表中的某些项目既不能直接根据总账科目余额直接填列，也不能根据所属明细科目余额填列，需要根据总账科目和明细科目余额共同分析计算填列。如"长期借款"，应根据"长期借款"总账科目余额扣除其所属明细科目中反映的将在一年内到期、且企业不能自主地将清偿义务展期的长期借款后的金额计算填列。类似项目还有"应付债券"等。

4. 根据有关科目余额减去其备抵科目余额后的净额填列

如资产负债表中的"应收账款"项目，应当根据"应收账款"科目的期末余额减去"坏账准备"科目余额后的净额填列。"固定资产"项目，应当根据"固定资产"科目的期末余额减去"累计折旧"、"固定资产减值准备"备抵科目余额后的净额填列等。

5. 综合运用上述填列方法分析填列

如资产负债表中的"存货"项目，需要根据"原材料"、"库存商品"、"委托加工物资"、"周转材料"、"材料采购"、"在途物资"、"发出商品"、"材料成本差异"等总账科目期末余额的分析汇总数，再减去"存货跌价准备"科目余额后的净额填列。

四、资产负债表编制示例

例1 利丰公司20××年12月31日的资产负债表（年初余额略）及2010年12月31日的科目余额表分别见表11-3和表11-4所示。假设迅达股份有限公司2010年度除计提固定资产减值准备导致固定资产账面价值与其计税基础存在可抵扣暂时性差异外，其他资产和负债项目的账面价值均等于其计税基础。假定迅达公司未来很可能获得足够的应纳税所得额用来抵扣可抵扣暂时性差异，适用的所得税税率为25%。

表11-3 资产负债表

会企01表

编制单位：利丰公司　　　　　　　　2010年12月31日　　　　　　　　单位：元

资　产	期末余额	年初余额	负债和股东权益	期末余额	年初余额
流动资产：			流动负债：		
货币资金	7 03 150		短期借款	150 000	
交易性金融资产	7 500		交易性金融负债	0	
应收票据	123 000		应付票据	100 000	
应收账款	149 550		应付账款	476 900	
预付款项	50 000		预收款项	0	
应收利息	0		应付职工薪酬	55 000	
应收股利	0		应交税费	18 300	
其他应收款	2 500		应付利息	500	
存货	1 290 000		应付股利	0	
一年内到期的非流动资产	0		其他应付款	25 000	
其他流动资产	50 000		一年内到期的非流动负债	500 000	
流动资产合计	2 375 700		其他流动负债	0	
非流动资产：			流动负债合计	1 325 700	
可供出售金融资产	0		非流动负债：		
持有至到期投资	0		长期借款	300 000	
长期应收款	0		应付债券	0	
长期股权投资	125 000		长期应付款	0	
投资性房地产	0		专项应付款	0	
固定资产	550 000		预计负债	0	
在建工程	750 000		递延所得税负债	0	
工程物资	0		其他非流动负债	0	
固定资产清理	0		非流动负债合计	300 000	

资　产	期末余额	年初余额	负债和股东权益	期末余额	年初余额
生产性生物资产	0		负债合计	1 625 700	
油气资产	0		股东权益：		
无形资产	300 000		实收资本（或股本）	2 500 000	
开发支出	0		资本公积	0	
商誉	0		减：库存股	0	
长期待摊费用	0		盈余公积	50 000	
递延所得税资产	0		未分配利润	25 000	
其他非流动资产	100 000		股东权益合计	2 825 000	
非流动资产合计	1 825 000				
资产总计	4 200 700		负债和股东权益总计	4 200 700	

表 11-4　科目余额表　　　　　　　　　　　　单位：元

科目名称	借方余额	科目名称	贷方余额
库存现金	1 000	短期借款	25 000
银行存款	402 915.5	应付票据	50 000
其他货币资金	3 650	应付账款	476 900
交易性金融资产	0	其他应付款	25 000
应收票据	33 000	应付职工薪酬	90 000
应收账款	300 000	应交税费	113 365.5
坏账准备	−900	应付利息	0
预付账款	50 000	应付股利	16 107.925
其他应收款	2 500	一年内到期的长期负债	0
材料采购	137 500	长期借款	580 000
原材料	22 500	股本	2 500 000
周转材料	19 025	盈余公积	62 385.2
库存商品	1 061 200	利润分配（未分配利润）	109 006.875
材料成本差异	2 125		
其他流动资产	50 000		
长期股权投资	125 000		
固定资产	1 200 500		
累计折旧	−85 000		
固定资产减值准备	−15 000		
工程物资	15 0000		
在建工程	214 000		
无形资产	300 000		
累计摊销	−30 000		
递延所得税资产	3 750		
其他长期资产	100 000		
合计	4 047 765.5	合计	4047765.5

根据上述资料，编制利丰公司 2011 年 12 月 31 日的资产负债表，见表 11-5。

表 11-5　资产负债表

会企 01 表

编制单位：利丰公司　　　　　　　　　　2011 年 12 月 31 日　　　　　　　　　　单位：元

资　产	期末余额	年初余额	负债和股东权益	期末余额	年初余额
流动资产：			流动负债：		
货币资金	407 565.5	703 150	短期借款	25 000	150 000
交易性金融资产	0	7 500	交易性金融负债	0	0
应收票据	33 000	123 000	应付票据	50 000	100 000
应收账款	29 9100	149 550	应付账款	476 900	476 900
预付款项	50 000	50 000	预收款项	0	0
应收利息	0	0	应付职工薪酬	90 000	55 000
应收股利	0	0	应交税费	113 365.5	18 300
其他应收款	2 500	2 500	应付利息	0	500
存货	1 242 350	1 290 000	应付股利	16 107.925	0
一年内到期的非流动资产	0	0	其他应付款	25 000	25 000
其他流动资产	50 000	50 000	一年内到期的非流动负债	0	500 000
流动资产合计	2 084 515.5	2 375 700	其他流动负债	0	0
非流动资产：			流动负债合计	796 373.425	1 325 700
可供出售金融资产	0	0	非流动负债：		
持有至到期投资	0	0	长期借款	580 000	300 000
长期应收款	0	0	应付债券	0	0
长期股权投资	125 000	125 000	长期应付款	0	0
投资性房地产	0	0	专项应付款	0	0
固定资产	1 100 500	550 000	预计负债	0	0
在建工程	214 000	750 000	递延所得税负债	0	0
工程物资	150 000	0	其他非流动负债	0	0
固定资产清理	0	0	非流动负债合计	580 000	300 000
生产性生物资产	0	0	负债合计	1 376 373.425	1 625 700
油气资产	0	0	股东权益：		
无形资产	270 000	300 000	实收资本（或股本）	2 500 000	2 500 000
开发支出	0	0	资本公积	0	0
商誉	0	0	减：库存股	0	0
长期待摊费用	0	0	盈余公积	62 385.2	50 000
递延所得税资产	3 750	0	未分配利润	109 006.875	25 000
其他非流动资产	100 000	100 000	股东权益合计		2 825 000
非流动资产合计	1 963 250	1 825 000			
资产总计	4 047 765.5	4 200 700	负债和股东权益总计	4 047 765.5	4 200 700

第三节 利 润 表

利润表是反映企业一定期间内的经营成果，即利润或亏损情况的会计报表，它表明企业运用所拥有的资产的获利能力，是企业会计报表中的主要报表之一。利润表把一定会计期间的收入与其同一会计期间相关的费用进行配比，以计算出企业一定时期的净利润或净亏损。

一、利润表的意义

利润表可以反映会计主体的经营成果。利润是企业在一定会计期间的收入与为取得这些收入而发生的费用成本配比的结果，它是收入与费用成本内在关系的集中体现，不仅能够反映企业在一定期间的生产经营成果，也能综合反映企业效益水平。通过利润表可以分析企业利润的构成、利润增减变动的原因，据以评价企业经营成果的优劣和获利能力的高低，并预测未来的发展趋势。利润表还是企业经营成果分配的重要依据，并有助于评价与考核企业管理人员的绩效。

二、利润表的内容和格式

（一）利润表的内容

利润表是按照"收入－费用＝利润"的等式将企业一定期间的各项收入、费用和利润加以适当的排列而形成的。利润表主要反映与构成企业营业利润、利润总额和净利润相关的各项要素。这些项目的关系如下所示：

营业利润＝营业收入－营业成本－营业税金及附加－销售费用－管理费用

－财务费用－资产减值损失＋公允价值变动收益＋投资收益

利润总额＝营业利润＋营业外收入－营业外支出

净利润＝利润总额－所得税费用

（二）利润表的格式

目前比较普遍的利润表的格式有单步式和多步式两种，我国一般采用多步式利润表。

1. 单步式利润表

单步式利润表是将汇总的本期各项收入的合计数与各项成本、费用的合计数相抵后，一次计算求得本期最终损益的表式。这种格式比较简单，便于编制，但是缺少利润构成情况的详细资料，不利于企业不同期间利润表与行业间利润表的纵向和横向的比较、分析。其基本格式如表 11-6 所示。

表 11-6 利润表（单步式）

编制单位：利丰公司　　　　　　　　　　20××年××月　　　　　　　　　　单位：元

项　　目	本期金额	本年累计数
一、营业收入和收益		
其中:营业收入		
公允价值变动收益		
投资收益		
营业外收入		
营业收入和收益合计		
二、营业费用和损失		
其中:营业成本		

项　　目	本期金额	本年累计数
营业税金及附加		
销售费用		
管理费用		
财务费用		
资产减值损失		
营业外支出		
营业费用和损失合计		
三、利润总额		
其中:所得税费用		
四、净利润		

2. 多步式利润表

多步式利润表是将收入与费用项目按不同性质归类后，依次计算营业利润、利润总额、税后净利、每股收益和综合收益的表式。这种格式注重了收入与成本费用配比的层次性，从而得出一些中间性的利润数据，与单步式利润表相比，能够提供更为丰富的信息。这样，有利于报表使用者从不同损益类别中了解企业经营成果的不同来源，有利于对生产经营情况进行分析，有利于利润表的纵向和横向比较。基于这些优点，我国会计准则明确规定利润表应采用多步式结构。其格式如表 11-7 所示。

表 11-7　利润表（多步式）

编制单位：利丰公司　　　　　　　　20××年××月　　　　　　　　单位：元

项　　目	本期金额	本年累计数
一、营业收入		
减:营业成本		
营业税金及附加		
销售费用		
管理费用		
财务费用		
资产减值损失		
加:公允价值变动收益(损失以"－"号填列)		
投资收益(损失以"－"号填列)		
其中:对联营企业和合营企业的投资收益		
二、营业利润(亏损以"－"号填列)		
加:营业外收入		
减:营业外支出		
其中:非流动资产处置损失		
三、利润总额(亏损总额以"－"号填列)		

続表

项　目	本期金额	本年累计数
减:所得税费用		
四、净利润(净亏损以"-"号填列)		
五、每股收益		
(一)基本每股收益		
(二)稀释每股收益		
六、综合收益		
(一)其他综合收益		
(二)综合收益总额		

三、利润表的填列方法

利润表中的栏目分为"本期金额"栏和"上期金额"栏。

(一)上期金额栏的填列方法

利润表"上期金额"栏内各项数字,应根据上年该期利润表"本期金额"栏内所列数字填列。如果上年该期利润表规定的各个项目的名称和内容同本期不相一致,应对上年该期利润表各项目的名称和数字按本期的规定进行调整,填入利润表"上期金额"栏内。

(二)本期金额栏的填列方法

利润表"本期金额"栏内各项数字一般应根据损益类科目的发生额分析填列。

四、利润表编制示例

例2　利丰公司20××年度有关损益类科目本年累计发生净额如表11-8所示。

表11-8　利丰公司损益类科目20××年度累计发生净额　　单位:元

科目名称	借方发生额	贷方发生额
主营业务收入		625 000
主营业务成本	375 000	
营业税金及附加	1 000	
销售费用	10 000	
管理费用	78 550	
财务费用	20 750	
资产减值损失	15 450	
投资收益		15 750
营业外收入		25 000
营业外支出	9 850	
所得税费用	42 650	

根据上述资料,编制利丰公司20××年度利润表,如表11-9所示。

表 11-9　利润表

会企 02 表

编制单位：利丰公司　　　　　　　　　　　20××年　　　　　　　　　　　单位：元

项　目	本期金额	上期金额（略）
一、营业收入	625 000	
减：营业成本	375 000	
营业税金及附加	1 000	
销售费用	10 000	
管理费用	78 550	
财务费用	20 750	
资产减值损失	15 450	
加：公允价值变动收益（损失以"－"号填列）	0	
投资收益（损失以"－"号填列）	15 750	
其中：对联营企业和合营企业的投资收益	0	
二、营业利润（亏损以"－"号填列）	140 000	
加：营业外收入	25 000	
减：营业外支出	9 850	
其中：非流动资产处置损失	（略）	
三、利润总额（亏损总额以"－"号填列）	155 150	
减：所得税费用	38 787.50	
四、净利润（净亏损以"－"号填列）	116 362.50	
五、每股收益	（略）	
（一）基本每股收益		
（二）稀释每股收益		
六、综合收益	（略）	
（一）其他综合收益		
（二）综合收益总额		

第四节　现金流量表

现金流量表，是指反映企业在一定会计期间现金和现金等价物流入和流出的报表。

一、现金流量表的意义

现金流量表提供了一定期间的现金流入和流出信息，汇总说明企业在一定会计期间内经营、投资和筹资活动产生的现金流量，弥补了资产负债表和利润表的不足。编制现金流量表能使财务报表使用者评估企业未来取得净现金流入的能力、未来偿还负债及支付股利的能力，反映企业用现金或非现金的投资及筹资活动和向外界提供筹资所需要的现金流量信息。它还能揭示盈利能力和创造现金的能力之间的关系，从而反映了所得的利润质量。现金流量表与资产负债表综合起来使用，能够提供有关企业的资产流动性、变动性和财务适应能力方面的信息。

二、现金流量表的编制基础和现金流量的分类

（一）编制基础

从编制原则上看，现金流量表按照收付实现制原则编制，将权责发生制下的盈利信息调整为收付实现制下的现金流量信息，便于信息使用者了解企业净利润的质量。因此，现金流量表是以现金为基础编制的，这里的现金指现金和现金等价物。现金是指企业库存现金以及可以随时用于支付的存款，包括库存现金、可以随时用于支付的银行存款和其他货币资金；现金等价物是指企业持有的期限短、流动性强、易于转换为已知金额现金、价值变动风险很小的投资。现金等价物虽然不是现金，但其支付能力与现金的差别不大，可视为现金。它通常指购买在 3 个月或更短时间内即到期或即可转换为现金的投资。企业应根据具体情况，确定现金等价物的范围，并且一贯性地保持其划分标准。

（二）现金流量的分类

编制现金流量表的目的，是为会计报表使用者提供企业一定会计期间内有关现金流入和流出的信息。首先要对企业的业务活动进行合理的分类，并据此对现金流量进行适当分类。我国《企业会计准则第 31 号——现金流量表》将企业的业务活动按其发生的性质分为经营活动、投资活动与筹资活动，为了在现金流量表中反映企业在一定时期内现金净流量变动的原因，相应地将企业一定期间内产生的现金流量归为三类：经营活动产生的现金流量、投资活动产生的现金流量和筹资活动产生的现金流量。

1. 经营活动产生的现金流量

经营活动，是指企业投资活动和筹资活动以外的所有交易和事项。经营活动主要包括销售商品、提供劳务、购买商品、接受劳务、支付税费等。在我国，企业应当采用直接法列示经营活动产生的现金流量。直接法，是指通过现金收入和现金支出的主要类别列示经营活动的现金流量。

有关经营活动现金流量的信息，可以通过下列途径之一取得：

① 企业的会计记录。

② 根据下列项目对利润表中的营业收入、营业成本以及其他项目进行调整：

a. 当期存货及经营性应收和应付项目的变动；

b. 固定资产折旧、无形资产摊销、计提资产减值准备等其他非现金项目；

c. 属于投资活动或筹资活动现金流量的其他非现金项目。

2. 投资活动产生的现金流量

投资活动是指企业长期资产的购建和不包括在现金等价物范围的投资及其处置活动。投资活动产生的现金流量至少应当单独列示反映下列信息的项目：①收回投资收到的现金；②取得投资收益收到的现金；③处置固定资产、无形资产和其他长期资产收回的现金净额；④处置子公司及其他营业单位收到的现金净额；⑤收到其他与投资活动有关的现金；⑥购建固定资产、无形资产和其他长期资产支付的现金；⑦投资支付的现金；⑧取得子公司及其他营业单位支付的现金净额；⑨支付其他与投资活动有关的现金。

3. 筹资活动产生的现金流量

筹资活动是指导致企业资本及债务规模和构成发生变化的活动。筹资活动产生的现金流量至少应当单独列示反映下列信息的项目：①吸收投资收到的现金；②取得借款收到的现金；③收到其他与筹资活动有关的现金；④偿还债务支付的现金；⑤分配股利、利润或偿付

利息支付的现金；⑥支付其他与筹资活动有关的现金。

三、现金流量表的格式

我国现金流量表的基本格式如表11-8所示。

表 11-10 现金流量表

编制单位：利丰公司　　　　　　　　　　　　　年度　　　　　　　　　　　　　单位：元

项　　　目	本期金额	上期金额
一、经营活动产生的现金流量：		
销售商品、提供劳务收到的现金		
收到的税费返还		
收到的其他与经营活动有关的现金		
经营活动现金流入小计		
购买商品、接受劳务支付的现金		
支付给职工以及为职工支付的现金		
支付的各项税费		
支付其他与经营活动有关的现金		
经营活动现金流出小计		
经营活动产生的现金流量净额		
二、投资活动产生的现金流量：		
收回投资收到的现金		
取得投资收益收到的现金		
处置固定资产、无形资产和其他长期资产收回的现金净额		
处置子公司及其他营业单位收到的现金净额		
收到的其他与投资活动有关的现金		
投资活动现金流入小计		
购建固定资产、无形资产和其他长期资产所支付的现金		
投资支付的现金		
取得子公司及其他营业单位支付的现金净额		
支付其他与投资活动有关的现金		
投资活动现金流出小计		
投资活动产生的现金流量净额		
三、筹资活动产生的现金流量：		
吸收投资收到的现金		
取得借款收到的现金		
收到其他与筹资活动有关的现金		
筹资活动现金流入小计		
偿还债务支付的现金		

项　目	本期金额	上期金额
分配股利、利润或偿付利息支付的现金		
支付其他与筹资活动有关的现金		
筹资活动现金流出小计		
筹资活动产生的现金流量净额		
四、汇率变动对现金及现金等价物的影响		
五、现金及现金等价物净增加额		
加：期初现金及现金等价物余额		
六、期末现金及现金等价物余额		

第五节　所有者权益变动表

一、所有者权益变动表的内容

所有者权益变动表应当反映构成所有者权益的各组成部分当期的增减变动情况。应当分别列示当期损益、直接计入所有者权益的利得和损失以及与所有者（或股东，下同）的资本交易导致的所有者权益的变动。

企业至少应当在所有者权益变动表中单独列示反映下列信息的项目：①净利润；②直接计入所有者权益的利得和损失项目及其总额；③会计政策变更和差错更正的累积影响金额；④所有者投入资本和向所有者分配利润等；⑤按照规定提取的盈余公积；⑥实收资本（或股本）、资本公积、盈余公积、未分配利润的期初和期末余额及其调节情况。

二、所有者权益变动表的结构

所有者权益变动表以矩阵的形式列示：一方面列示导致所有者权益变动的交易或事项，另一方面按照所有者权益各组成部分（包括实收资本、资本公积、盈余公积、未分配利润和库存股）及其总额，列示交易或事项对所有者权益的影响。改变了以往仅仅按照所有者权益的各组成部分反映所有者权益变动情况，而是从所有者权益变动的来源对一定时期所有者权益变动情况进行全面反映。此外，所有者权益变动表还就各项目再分为"本年金额"和"上年金额"两栏分别填列。所有者权益变动表的具体格式如表 11-11 所示。

表 11-11　所有者权益变动表

会企 04 表

编制单位：利丰公司　　　　　　　　　20××年度　　　　　　　　　单位：元

项　目	本年金额						上年金额					
	实收资本（或股本）	资本公积	减：库存股	盈余公积	未分配利润	所有者权益合计	实收资本（或股本）	资本公积	减：库存股	盈余公积	未分配利润	所有者权益合计
一、上年年末余额												
加：会计政策变更												
前期差错更正												
二、本年年初余额												
三、本年增减变动金额（减少以"－"号填列）												

项　目	本年金额						上年金额					
	实收资本(或股本)	资本公积	减:库存股	盈余公积	未分配利润	所有者权益合计	实收资本(或股本)	资本公积	减:库存股	盈余公积	未分配利润	所有者权益合计
(一)净利润												
(二)其他综合收益												
上述(一)和(二)的小计												
(三)所有者投入和减少的金额												
1. 所有者投入资本												
2. 股份支付计入所有者权益的金额												
3. 其他												
(四)利润分配												
1. 提取盈余公积												
2. 对所有者(或股东)分配												
3. 其他												
(五)所有者权益内部结转												
1. 资本公积转增资本(或股本)												
2. 盈余公积转增资本(或股本)												
3. 盈余公积弥补亏损												
4. 其他												
四、本年年末余额												

三、所有者权益变动表的填列方法

(一)上年金额栏的填列方法

所有者权益变动表"上年金额"栏内各项数字,应根据上年度所有者权益变动表"本年金额"栏内所列数字填列。如果上年度所有者权益变动表规定的各个项目的名称和内容同本年度不相一致,应对上年度所有者权益变动表各项目的名称和数字按本年度的规定进行调整,填入所有者权益变动表"上年金额"栏内。

(二)本年金额栏的填列方法

所有者权益变动表"本年金额"栏内各项数字一般应根据"实收资本(或股本)"、"资本公积"、"盈余公积"、"利润分配"、"库存股"、"以前年度损益调整"科目的发生额分析填列。

四、所有者权益变动表编制示例

例3　沿用例1、例2的资料,利丰企业其他相关资料为:提取盈余公积12 385.2元,向投资者分配现金股利16 107.925元。

根据上述资料,利丰公司编制2010年度的所有者权益变动表。如表11-12所示。

会企04表

表11-12　所有者权益变动表

编制单位：利丰公司　　　　20×年度　　　　单位：元

项目	本年金额						上年金额					
	实收资本（或股本）	资本公积	减：库存股	盈余公积	未分配利润	所有者权益合计	实收资本（或股本）	资本公积	减：库存股	盈余公积	未分配利润	所有者权益合计
一、上年年末余额	2 500 000			50 000	25 000	2 575 000						
加：会计政策变更												
前期差错更正												
二、本年年初余额	2 500 000			50 000	25 000	2 575 000						
三、本年增减变动金额（减少以"-"号填列）					116 362.50	116 362.50						
（一）净利润					116 362.50	116 362.50						
（二）其他综合收益												
上述（一）和（二）的小计												
（三）所有者投入和减少的资本												
1.所有者投入的资本												
2.股份支付计入所有者权益的金额												
3.其他												
（四）利润分配												
1.提取盈余公积				12 385.2	−12 385.2	0						
2.对所有者（或股东）分配					−16 107.925	−16 107.925						
3.其他												
（五）所有者权益内部结转												
1.资本公积转增资本（或股本）												
2.盈余公积转增资本（或股本）												
3.盈余公积弥补亏损												
4.其他												
四、本年年末余额												

第六节 会计报表附注

一、会计报表附注的概念

会计附注是对资产负债表、利润表、现金流量表和所有者权益变动表等报表中列示项目的文字描述或明细资料，以及对未能在这些报表中列示项目的说明等。附注是财务报表不可或缺的组成部分，报表使用者了解企业的财务状况、经营成果和现金流量，应当全面阅读附注，附注相对于报表而言，同样具有重要性。

二、会计报表附注的主要内容

企业应当在附注中披露财务报表的编制基础，企业披露的附注应当以文字和数字描述相结合、尽可能以列表形式披露重要报表项目的构成或当期增减变动情况，并与报表项目相互参照。在披露顺序上，一般应当按照资产负债表、利润表、现金流量表、所有者权益变动表的顺序及其报表项目列示的顺序。根据《会计准则第30号——财务报表列报》规定，附注应当按照一定的结构进行系统合理的排列和分类，有顺序地披露信息。会计报表附注中应当按照如下顺序披露有关内容：

（一）企业的基本情况

① 企业注册地、组织形式和总部地址；

② 企业的业务性质和主要经营活动；

③ 母公司以及集团最终母公司的名称；

④ 财务报告的批准报出者和财务报告批准报出日。

（二）财务报表的编制基础

① 会计年度；

② 记账本位币；

③ 会计计量所运用的计量基础；

④ 现金和现金等价物的构成。

（三）遵循企业会计准则的声明

企业应当明确说明编制的财务报表符合企业会计准则体系的要求，真实、公允地反映了企业的财务状况、经营成果和现金流量。

（四）重要会计政策和会计估计

企业应当披露重要的会计政策和会计估计，不具有重要性的会计政策和会计估计可以不披露。判断会计政策和会计估计是否重要，应当考虑与会计政策或会计估计相关项目的性质和金额。

企业应当披露会计政策的确定依据。例如，如何判断持有的金融资产为持有至到期的投资而不是交易性投资；对于拥有的持股不足50%的企业，如何判断企业拥有控制权并因此将其纳入合并范围；如何判断与租赁资产相关的所有风险和报酬已转移给企业；以及投资性房地产的判断标准等。这些判断对报表中确认的项目金额具有重要影响。

企业应当披露会计估计中所采用的关键假设和不确定因素的确定依据。例如，固定资产可收回金额的计算需要根据其公允价值减去处置费用后的净额与预计未来现金流量的现值两者之间的较高者确定，在计算资产预计未来现金流量的现值时，需要对未来现金流量进行预测，选择适当的折现率，并应当在附注中披露未来现金流量，预测所采用的假设及其依据、所选择的折现率的合理性等。

企业主要应当披露的重要会计政策如下：

1. 存货

① 确定发出存货成本所采用的方法。

② 可变现净值的确定方法。

③ 存货跌价准备的计提方法。

2. 投资性房地产

① 投资性房地产的计量模式。

② 采用公允价值模式的，投资性房地产公允价值的确定依据和方法。

3. 固定资产

① 固定资产的确认条件和计量基础。

② 固定资产的折旧方法。

4. 生物资产

各类生产性生物资产的折旧方法。

5. 无形资产

① 使用寿命有限的无形资产的使用寿命的估计情况。

② 使用寿命不确定的无形资产的使用寿命不确定的判断依据。

③ 无形资产的摊销方法。

④ 企业判断无形项目支出满足资本化条件的依据。

6. 资产减值

① 资产或资产组可收回金额的确定方法。

② 可收回金额按照资产组的公允价值减去处置费用后的净额确定的，确定公允价值减去处置费用后的净额的方法、所采用的各关键假设及其依据。

③ 可收回金额按照资产组预计未来现金流量的现值确定的，预计未来现金流量的各关键假设及其依据。

④ 分摊商誉到不同资产组采用的关键假设及其依据。

7. 股份支付权益工具公允价值的确定方法

8. 债务重组

① 债务人债务重组中转让的非现金资产的公允价值、由债务转成的股份的公允价值和修改其他债务条件后债务的公允价值的确定方法及依据。

② 债权人债务重组中受让的非现金资产的公允价值、由债权转成的股份的公允价值和修改其他债务条件后债权的公允价值的确定方法及依据。

9. 收入确认所采用的会计政策，包括确定提供劳务交易完工进度的方法

10. 建造合同确定合同完工进度的方法

11. 所得税确认递延所得税资产的依据

12. 外币折算企业及其境外经营选定的记账本位币及选定的原因，记账本位币发生变更的理由

13. 金融工具

① 对于指定为以公允价值计量且其变动计入当期损益的金融资产或金融负债，应当披

露下列信息：

a. 指定的依据；

b. 指定的金融资产或金融负债的性质；

c. 指定后如何消除或明显减少原来由于该金融资产或金融负债的计量基础不同所导致的相关利得或损失在确认或计量方面不一致的情况，以及是否符合企业正式书面文件载明的风险管理或投资策略的说明。

② 指定金融资产为可供出售金融资产的条件。

③ 确定金融资产已发生减值的客观依据以及计算确定金融资产减值损失所使用的具体方法。

④ 金融资产和金融负债的利得和损失的计量基础。

⑤ 金融资产和金融负债终止确认条件。

⑥ 其他与金融工具相关的会计政策。

14. 租赁

① 承租人分摊未确认融资费用所采用的方法。

② 出租人分配未实现融资收益所采用的方法。

15. 石油天然气开采

① 探明矿区权益、矿井及相关设施的折耗方法和减值准备的计提方法。

② 与油气开采活动相关的辅助设备及设施的折旧方法和减值准备计提方法。

16. 企业合并

① 属于同一控制下企业合并的判断依据。

② 非同一控制下企业合并成本的公允价值的确定方法。

17. 其他

① 会计政策和会计估计变更以及差错更正的说明　企业应当按照《企业会计准则第28号——会计政策、会计估计变更和差错更正》及其应用指南的规定，披露会计政策和会计估计变更以及差错更正的有关情况。

② 对已在资产负债表、利润表、现金流量表和所有者权益变动表中列示的重要项目的进一步说明，包括终止经营税后利润的金额及其构成情况等。

③ 或有和承诺事项、资产负债表日后非调整事项、关联方关系及其交易等需要说明的事项。

第七节　会计报表的分析

会计报表的分析也就是我们通常所说的财务分析，财务分析是运用财务报表数据对企业过去的财务状况和经营成果及未来前景的一种评价，财务分析一般通过计算相关的财务比率来完成。企业应定期或不定期地对过去、现在的财务状况、发展趋势进行研究和评价，以反馈信息，为企业下一步的财务预测、决策提供依据。

财务比率分析，是将财务报表中的相关项目进行对比，得出一系列财务比率，以此来揭示企业的财务状况。因为分析的资料来自于公司的财务报表，因此可以方便地获得，另外财务比率分析计算简单，直观，易于比较。因此财务比率分析得到了广泛的应用。

一、会计报表分析的目的

会计报表分析对于企业经营管理者、投资者和债权人都是至关重要的。不同人员进行财务分析的目的各不相同，归纳起来，财务分析主要有以下目的。

（一）满足投资人对企业经营和盈利状况了解的需要

由于投资人与企业有着密切联系，企业的兴衰成败都直接影响到投资者未来的投资利益，因而他们需要了解企业的全部状况。这不仅包括企业短期的盈利能力，也包括长期的发展潜力。

（二）满足债权人了解企业偿债能力的需要

由于企业负债有长短期之分，作为短期债权人必须了解企业的偿债能力；作为长期债权人就必须考虑企业的经营方向、偿还长期负债本息的能力。企业的资金周转情况也是债权人关心的重点内容。

（三）满足企业内部管理的需要

企业内部的管理人员其经营工作的好坏，将会直接影响到企业的发展，因此，只有通过全面的财务分析，对企业的财务状况及其经营成果作出准确的判断，才能及时地作出正确的决策。

（四）满足国家对企业进行控制、监督的需要

国家各级政府部门关心国有资产保值增值的情况，同时也通过财务分析评价企业经营效益，以便控制、监督企业或者为制定政策提供依据。

二、财务比率分析评价标准

不同的财务分析评价标准，会对同一分析对象得出不同的分析结论。正确确定或选择财务分析评价标准，对于发现问题、正确评价有着十分重要的意义与作用。通常，财务分析评价标准有经验标准、历史标准、行业标准、预算标准等。

（一）经验标准

经验标准是在财务比率分析中经常采用的一种标准。所谓经验标准，是指这个标准的形成依据大量的实践经验的检验。例如，流动比率的经验标准为 2：1；速动比率的经验标准是 1：1 等。应当注意经验标准只是对一般情况而言，也不是适用一切领域或一切情况的。人们在应用经验标准时，应当非常仔细，不能生搬硬套。

（二）历史标准

历史标准是指以企业过去某一时间的实际业绩为标准。这种标准对于评价企业自身经营状况和财务状况是否改善是非常有益的。历史标准可选择企业历史最好水平，也可选择企业正常经营条件下的业绩水平。另外，根据按时间序列所整理的历史标准，可以预计现在和未来的变化趋势。应用历史标准的优点，一是比较可靠，二是具有较高的可比性。但历史标准也有不足，一是历史标准比较保守，因为现实要求与历史要求可能不同；二是历史标准适用范围较窄，只能说明企业自身的发展变化，不能全面评价企业在同行业中的地位与水平。尤其对于外部分析，仅用历史标准是远远不够的。

（三）行业标准

行业标准是财务比率分析中广泛采用的标准，它是按行业制定的，或反映行业财务状况和经营状况的基本水平。行业标准也可指同行业某一比较先进企业的业绩水平。采用行业标准的目的在于增加比率分析的可比性，可说明企业在行业中所处的地位与水平。但是，行业

标准往往也无法统一行业内部的所有指标。由于各个企业会计科目的具体内容及采用的会计方法不同，就会导致比较口径的不一致。另外，企业产品结构、地区条件、经营环境不同也会影响其可比性。

（四）预算标准

预算标准是指企业根据自身经营条件或经营状况所制定的目标标准。预算标准通常在一些新的行业、新建企业应用较多。对于企业内部财务分析，预算标准有其优越性，可考核评价企业各部门的经营业绩，以及对企业总体目标实现的影响。这种标准可由企业内部制定，或者由其主管部门规定，受人为因素影响，其制定是否先进合理对分析结果有直接影响。

各种财务比率分析评价标准都有优点与不足，在实际分析中可以综合应用各种标准，从不同角度对企业经营状况和财务状况进行评价，这样才有利于得出正确结论。

三、短期偿债能力分析

短期偿债能力是指企业偿付流动负债的能力。在资产负债表中，流动负债与流动资产形成一种对应关系。流动负债是指将在一年内或超过一年的一个营业周期内需要偿付的债务。一般来说，这种债务需以流动资产来偿付。因此，可以通过分析企业流动负债与流动资产之间的关系，来判断企业短期偿债能力。通常评价企业短期偿债能力的比率有：流动比率、速动比率和现金流动负债比率。

（一）流动比率

流动比率是企业全部流动资产对全部流动负债的比率。其计算公式如下：

$$流动比率 = \frac{流动资产}{流动负债}$$

流动比率是衡量企业短期偿债能力的一个重要财务指标，这个比率越高，说明企业偿还流动负债的能力越强，债权人的安全程度也越高。如果仅从债权人的角度出发，较高的流动比率可以保障债权在清算时不会受到重大损失。但是如从企业的角度出发，过高的流动比率表明企业资产利用率低下，管理松懈，资金浪费，同时表明企业过于保守，没有充分使用目前的借款能力。根据经验判断，流动比率在 2∶1 左右比较合适。但实际上，对流动比率的分析应该结合不同的行业特点和企业流动资产结构等因素。有的行业流动比率较高，有的行业较低，不可一概而论。行业平均值可以作为一个参考值，若企业的财务指标与行业平均值数值偏离过大，则应注意分析公司的具体情况。

（二）速动比率

速动比率又称酸性试验比率，是指企业的速动资产与流动负债的比率，用来衡量企业流动资产中可以立即用于偿还流动负债的能力。流动比率在评价企业短期偿债能力时，存在一定局限性，如果流动比率较高，但流动资产的流动性较差，则企业的短期偿债能力仍然不强。在流动资产中，短期有价证券、应收票据、应收账款的变现力均比存货强，存货需经过销售才能转变为现金。如果存货滞销，则流动资产的流动性必然会受到影响。一般来说，流动资产扣除存货后的资产称为速动资产，主要包括现金（货币资金）、有价证券、应收账款、应收票据等。速动比率可以用下列公式表示：

$$速动比率 = \frac{速动资产}{流动负债} = \frac{流动资产 - 存货}{流动负债}$$

通过速动比率来判断企业短期偿债能力比用流动比率进了一步，因为它撇开了变现力较差的存货。根据经验一般认为速动比率为 1∶1 比较合适，如果公司的速动比率小于 1.0，则其发生清偿债务事件后，需要变卖库存资产还债，这种情况需要财务人员警惕可能发生的麻烦。但在实际分析时，也应该根据企业性质和其他因素来综合判断。

（三）现金流动负债比率

现金流动负债比率的计算公式如下：

$$现金流动负债比率＝\frac{现金}{流动负债}$$

现金是指库存现金、银行存款、其他货币资金以及企业持有的期限短、流动性强、易于转换为已知金额的现金、价值变动风险很小的短期投资。现金比率可以准确地反映企业的直接偿付能力，这一比率越高，表明企业可立即用于支付债务的现金类资产越多，偿债能力越强。

四、长期偿债能力分析

对于企业的长期债权人来说，不仅关心企业短期偿债能力，更关心企业长期偿债能力。因此，在对企业进行短期偿债能力分析的同时，还需分析企业的长期偿债能力，以便于投资者和债权人全面了解企业的偿债能力和经营风险。

（一）资产负债率

资产负债率也称负债比率，是企业负债总额与资产总额的比率，它反映企业的资产总额中有多少是通过借债而得到，其计算公式为：

$$资产负债率＝\frac{负债总额}{资产总额}$$

企业的债权人和股东往往从不同的角度来评价这一比率。对于债权人来说，他们总是关心其贷给企业资金的安全性。如果这个比率过高，说明在企业的全部资产中股东提供的资本所占比重太低，企业的经营风险就主要由债权人承担，其贷款的安全也缺乏可靠的保障。而对于股东来说，其关心的主要是投资收益的高低，企业借入的资金与股东投入的资金在生产经营中可以发挥同样作用，如果企业负债所支付的利息率低于资产报酬率，股东就可以利用举债经营取得更多的收益。因此，股东所关心的往往是全部资产报酬率是否超过了借款的利息率，如果资产负债率过低，说明企业比较保守。当然，该比率须有一定限度，比率过高的企业财务风险将增大。如果该比率大于1，说明企业已资不抵债，可视为已达到破产的边缘。

（二）股东权益比率和权益乘数

股东权益比率是股东权益与资产总额的比率，该比率反映企业资产中股东投入资产所占的比重，显然该指标与资产负债率之和等于1。因此，这两个比率是从不同的侧面来反映企业的长期财务状况，股东权益比率越大，负债比率越小，企业的财务风险越小。其计算公式如下：

$$股东权益比率＝\frac{股东权益}{资产总额}$$

股东权益比率的倒数，称为权益乘数，权益乘数指资产总额相当于股东权益的倍数，乘数越大，说明股东投入的资本在资产总额中所占的比重越小。该比率可用下式表示：

$$权益乘数＝\frac{资产总额}{股东权益}$$

（三）负债与股东权益比率

该比率反映由债权人提供的资本与股东提供的资本的相对关系，可用下式表示：

$$负债与股东权益比率 = \frac{负债总额}{股东权益总额}$$

从公式中可以看出，这个比率与资产负债率具有共同的经济意义，它反映了企业负债与股东权益的比例。该比率越低，说明债权人贷款的安全越有保障，企业的财务风险越小。

（四）利息保障倍数

其计算公式如下：

$$利息保障倍数 = \frac{息税前利润}{利息费用} = \frac{利润总额 + 利息费用}{利息费用}$$

利息保障倍数反映了企业的经营所得支付债务利息的能力。如果这个比率太低，说明企业难以保证用经营所得来按时支付债务利息，这会引起债权人的担心。一般来说，企业的利息保障倍数至少要大于1，否则就难以偿付债务及利息，若长此以往，甚至会导致企业破产倒闭。

五、获利能力分析

获利能力是指企业赚取利润的能力。盈利是企业的重要经营目标，是企业生存和发展的物质基础，它不仅关系到企业的所有者利益，也是企业偿还债务的一个重要来源。因此，企业的债权人、投资者和管理者都十分关心企业的获利能力。获利能力分析是企业财务分析的重要组成部分，也是评价企业经营管理水平的重要依据。企业的各项经营活动都会影响到企业的盈利水平，通过分析企业的获利能力，可以为生产经营决策提供重要的财务信息。

（一）销售净利润率

销售净利润率也称净利润率，是净利润与净销售收入的比率，用来衡量企业销售收入的获利水平。计算公式如下：

$$销售净利润率 = \frac{净利润}{销售收入净额}$$

销售收入净额指销售收入总额扣除销售折让、销售折扣和退回后的销售净额。该指标反映每一元销售收入带来的净利润的多少，该比率越高，说明企业的获利能力越强，但它受行业特点影响较大，因此在分析时应结合不同行业的具体情况进行。

（二）成本费用利润率

成本费用利润率是企业利润总额与成本费用总额的比率。可以用下列公式表示：

$$成本费用利润率 = \frac{利润总额}{成本费用总额}$$

成本费用是企业为了取得利润而付出的代价。这一比率越高，说明企业为获取收益而付出的代价越小，企业的获利能力越强。因此，通过这个比率不仅可以评价企业获利能力的高低，也可以评价企业对成本费用的控制能力和经营管理水平。

（三）资产报酬率

资产报酬率是企业资产的营运效果，反映企业运用资产获取利润的能力，一般有以下两个指标：

1. 总资产报酬率

$$总资产报酬率 = \frac{净利润}{平均资产总额}$$

$$平均资产总额 = (期初资产总额 + 期末资产总额)/2$$

总资产报酬率是衡量企业运用全部资产获利能力的指标，该指标越高，说明企业利用资产获取利润的能力越强。如果某企业的资产报酬率偏低，说明该企业资产利用效率较低，有可能是经营管理存在问题，应当加强。

2. 净资产报酬率

净资产报酬率表示股东的投资报酬率。作为企业的所有者，股东更关心企业净资产的利用情况，净资产报酬率反映企业运营投资者投入资本获得收益的能力。其计算公式如下：

$$净资产报酬率 = \frac{净利润}{平均净资产}$$

$$平均净资产 = (期初净资产 + 期末净资产)/2$$

净资产指全部资产减全部负债后的净额，在股份公司即是股东权益，所以该指标又被称作股东权益报酬率。

（四）上市公司盈利率指标

对于上市公司，其盈利能力可另行计算有关指标：

1. 每股收益

$$每股收益 = \frac{净利润 - 优先股股利}{普通股发行在外平均股数}$$

公式中分母一般采用加权平均数，以正确反映本期内发行在外的股份数额。

每股收益反映了每股发行在外的普通股所能分摊到的净收益额。如果公司同时发行优先股，则应从净利润中先扣除优先股应得股利。该指标反映普通股每股获利能力的大小，显然每股收益越高，说明企业的盈利能力越强。它对普通股股东的利益关系极大，他们往往根据它来进行投资决策。

2. 每股股利

每股股利是股利总额与流动股数的比值，其计算公式为：

$$每股股利 = \frac{股利总额}{流通股数}$$

公式中的股利总额是指用于分配普通股现金股利的总数。每股股利反映每一普通股获取股利的大小，它可以衡量上市公司的获利能力，该指标越大，表示股本获利能力越强。但是影响每股股利的因素除了获利大小外，在很大程度上还取决于企业的股利政策。某些企业出于扩大再生产的目的，会较少地发放股利，此时每股股利必然降低，但不一定说明企业获利能力不强。所以在分析该比率时应认真考虑各相关因素的影响。

3. 股利发放率

股利发放率是每股股利与每股收益之比，它反映公司的利润中有多少用于股利的支付，计算公式如下：

$$股利发放率 = \frac{每股股利}{每股收益} \times 100\%$$

对于普通股投资人来说，股利发放率比每股收益更直接体现当前利益，与个人联系更为紧密。没有什么具体的标准来衡量股利发放率的高低水平，而且企业与企业之间也没有什么可比性。因为这要依据各企业对资金需要量的具体状况而定，股东对股利的要求也不一致。股利发放率取决于企业的股利政策，它与每股收益都是投资人非常关心的指标。

4. 市盈率

市盈率也叫市价与每股盈余比率，是每股市价与每股收益的比率。计算公式为：

$$市盈率 = \frac{每股市价}{每股收益}$$

该指标也是投资者非常关注的指标，它可以反映上市公司的获利能力，更大程度上则反映了公司未来成长的潜力。因为它代表投资者对每元利润所愿支付的价格，反映了此股票是否具有吸引力，对多个企业的市盈率进行比较，并结合对其所属行业的经营前景的了解，可以作为选择投资目标的参考。

六、营运能力比率分析

企业资金周转状况可以反映企业的营运能力，对此进行分析，可以了解企业的营业状况以及经营管理水平。资金周转状况好，说明企业的经营管理水平高，资金利用效率高。

（一）应收账款周转率

应收账款周转率反映企业应收账款的流动程度，是企业赊销收入净额与应收账款平均额的比率。可以用下列公式表示：

$$应收账款周转率 = \frac{赊销收入净额}{应收账款平均额}$$

$$应收账款平均额 = (期初应收账款 + 期末应收账款)/2$$

赊销收入净额是指扣除了销货退回、销货折扣及折让后的赊销净额，因为赊销资料不易取得，所以应收账款周转率的分子一般用销售净收入来代替：

$$应收账款周转率 = \frac{销售收入净额}{应收账款平均额}$$

应收账款周转率可以用来分析企业应收账款的变现速度和管理效率。这一比率越高，说明企业催收长款的速度越快，可以减少坏账损失，而且资产的流动性强，短期偿债能力也强，在一定程度上可以弥补流动比率低的不利影响。但是如果应收账款周转率过高，可能是企业奉行严格的信用政策、付款条件过于苛刻的结果。这样会限制企业销售量的扩大，从而会影响企业的盈利水平。

用应收账款周转天数来反映应收账款的周转情况也是比较常见的，计算公式如下：

$$应收账款周转天数 = \frac{计算期天数}{应收账款周转率} = \frac{计算期天数 \times 应收账款平均额}{销售收入净额}$$

显然应收账款周转天数与应收账款周转率成反比例变化，周转天数越小，说明应收账款周转得越快。

（二）存货周转率

存货周转率用于衡量企业在一定时期内存货的周转速度。计算公式如下：

$$存货周转率 = \frac{销货成本}{平均存货成本}$$

$$平均存货成本 = (期初存货 + 期末存货)/2$$

存货周转率说明了一定时期内企业存货周转的次数，可以用来测定企业存货的变现速度，衡量企业的销货能力及存货是否过量。正常情况下，如果企业经营顺利，存货周转率越高，说明存货周转得越快，利润率就越大。但存货周转率过低，也可能说明企业管理方面存在一些问题，如存货水平太低，甚至经常缺货，或者采购次数过于频繁，批量太小等。存货周转快慢，不仅与生产有关，与采购、销售都有联系，它综合反映了企业供产销的管理水平，对该指标的分析，也要结合实际情况作出判断。

存货周转情况也可以通过存货周转天数来反映：

$$存货周转天数 = \frac{计算期天数}{存货周转率} = \frac{计算期天数 \times 平均存货成本}{销货成本}$$

（三）流动资产周转率

流动资产周转率反映的是全部流动资产的利用效率，可以用下列公式表示：

$$流动资产周转率 = \frac{销售收入}{流动资产平均额}$$

$$流动资产平均额 = (期初流动资产 + 期末流动资产)/2$$

流动资产周转率是分析流动资产周转情况的一个综合性指标，它不仅受实际投入资产的周转速度的影响，而且受盈利水平高低的影响。这项指标越高，说明流动资产周转速度越快。它也可以用另外一个指标表示：

$$流动资产周转天数 = \frac{计算期天数}{流动资产周转率} = \frac{计算期天数 \times 流动资产平均额}{销售收入}$$

流动资产周转天数越短，说明流动资金利用效率越高。

（四）总资产周转率

总资产周转率也称总资产利用率，是企业销售收入与资产总额的比率，计算公式为：

$$总资产周转率 = \frac{销售收入}{总资产平均额}$$

这一比率可用来分析企业全部资产的使用效率。如果这个比率较低，说明企业利用其资产进行经营的效率较差，会影响企业的获利能力，企业应该采取措施提高销售收入或处置资产，以提高总资产利用率。

总资产周转情况也可以用周转天数来表示：

$$总资产周转天数 = \frac{计算期天数}{总资产周转率} = \frac{计算期天数 \times 总资产平均额}{销售收入}$$

总之，各项资产的周转指标用于衡量企业运用资产赚取收入的能力，经常和反映盈利能力的指标结合在一起使用，可全面评价企业的盈利能力。

七、财务比率分析应注意的问题

比率分析具有相对性，可以取得相互比较的信息，可以通过比较发现分析的对象企业在同类型企业或同行业企业中的位置，以及看到企业的变化趋势。如果是进行本企业的财务分析，则可以为企业决策提供必要的信息。财务比率分析是进行财务分析的有用工具，但是，财务比率分析也存在着局限性，它存在着如下值得注意的问题。

第一，财务比率分析是根据原始成本为基础的财务报表，受传统报表的固有缺陷的限制，很难准确全面地反映企业的财务内容。

第二，利用比率分析时有一重要的假设前提，即过去的各种条件不变，包括内部和外部条件不变。此假设往往不切实际，尤其是趋势分析时更需注意。因为在经营期间，经济因素、政策因素、产业因素以及企业内部因素都处在经常的变动中，这些变动产生的影响，要通过财务比率分析辨别出来，是不可能的。因此利用比率分析作趋势分析以判断企业之绩效时，无法分辨此绩效是来自整体经济形势的变动，或是产业的变动，或是企业自身情况的变动所引起的企业财务状况的变动。

第三，同一产业不同企业之间的比较，由于企业之间的差异，如经营规模过分悬殊或会计处理方法不同，比率分析会显得比较困难。加之企业在其行业中的产品的细分小市场不同，以及经营规模与在该市场上的获利性无必然联系，而使比率分析变得更困难和不切实际。

第四，几乎所有的比率分析都有一共同限制，就是财务比率数字大小不保证绝对的好坏。

第五，财务报表极易粉饰，且合法。据此人为修饰过的报表数字进行分析，其结果将毫无意义，且相当危险。

第六，比率分析主要依据的是历史性资料，这些资料反映了公司过去历史上的财务状况，并不能代表企业的未来。如果企业经营环境出现重大变化，历史性财务资料会误导我们的分析方向及对企业未来的判断。

本 章 小 结

财务报告体现了企业财务会计确认与计量的最终结果，是会计信息系统对企业经济交易进行处理的最后一个环节，它是向投资者、债权人等财务报告使用者提供了决策有用的信息。财务报告是指企业对外提供的反映企业某一特定日期的财务状况和某一会计期间的经营成果、现金流量等会计信息的文件。财务报告包括财务报表和其他应当在财务报告中披露的相关信息和资料。财务报表是对企业财务状况、经营成果和现金流量的结构性表述。财务报表至少应当包括资产负债表、利润表、现金流量表、所有者权益（或股东权益。下同）变动表和附注。资产负债表是反映企业在某一时点的全部资产、负债和所有者权益数额及其结构情况的报表；利润表是反映企业在一定时期内取得的收入、发生的费用、实现的利润（或发生的亏损）情况的会计报表；现金流量表是反映企业在一定时期经营活动、筹资活动和投资活动现金流入、现金流出和现金净流量情况的会计报表。

复 习 思 考

1. 单项选择题

（1）按照经济内容分类，资产负债表属于（　　）。

A. 财务状况报表　　　B. 经营成果报表　　　C. 费用成本报表　　　D. 对外报表

（2）资产负债表是依据（　　）会计等式的基本原理设置的。

A. 资产－负债＝所有者权益　　　　　　B. 利润＝收入－费用

C. 资产＝负债＋所有者权益　　　　　　D. 资金来源总额＝资金运用总额

（3）资产负债表的所有者权益项目中，不包括（　　）。

A. 应交所得税　　　B. 实收资本　　　C. 盈余公积　　　D. 未分配利润

（4）资产负债表中"应收账款"项目应根据（　　）填列。

A. "应收账款"科目的期末借方余额

B. "应收账款"科目所属明细的借方余额之和

C. "应收账款"科目所属明细科目的借方余额和"预收账款"科目所属明细科目的贷方余额之和

D. "应收账款"和"预收账款"两个科目所属明细科目的借方余额之和

（5）利润表不属于（　　）。

A. 动态报表　　　B. 对外报表　　　C. 财务状况报表　　　D. 月报

（6）通过资产负债表不能了解（　　）。

A. 企业所掌握的经济资源及其分布的情况　　　B. 企业资金的来源渠道和构成

C. 企业固定资产的新旧程度　　　D. 企业的财务成果及其形成过程

（7）"应付账款"所属明细中，有一明细账户为借余 25 000 元，该笔余额在编制资产负债表时，应填入（　　）栏。

A. 应付账款　　　　　B. 应收账款　　　　　C. 预付账款　　　　　D. 预付账款

（8）资产负债表头的编报日期应填列（　　　　）。

A. 一定期间，如 20××年 1 月 1 日至 1 月 15 日

B. 一个会计期间，如 20××年 1 月份

C. 任何一个时点，如 20××年 1 月 15 日

D. 某一个会计期间的期末，如 20××年 1 月 31 日

2. 多项选择题

（1）资产负债表中，"所有者权益"项目的填列内容包括（　　）。

A. 利润总额　　　　　　　　　　　B. 实收资本

C. 资本公积　　　　　　　　　　　D. 盈余公积

E. 未分配利润

（2）利润表中，计算利润总额的主要步骤包括（　　）。

A. 计算营业利润　　　　　　　　　B. 计算所得税的应税所得额

C. 计算营业外收入净额　　　　　　D. 计算利润总额

E. 计算税后利润

（3）关于利润表的编制方法，下列说法中正确的有（　　）。

A. 利润表一般根据关于科目的期末余额直接计算填列

B. 利润表中的各个项目，都是根据有关会计科目记录的本期实际发生额和累计发生数分别填列的

C. 利润表一般按照多步计算的方式填列，也可按单步式填列

D. 如果发生亏损，则在亏损额前加"－"号填列，而不能用红字填列

E. 年度"利润表"的"本月数"栏改为"上年数"栏，根据上年利润表的数字填列

（4）利润表中，"营业税金及附加"项目所反映的内容包括（　　）。

A. 增值税　　　　　　　　　　　　B. 城市维护建设税

C. 教育费附加　　　　　　　　　　D. 车船使用税

E. 印花税

（5）利用资产负债表的资料，可以了解（　　）。

A. 企业资产数额和分布情况

B. 债权人和所有者的权益情况

C. 企业财务实力，短期偿债能力和支付能力的情况

D. 主营业务收支情况

E. 企业利润形成和分配情况

（6）下列各项中，一般应作为企业会计报表提供财务资料对象的有（　　）。

A. 企业投资者　　　　　　　　　　B. 企业债权人

C. 企业管理者　　　　　　　　　　D. 提供捐赠者

E. 企业债务人

（7）在利润表的编制过程中，（　　　）等项目按有关科目期末转入"本年利润"科目借方的

发生额填列。

    A. 主营业务收入   B. 销售费用

    C. 管理费用   D. 营业外支出

    E. 投资收益

3. 判断题

(1) 三种主要的报表都是对外报送的月度报表。（　　）

(2) 财务报表中的数据资料，一般都是根据会计核算资料直接填列的，有些项目也可以计算填列或估计填列。（　　）

(3) 如果上年利润表和本年利润表的项目名称和内容不相一致，应先将上年的报表内项目名称和数字按本年度的规定进行调整，然后填入本年报表的"上年数"栏内。（　　）

(4) 利润表中的盈利数用蓝字填列，亏损用红字填列。（　　）

(5) 资产负债表根据各总账科目本期发生额直接填列，或分析计算填列。（　　）

4. 思考题

(1) 什么是资产负债表？编制资产负债表的意义？

(2) 简述现金流量表的编制方法及现金流量的分类？

(3) 会计报表附注包括哪些内容？

5. 业务题

一、资料：利丰公司20××年11月30日各资产、负债、所有者权益类账户余额如下。

单位：元

账户名称	借方余额	账户名称	贷方余额
库存现金	4 700	应付票据	80 000
银行存款	4 860 550	短期借款	300 000
应收票据	120 000	应付账款	85 100
应收账款	500 000	应付职工薪酬	96 000
其他应收款	5 000	应交税费	42 900
材料采购	61 000	其他应付款	2 100
原材料	720 000	应付利息	10 000
库存商品	2 300 000	长期借款	2 000 000
固定资产	7 700 000	股本	10 000 000
在建工程	786 000	资本公积	100 000
无形资产	300 000	盈余公积	144 000
其他非流动资产	23 000	未分配利润	2 308 150
		累计折旧	2 212 000
合　计	17 380 250	合　计	17 380 250

1～11月各损益类账户发生额如下：

単位：元

账户名称	借方发生额	账户名称	贷方发生额
主营业务成本	15 000 000	主营业务收入	21 800 000
营业税金及附加	90 000	其他业务收入	1 800 000
其他业务成本	1 200 000	营业外收入	5 000
管理费用	1 800 000		
销售费用	1 750 000		
财务费用	200 000		
营业外支出	120 000		
所得税费用	1 136 850		
合　　计	21 296 850	合　　计	23 605 000

二、资料：利丰12月发生经济业务如下。

(1) 1日，签发转账支票（60349♯），购买办公用品1 500元，交付车间200元，管理部门1 000元，销售部门300元。

(2) 1日，上月从A单位购进的乙材料1 000千克，每千克61元，计61 000元（上月已付款），今日到货，验收入库。

(3) 2日，上月委托银行向E单位收取的货款180 000元，银行已收妥入账，收到收账通知。

(4) 2日，管理人员李平出差归来，报销差旅费2 800元，余款200元交回现金。（原借款3 000元）

(5) 2日，向D企业销售M产品3 000件，单价160元，计480 000元，增值税81 600元，收到转账支票，当即送存银行。

(6) 3日，签发转账支票（60350♯），偿还前欠B单位货款85 100元。

(7) 6日，从A单位购买甲材料3 000千克，单价15元，计45 000元，增值税7 650元，货款已通过银行汇出，材料入库。

(8) 7日，以转账支票（60351♯）上缴上月各项税金和教育费附加90 000元。

(9) 8日，以银行存款支付电视广告费120 000元。

(10) 9日，向E单位销售M产品1 000件，单价150元，计150 000元；N产品2 000件，单价200元，计400 000元。增值税共计93 500元。以银行存款为对方垫付运费3 000元，已办妥委托银行收款手续。

(11) 9日，车间技术员王伟出差归来，报销差旅费3 000元（原借2 000元），出纳员付给王伟现金1 000元。

(12) 10日，签发转账支票（60352♯）支付电费16 200元，其中车间耗用12 000元，厂部3 000元，销售部门1 200元。

(13) 12日，从C单位购买乙材料2 000千克，单价61元，计122 000元，增值税20 740元。货款签发转账支票（60353♯）付讫。材料入库。

(14) 12日，经批准增发新股500万股，每股面值1元，发行价1.80元，款项9 000 000元收妥入账。

(15) 12日，从B单位购进丙材料3 000千克，单价18元，计54 000元；丁材料1 000千克，单价50元，计50 000元。增值税共计17 680元。款项签发转账支票（60354♯）付讫，材料入库。

(16) 12日，9日委托银行向E单位收取的款项646 500元已划回入账，收到收账通知。

(17) 15日，向灾区捐款100 000元，通过银行汇出。

237

(18) 15 日，签发现金支票（21693♯），从银行提取 2 000 元备用。

(19) 16 日，发放工资 69 000 元，通过银行转入职工个人储蓄账户。

(20) 18 日，以银行存款偿还到期的短期借款 100 000 元。

(21) 19 日，签发转账支票（60355♯）支付电话费 15 000 元，其中车间 3 000 元，厂部 5 000 元，销售部门 7 000 元。

(22) 20 日，销售人员李文出差，预借差旅费 3 000 元，出纳员付给现金。

(23) 22 日，接银行利息通知单，本季度短期借款利息共计 12 000 元（前两月已核算 10 000 元）。

(24) 26 日，购进汽车一辆，价款、税金合计 326 000 元，签发转账支票（60356♯）支付。

(25) 27 日，分配本月工资 69 000 元，其中，M 产品生产工人工资 20 000 元，N 产品生产工人工资 18 000 元，车间管理人员工资 4 000 元，行政管理人员工资 15 000 元，销售人员工资 12 000 元。

(26) 27 日，按职工工资总额的 14％计提福利费。

(27) 28 日，计提固定资产折旧 306 560 元，其中，车间 166 560 元，厂部 110 000 元，销售部门 30 000 元。

(28) 30 日，仓库送来发出材料汇总表：

计量单位：千克

用　　途	甲材料	乙材料	丙材料	丁材料
生产 M 产品	10 000	3 000	2 000	
生产 N 产品		5 000	9 000	2 800
车间耗用			500	180
厂部耗用			300	20
销售部门耗用			200	
合　　计	10 000	8 000	12 000	3 000

要求：在原材料明细分类账中计算加权平均单价，进而计算发出材料成本，并进行结转。

(29) 31 日，按生产工人工资比例计算并结转本月制造费用，其中计入 M 产品 100 000 元、计入 N 产品 90 000 元。

(30) 31 日，本月 M 产品投产 4560 件，N 产品投产 4 920 件，月末全部完工。计算完工 M、N 产品的总成本，并作出产品入库的会计分录。

(31) 31 日，计算、结转本月已销产品成本，M 产品的单位成本 30 元，N 产品的单位成本 25 元。

(32) 31 日，经计算，本月应交城市维护建设税 1 540 元，教育费附加 660 元。

(33) 31 日，将损益类账户本月发生额结转"本年利润"账户。

(34) 31 日，本月利润总额为 444 400 元，按 25％计算应交所得税（不考虑调整因素）并转账。

(35) 31 日，按本月净利润的 10％和 5％分别计提法定盈余公积和任意公益金。

(36) 向投资者分配股利，分配比例 70％。

(37) 将"本年利润"和"利润分配"各账户余额转入"利润分配——未分配利润"账户。

三、要求：

(1) 根据上述业务编制会计分录。

(2) 根据资料开设总分类账户，并过入期初余额。

(3) 根据资料编制利润表。

(4) 编制资产负债表（年初数略）。

第十二章 会计核算组织程序

本章学习目的

- 了解会计核算组织程序的概念、意义和要求
- 熟悉各种会计核算组织程序的特点、优缺点及适用范围
- 掌握各种会计核算组织程序的账务处理程序

导入案例 ▷▷▷

小李是一家公司的会计，其所负责的工作之一就是每月根据各种记账凭证逐笔登记总账。开始时，公司规模小，业务量不大，小李能忙得过来。但随着公司规模的不断扩大，业务越来越多，小李登记总账的工作量越来越大，难以应付。

请问：小李怎样才能既保证工作的质量，又减轻登记总账的工作量？

资料来源：114 学习网—管理文库，作者略有删改。

企业在生产经营过程中发生各项经济业务，由于企业的规模、形式不同，所采用会计核算组织程序也有所不同。本章将阐明会计核算组织程序的概念、意义与要求，并分别介绍记账凭证核算组织程序、科目汇总表核算组织程序、汇总记账凭证核算组织程序和多栏式日记账核算组织程序。

第一节 会计核算组织程序概述

会计核算组织程序是指规定凭证、账簿、报表的种类、格式和登记方法以及各种凭证之间、账簿之间、报表之间、凭证与日簿之间、账簿与报表之间的相互联系与编制的程序。

一、会计核算组织程序的意义

对于已经发生的经济业务，企业需要通过设置会计科目和账户、填制记账凭证、登记账簿，并定期对账簿中的核算资料进行归类、汇总后以报表的形式进行反映。

选用适当的会计核算组织程序，对于科学地组织本单位的会计核算工作具有重要意义。首先，它可以保证会计数据的整个处理过程有条不紊地进行，保证会计记录正确、及时、完整；其次，可以减少不必要的核算环节和手续，避免重复，迅速编制报表，提高会计核算的效率；再次，可以保证迅速形成财务信息，提高会计核算资料的质量，为企业的经营管理提供准确的财务资料。

二、会计核算组织程序的种类

会计核算组织程序的基本模式是会计凭证、账簿、会计报表三者有机结合的数据传递程序。即：会计凭证→账簿→报表。我国会计核算工作在长期实践中，根据会计凭证、账簿、

财务报表的种类、格式、内容和编制程序不同，尤其是登记总分类账簿的程序不同，形成了以下几种主要的核算组织程序：记账凭证核算组织程序、科目汇总表核算组织程序、汇总记账凭证核算组织程序、多栏式日记账核算组织程序。

它们的共同点主要包括如下几个方面：第一，都要根据原始凭记填制记账凭证；第二，一般都是根据原始凭证和记账凭证登记日记账和明细账；第三，都要根据账簿记录编制会计报表。它们各自的特点主要表现在：在不同的核算组织程序下，有关凭证的设置和填制以及有关账簿的设置和登记程序等不尽相同，特别是登记总账的依据和程序有着根本的区别，这也是各种会计核算组织程序产生的原因所在。

三、会计核算组织程序的要求

各企业应结合自身的实际情况和具体条件，采用适合自身经济业务性质和特点的会计核算组织程序，以提高会计核算工作的效率，提高会计信息的质量。合理、适用的会计核算组织程序一般应符合以下几个要求。

（一）要适应本单位的特点

要根据本单位经济活动的性质、经济管理的特点、规模大小以及业务繁简程度，设计适合本单位的会计核算组织程序。

（二）要满足各个方面对会计信息的质量和效率的要求

一个合理的会计核算组织程序，要能够正确、及时和完整地提供会计信息，要保证信息的质量和效率，以满足本企业、本单位经济管理的需要，同时也要能够为国家和有关部门提供必要的会计信息。

（三）要有利于会计人员和会计工作的分工协作

会计核算组织程序要有利于加强岗位责任制和实现内部控制制度，要有利于会计人员、会计工作的分工协作。同时也应考虑避免大量工作集中在月末进行，延误结账工作和会计报表的编制。合理的核算组织程序要有利于均衡会计工作。

（四）简化手续，减少重复

要在正确、及时、完善地提供会计信息的前提下，力求简化核算手续，节约人力、物力，减少核算时间，降低核算费用，提高会计核算工作的效率。

上述各项要求，是确定会计核算组织程序最基本的要求。在实际工作中，由于各个行业、单位业务性质不同，规模大小不一，经济业务有繁有简，会计人员分工、财簿组织也不完全一致，经济管理上的要求也不尽相同，这就产生了不同种类的会计核算组织程序。

第二节　记账凭证核算组织程序

一、记账凭证核算组织程序的基本内容和特点

记账凭证核算组织程序，就是直接根据各种记账凭证逐笔登记总分类账的一种核算形式。这种核算形式的显著特点是记账凭证无需汇总，直接据以登记总账。它是最基本的一种会计核算形式，其他各种核算形式都是在这种核算形式的基础上演变发展而成的。

二、记账凭证核算组织程序下凭证、账簿的设置

在记账凭证核算组织程序下，应分别设置收款凭证、付款凭证和转账凭证三种记账凭证，用以分别反映日常发生的各种收款、付款和转账经济业务。也可以只设置一种通用的记

账凭证，用以反映各类经济业务。

设置库存现金日记账和银行存款日记账，分别作为库存现金、银行存款收付业务的序时记录。设置一定种类的明细分类账，进行必要的明细分类核算；设置总分类账，进行总分类核算。

在这种核算组织程序下，日记账、总分类账一般采用"三栏式"，明细分类账可根据需要分别采用"三栏式"、"数量金额式"或"多栏式"。

三、记账凭证核算组织程序的账务处理程序

记账凭证核算组织程序中的账务处理程序如下所示。

① 根据原始凭证编制记账凭证。记账凭证通常采用收款凭证、付款凭证和转账凭证，也可采用通用格式。

② 根据收、付款凭证逐日逐笔登记现金日记账和银行存款日记账，日记账一般采用借、贷、余三栏式。

③ 根据原始凭证和记账凭证登记多种明细账，明细账的格式分别采用三栏式、多栏式和数量金额式。

④ 根据各种记账凭证逐笔登记总分类账，总分类账采用借、贷、余三栏式。

⑤ 月末，将日记账、明细账的余额与总分类账的有关账户余额核对。

⑥ 月末，根据总分类账和明细分类账编制财务报表。

记账凭证核算组织程序的账务处理程序如图 12-1 所示。

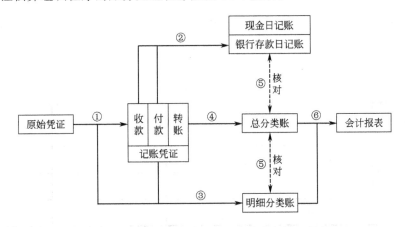

图 12-1　记账凭证核算组织程序的账务处理程序

四、记账凭证核算组织程序的优缺点及适用范围

记账凭证核算组织程序的特点是根据记账凭证逐笔地登记总分类账，因而有以下优点：①程序简明，易学易懂；②手续简便，由于根据记账凭证直接登记总分类账，不进行中间汇总，省去了汇总手续；③总分类账记录反映详细，用账、查账方便。但是，当单位的业务量较大时，根据记账凭证逐笔登记总分类账的工作量较大。因此，这种程序适合于一些规模小、业务量少、凭证不多的单位。

五、记账凭证核算组织程序举例

例 1　利丰公司 20××年 4 月份发生的经济业务如下（假设各账户期初无余额、不考虑增值税）：

① 4 月 1 日将股东投入资本 100 000 元存入开户银行。

② 4 月 2 日从银行提取现金 2 500 元备用。

③ 4 月 5 日支付从本月 1 日开始租期 1 年的房租费 24 000 元。

④ 4 月 6 日向某公司购进甲商品 350 件，每件进价 80 元，计价 28 000 元，以银行存款付讫。

⑤ 4 月 7 日以现金购进办公用品 600 元。

⑥ 4 月 10 日由银行取得短期借款 50 000 元。

⑦ 4 月 12 日向 A 工厂赊销甲商品 40 件，每件售价 125 元，计价 5 000 元。

⑧ 4 月 15 日向某公司购进乙商品 300 件，每件进价 150 元，计价 45 000 元，以银行存款付讫。

⑨ 4 月 20 日用银行存款支付全年保险费 400 元。

⑩ 4 月 25 日现销甲商品 65 件，每件售价 90 元，计价 550 元，货款存入银行。

⑪ 4 月 28 日从银行提取现金 2 300 元，备发工资。

⑫ 4 月 30 日以现金支付本月工资 2 300 元。

⑬ 4 月 30 日结转本月甲商品销售成本 8 400 元。

⑭ 4 月 30 日本月应交营业税 350 元。

要求：中信会计师事务所作为代理记账机构，采用记账凭证核算组织程序，进行相应的账务处理。

① 根据原始记账凭证编制记账凭证（采用专用式），如表 12-1～表 12-14 所示。

表 12-1 收款凭证

20××年 4 月 1 日

应借账户：银行存款　　　　　　　　　　银收字第 1 号　　　　　　　　　　单位：元

摘　　要	应贷账户		金　　额	记　账
	总账账户	明细账户		
收到投资款	实收资本		100 000	
合　计				

会计主管：　　　　记账：　　　　出纳：　　　　复核：　　　　填制：

表 12-2 付款凭证

20××年 4 月 2 日

应贷账户：银行存款　　　　　　　　　　银付字第 1 号　　　　　　　　　　单位：元

摘　　要	应借账户		金　　额	记　账
	总账账户	明细账户		
提现备用	库存现金		2 500	
合　计				

会计主管：　　　　记账：　　　　出纳：　　　　复核：　　　　填制：

242

表 12-3　付款凭证

20××年 4 月 5 日

应贷账户：银行存款　　　　　　　　　　银付字第 2 号　　　　　　　　　　单位：元

摘　　要	应借账户		金　额	记　账
	总账账户	明细账户		
付 1 年房租费	管理费用		24 000	
合计				

会计主管：　　　　记账：　　　　出纳：　　　　复核：　　　　填制：

表 12-4　付款凭证

20××年 4 月 6 日

应贷账户：银行存款　　　　　　　　　　银付字第 3 号　　　　　　　　　　单位：元

摘　　要	应借账户		金　额	记　账
	总账账户	明细账户		
付购货款	库存商品	甲商品	28 000	
合计				

会计主管：　　　　记账：　　　　出纳：　　　　复核：　　　　填制：

表 12-5　付款凭证

20××年 4 月 7 日

应贷账户：库存现金　　　　　　　　　　现付字第 1 号　　　　　　　　　　单位：元

摘　　要	应借账户		金　额	记　账
	总账账户	明细账户		
购买办公用品	管理费用		600	
合计				

会计主管：　　　　记账：　　　　出纳：　　　　复核：　　　　填制：

表 12-6　收款凭证

20××年 4 月 10 日

应借账户：银行存款　　　　　　　　　　银收字第 2 号　　　　　　　　　　单位：元

摘　　要	应贷账户		金　额	记　账
	总账账户	明细账户		
取得借款	短期借款		50 000	
合计				

会计主管：　　　　记账：　　　　出纳：　　　　复核：　　　　填制：

表 12-7 转账凭证

20××年 4 月 12 日

转字第 1 号 单位：元

摘 要	账 户 名 称		借方金额	贷方金额	记 账
	总账账户	明细账户			
赊销商品	应收账款	A工厂	5 000		
	主营业务收入	甲商品		5 000	
合计					

会计主管： 记账： 出纳： 复核： 填制：

表 12-8 付款凭证

20××年 4 月 15 日

应贷账户：银行存款 银付字第 4 号 单位：元

摘 要	应 借 账 户		金 额	记 账
	总账账户	明细账户		
购物付款	库存商品	乙商品	45 000	
合计				

会计主管： 记账： 出纳： 复核： 填制：

表 12-9 付款凭证

20××年 4 月 20 日

应贷账户：银行存款 银付字第 5 号 单位：元

摘 要	应 借 账 户		金 额	记 账
	总账账户	明细账户		
支付保险费	应付职工薪酬		4 800	
合计				

会计主管： 记账： 出纳： 复核： 填制：

表 12-10 收款凭证

20××年 4 月 25 日

应借账户：银行存款 银收字第 3 号 单位：元

摘 要	应 贷 账 户		金 额	记 账
	总账账户	明细账户		
现销商品	主营业务收入	甲商品	5 850	
合计				

会计主管： 记账： 出纳： 复核： 填制：

表 12-11　付款凭证

20××年4月28日

应贷账户：银行存款　　　　　　　　　　　银付字第6号　　　　　　　　　　　单位：元

摘　要	应借账户		金　额	记　账
	总账账户	明细账户		
提现金备发工资	库存现金		2 300	
合计				

会计主管：　　　　记账：　　　　出纳：　　　　复核：　　　　填制：

表 12-12　付款凭证

20××年4月30日

应贷账户：库存现金　　　　　　　　　　　现付字第2号　　　　　　　　　　　单位：元

摘　要	应借账户		金　额	记　账
	总账账户	明细账户		
发放工资	应付职工薪酬		2 300	
合计				

会计主管：　　　　记账：　　　　出纳：　　　　复核：　　　　填制：

表 12-13　转账凭证

20××年4月30日

转字第2号　　　　　　　　　　　单位：元

摘　要	账户名称		借方金额	贷方金额	记　账
	总账账户	明细账户			
结转销售成本	主营业务成本	甲商品	8 400		
	库存商品	甲商品		8 400	
合计					

会计主管：　　　　记账：　　　　出纳：　　　　复核：　　　　填制：

表 12-14　转账凭证

20××年4月30日

转字第3号　　　　　　　　　　　单位：元

摘　要	账户名称		借方金额	贷方金额	记　账
	总账账户	明细账户			
本月应交税金	营业税金及附加		350		
	应交税费			350	
合计					

会计主管：　　　　记账：　　　　出纳：　　　　复核：　　　　填制：

　　②根据收、付款记账凭证登记日记账（银行存款日记账和库存现金日记账）如表12-15和表12-16所示。

表 12-15　银行存款日记账　　　　　第　页　　单位：元

20××年		凭证字号	摘要	对方账户	借方	贷方	余额
月	日						
4	1	银收 1	收到投资款	实收资本	100 000		100 000
	2	银付 1	提现	库存现金		2 500	97 500
	5	银付 2	付房租	管理费用		24 000	73 500
	6	银付 3	购货付款	库存商品		28 000	45 500
	10	银收 2	取得借款	短期借款	50 000		95 500
	15	银付 4	购货付款	库存商品		45 000	50 500
	20	银付 5	支付保险费	管理费用		4 800	45 700
	25	银收 3	销售商品	主营业务收入	5 850		51 550
	28	银付 6	提现金工资	库存现金		2 300	49 250
			合计		155 850	106 600	

表 12-16　库存现金日记账　　　　　第　页　　单位：元

20××年		凭证字号	摘要	借方	贷方	余额
月	日					
4	2	银付 1	提现	2 500		2 500
	7	现付 1	付办公用品费		600	1 900
	28	银付 6	提现备发工资	2 300		4 200
	30	现付 2	发放工资		2 300	1 900
			合计	4 800	2 900	

③ 根据记账凭证逐笔登记总分类账如表 12-17～表 12-30 所示。

表 12-17　总分类账

账户名：库存现金　　　　　　　　　　　　　　　第　页　　单位：元

20××年		凭证字号	摘要	借方	贷方	借或贷	余额
月	日						
4	2	银付 1	从银行提现	2 500		借	2 500
	7	现付 1	付办公用品费		600	借	1 900
	28	银付 6	提现备发工资	2 300		借	4 200
	30	现付 2	发放工资		2 300	借	1 900
			合计	4 800	2 900		

246

表 12-18　总分类账

账户名称：银行存款　　　　　　　　　　　　　　　　　　　　第　页　　单位：元

20××年		凭证字号	摘　要	借方	贷方	借或贷	余额
月	日						
4	1	银收 1	收到投资款	100 000		借	100 000
	2	银付 1	提现		2 500	借	97 500
	5	银付 2	付房租		24 000	借	73 500
	6	银付 3	购货付款		28 000	借	45 500
	10	银收 2	取得借款	50 000		借	95 500
	15	银付 4	购货付款		45 000	借	50 500
	20	银付 5	支付保险费		4 800	借	45 700
	25	银收 3	销售商品	5 850		借	51 550
	28	银付 6	提现金工资		2 300	借	49 250
			合计	155 850	106 600		

表 12-19　总分类账

账户名称：应收账款　　　　　　　　　　　　　　　　　　　　第　页　　单位：元

20××年		凭证字号	摘　要	借方	贷方	借或贷	余额
月	日						
4	12	转 1	主营业务收入	5 000		借	5 000

表 12-20　总分类账

账户名称：库存商品　　　　　　　　　　　　　　　　　　　　第　页　　单位：元

20××年		凭证字号	摘　要	借方	贷方	借或贷	余额
月	日						
4	6	银付 3	银行存款	28 000		借	28 000
	15	银付 4	银行存款	45 000		借	73 000
	30	转 2	主营业务成本		8 400	借	64 600
			合计	73 000	8 400		

表 12-21　总分类账

账户名称：短期借款　　　　　　　　　　　　　　　　　　　　第　页　　单位：元

20××年		凭证字号	摘　要	借方	贷方	借或贷	余额
月	日						
4	10	银收 2	银行存款		50 000	贷	50 000

表 12-22　总分类账

账户名称：应交税费 　　　　　　　　　　　　　　　　　　　　　　　　　　　第　页　　单位：元

20××年		凭证字号	摘　要	借方	贷方	借或贷	余额
月	日						
4	30	转 3	营业税金及附加		350	贷	350

表 12-23　总分类账

账户名称：实收资本 　　　　　　　　　　　　　　　　　　　　　　　　　　　第　页　　单位：元

20××年		凭证字号	摘　要	借方	贷方	借或贷	余额
月	日						
4	1	银收 1	银行存款		100 000	贷	100 000

表 12-24　总分类账

账户名称：主营业务收入 　　　　　　　　　　　　　　　　　　　　　　　　　第　页　　单位：元

20××年		凭证字号	摘　要	借方	贷方	借或贷	余额
月	日						
4	12	转 1	应收账款		5 000	贷	5 000
	15	银收 3	银行存款		5 850	贷	10 850
			合　计		10 850		

表 12-25　总分类账

账户名称：主营业务成本 　　　　　　　　　　　　　　　　　　　　　　　　　第　页　　单位：元

20××年		凭证字号	摘　要	借方	贷方	借或贷	余额
月	日						
4	30	转 2	库存商品	8 400		借	8 400

表 12-26　总分类账

账户名称：应付职工薪酬 　　　　　　　　　　　　　　　　　　　　　　　　　第　页　　单位：元

20××年		凭证字号	摘　要	借方	贷方	借或贷	余额
月	日						
4	30	现付 2	现金支付工资	2 300		借	2 300

表 12-27　总分类账

账户名称：营业税金及附加 　　　　　　　　　　　　　　　　　　　　　　　　第　页　　单位：元

20××年		凭证字号	摘　要	借方	贷方	借或贷	余额
月	日						
4	30	转 3	应交税费	350		借	350

表 12-28　总分类账

账户名称：管理费用　　　　　　　　　　　　　　　　　　　　　　　第　页　　单位：元

20××年		凭证字号	摘要	借方	贷方	借或贷	余额
月	日						
4	5	银付 2	银行存款	24 000		借	24 000
	7	现付 1	库存现金	600		借	24 600
	20	银付 5	银行存款	4 800		借	29 400
			合计	29 400			

表 12-29　库存商品明细分类账

品名：甲商品　　　　　　　　　　　　　　　　　　　　　　　　　　第　页　　单元：元

20××年		凭证字号	摘要	收入			发出			结存		
月	日			数量	单价	金额	数量	单价	金额	数量	单价	金额
4	6	银付 3		350	80	28 000				350	80	28 000
	30	转 2					105	80	8 400			

表 12-30　库存商品明细分类账

品名：乙商品　　　　　　　　　　　　　　　　　　　　　　　　　　第　页　　单元：元

20××年		凭证字号	摘要	收入			发出			结存		
月	日			数量	单价	金额	数量	单价	金额	数量	单价	金额
4	15	银付 4		350	150	45 000				300	150	45 000

④ 根据总分类账编制试算平衡表，如表 12-31 所示。

表 12-31　试算平衡表

20××年 4 月 30 日　　　　　　　　　　　　　　　　　　　　　　　　单元：元

账户名称	发生额		余额	
	借方	贷方	借方	贷方
库存现金	4 800	2 900	1 900	
银行存款	155 850	106 600	49 250	
应收账款	5 000		5 000	
库存商品	73 000	84 000	64 600	
短期借款		50 000		50 000
应交税费		350		350
实收资本		100 000		100 000
主营业务收入		10 850		10 850
主营业务成本	8 400		8 400	
应付职工薪酬	2 300		2 300	
营业税金及附加	350		350	
管理费用	29 400		29 400	
合计	279 100	279 100	161 200	161 200

第三节 科目汇总表核算组织程序

一、科目汇总表核算组织程序的基本内容和特点

科目汇总表核算组织程序，亦称记账凭证汇总表核算组织程序，就是根据记账凭证定期汇总编制科目汇总表，并据以登记总分类账的一种核算形式。这种核算形式的显著特点，就是记账凭证要定期汇总，并根据汇总的科目汇总表登记总分类账。这里的科目汇总表是一种不反映账户对应关系的汇总凭证。

二、科目汇总表核算组织程序下凭证、账簿的设置

采用这种核算组织程序，除仍需设置收款凭证、付款凭证和转账凭证外，为了定期根据全部记账凭证进行汇总，应另设"科目汇总表"。库存现金日记账、银行存款日记账以及总分类账和各种明细分类账的设置与记账凭证核算形式相同。

三、科目汇总表核算组织程序的账务处理程序

科目汇总表核算组织程序中的账务处理程序如下所示。

① 根据原始凭证填制记账凭证。

② 根据收、付款凭证登记库存现金日记账和银行存款日记账。

③ 根据原始凭证和各种记账凭证登记各种明细分类账。明细分类账分别采用三栏式、多栏式和数量金额式。

④ 根据各种记账凭证定期汇总编制科目汇总表，格式如表 12-31 所示，科目汇总表的编制时间应根据企业经济业务量的多少来确定，业务量越多，时间间隔应越短，可以每 1 天、3 天、5 天、10 天、半个月编制汇总一次，将一定期间的全部记账凭证按相同科目在 T 型账户内将借方发生额和贷方发生额进行汇总，然后将借方发生额合计和贷方发生额合计填入科目汇总表相应科目的借方栏和贷方栏。最后，将科目汇总表的所有科目借方金额相加，贷方金额相加，看所有科目借方合计是否等于贷方合计。

⑤ 根据科目汇总表登记总分类账。总分类账一般采用借、贷、余三栏式。登记时间依科目表的编制时间而定，一般编一次科目汇总表登记一次总账，也可于月末时根据本月合计一次登记总分类账。

⑥ 月末，将现金日记账，银行存款日记账和各明细分类账的余额与总分类账的有关余

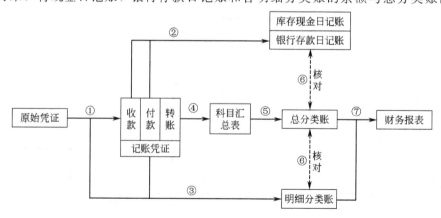

图 12-2 科目汇总表核算组织程序的账务处理程序

额进行核对。

⑦ 月末，根据总分类账和明细分类账编制财务报表。

科目汇总表核算组织程序的账务处理程序如图 12-2 所示。

四、科目汇总表核算组织程序的优缺点及适用范围

科目汇总表核算组织程序的特点是根据记账凭证汇总编制科目汇总表，根据科目汇总表登记总分类账，这种程序可减少登记总分类账的工作，而且科目汇总表也起着试算平衡的作用。但这种核算形式的主要缺点是在科目汇总表和总分类账中，不能明确反映账户的对应关系，因而不便于对经济业务进行分析和检查。这种程序适用于业务量较大、记账凭证较多的单位。

五、科目汇总表核算组织程序举例

例 2 见例 1 资料，记账凭证核算组织程序举例中有关经济业务及编制的记账凭证。

要求：中信会计师事务所作为代理记账机构，采用科目汇总表核算组织程序，进行相应的账务处理。科目汇总表根据记账凭证按旬编制。如表 12-32 所示。

表 12-32　科目汇总表

20××年 4 月 1～30 日　　　　　　　　　　　　　　　　　　　　单位：元

账户名称	发生额		账页	备注
	借方	贷方		
库存现金	4 800	2 900		附记账凭证 14 张
银行存款	155 850	106 600		1. 收款凭证
应收账款	5 000			(1)现收
库存商品	73 000	84 000		(2)银收♯1—♯3
短期借款		50 000		2. 付款凭证
应交税费		350		(1)现付♯1—♯2
实收资本		100 000		(2)银付♯1—♯6
主营业务收入		10 850		3. 转账凭证
主营业务成本	8 400			♯1—♯3
应付职工薪酬	2 300			
营业税金及附加	350			
管理费用	29 400			
合计	279 100	279 100		

根据科目汇总表登记总分类账如表 12-33～表 12-44 所示。

表 12-33　总分类账

账户名称：库存现金　　　　　　　　　　　　　　　　　　　　第　页　单位：元

20××年		凭证字号	摘　要	借方	贷方	借或贷	余额
月	日						
4	30	科汇	1～30 日发生额	4 800	2 900	借	1 900

表 12-34　总分类账

账户名称：银行存款　　　　　　　　　　　　　　　　　　　　　　　　　　　　第　页　　单位：元

20××年		凭证字号	摘　要	借方	贷方	借或贷	余额
月	日						
4	30	科汇	1～30 日发生额	155 850	106 600	借	49 250

表 12-35　总分类账

账户名称：应收账款　　　　　　　　　　　　　　　　　　　　　　　　　　　　第　页　　单位：元

20××年		凭证字号	摘　要	借方	贷方	借或贷	余额
月	日						
4	30	科汇	1～30 日发生额	5 000		借	5 000

表 12-36　总分类账

账户名称：库存商品　　　　　　　　　　　　　　　　　　　　　　　　　　　　第　页　　单位：元

20××年		凭证字号	摘　要	借方	贷方	借或贷	余额
月	日						
4	30	科汇	1～30 日发生额	73 000	8 400	借	64 600

表 12-37　总分类账

账户名称：短期借款　　　　　　　　　　　　　　　　　　　　　　　　　　　　第　页　　单位：元

20××年		凭证字号	摘　要	借方	贷方	借或贷	余额
月	日						
4	30	科汇	1～30 日发生额		50 000	贷	50 000

表 12-38　总分类账

账户名称：应交税费　　　　　　　　　　　　　　　　　　　　　　　　　　　　第　页　　单位：元

20××年		凭证字号	摘　要	借方	贷方	借或贷	余额
月	日						
4	30	科汇	1～30 日发生额		350	贷	350

表 12-39　总分类账

账户名称：实收资本　　　　　　　　　　　　　　　　　　　　　　　　　　　　第　页　　单位：元

20××年		凭证字号	摘　要	借方	贷方	借或贷	余额
月	日						
4	30	科汇	1～30 日发生额		100 000	贷	100 000

表 12-40　总分类账

账户名称：主营业务收入　　　　　　　　　　　　　　　　　　　　　　　第　页　　　单位：元

20××年		凭证字号	摘　要	借方	贷方	借或贷	余额
月	日						
4	30	科汇	1～30 日发生额		10 850	贷	10 850

表 12-41　总分类账

账户名称：主营业务成本　　　　　　　　　　　　　　　　　　　　　　　第　页　　　单位：元

20××年		凭证字号	摘　要	借方	贷方	借或贷	余额
月	日						
4	30	科汇	1～30 日发生额	8 400		借	8 400

表 12-42　总分类账

账户名称：销售费用　　　　　　　　　　　　　　　　　　　　　　　　　第　页　　　单位：元

20××年		凭证字号	摘　要	借方	贷方	借或贷	余额
月	日						
4	30	科汇	1～30 日发生额	2 300		借	2 300

表 12-43　总分类账

账户名称：营业税金及附加　　　　　　　　　　　　　　　　　　　　　　第　页　　　单位：元

20××年		凭证字号	摘　要	借方	贷方	借或贷	余额
月	日						
4	30	科汇	1～30 日发生额	350		借	350

表 12-44　总分类账

账户名称：管理费用　　　　　　　　　　　　　　　　　　　　　　　　　第　页　　　单位：元

20××年		凭证字号	摘　要	借方	贷方	借或贷	余额
月	日						
4	30	科汇	1～30 日发生额	29 400		借	29 400

日记账、各种明细分类账的登记和财务报表的编制与记账凭证核算组织程序相同。

第四节　汇总记账凭证核算组织程序

一、汇总记账凭证核算组织程序的概念和特点

汇总记账凭证核算组织程序就是定期根据收款凭证、付款凭证和转账凭证，按照账户的

对应关系进行汇总，分别编制汇总收款凭证、汇总付款凭证和汇总转账凭证，然后根据各种汇总记账凭证登记总分类账的一种核算形式。这种核算形式的显著特点是，首先根据记账凭证定期编制专门设置的汇总记账凭证，然后根据汇总记账凭证登记总分类账。

二、汇总记账凭证核算组织程序下凭证、账簿的设置

采用汇总记账凭证核算组织程序，除仍应设置收款凭证、付款凭证和转账凭证外，还要设置汇总收款凭证、汇总付款凭证和汇总转账凭证，在各种汇总记账凭证中都要求反映账户的对应关系。此外，仍需设置库存现金日记账、银行存款日记账、总分类账和各种明细分类账。由于在这种核算形式下的汇总记账凭证反映了账户的对应关系，因而在总分类账的设计上，应该相应地采用设有"对方科目"专栏的格式。日记账可采用三栏式，明细分类账可根据需要分别采用三栏式、数量金额式或多栏式。

三、汇总记账凭证核算组织程序的账务处理程序

汇总记账凭证核算组织程序的账务处理程序如下所示。

① 根据原始凭证填制记账凭证，为便于编制汇总记账凭证，要求收款凭证按一借多贷填制，付款和转账凭证按一贷多借填制。

② 根据收付款凭证登记库存现金日记账和银行存款日记账，库存现金和银行存款日记账一般采用三栏式。

③ 根据原始凭证和记账凭证登记各种明细账，明细账分别采用三栏式、多栏式和数量金额式。

④ 根据记账凭证编制汇总记账凭证，汇总记账凭证分为汇总收款凭证、汇总付款凭证和汇总转账凭证，由于收款凭证是按借方科目设置为现金收款凭证和银行存款收款凭证，所以汇总收款凭证也按借方科目设置为汇总库存现金收款凭证和汇总银行存款收款凭证，按其对应的贷方科目加以归类汇总，如表 12-10 所示，定期结出各贷方科目合计数作为登记总分类账的依据，从而汇总付款凭证按其贷方科目设置为汇总现金付款凭证和汇总银行存款付款凭证，并定期按其借方科目汇总作为登记总分类账的依据，如表 12-11 所示。按贷方科目分别设置，按对应的借方科目归类汇总后作为登记总分类账的依据，如表 12-12 所示。

⑤ 根据汇总记账凭证登记总分类账，为使总分类账的内容与各种汇总记账凭证一致，总分类账的借、贷两栏应设有"对方科目"专栏，如表 12-45 所示，月末，根据汇总收款凭证的合计数，登记在"库存现金"、"银行存款"等总分类账户的借方，以及有关总账账户的贷方，根据汇总付款凭证的合计数，登记在"库存现金""银行存款"等总分类账户的贷方，以及有关总账账户的借方，根据汇总转账凭证的合计数，汇入有关总分类账的贷方及对方总账科目的借方。

⑥ 月末，将库存现金日记账、银行存款日记账、各明细分类账的余额与有关总分类账的余额进行核对。

⑦ 月末，根据总分类账和明细分类账编制财务报表。

汇总记账凭证核算组织程序的账务处理程序如图 12-3 所示。

四、汇总记账凭证核算组织程序的优缺点及适用范围

汇总记账凭证核算组织程序可以将日常发生的大量记账凭证分散在平时整理，通过汇总归类，月末一次记入总分类账，在一定程度上简化了总分类账的记账工作；汇总记账凭证是按照科目的对应关系归类汇总编制，能够清晰地反映账户间的对应关系，便于经常分析检查

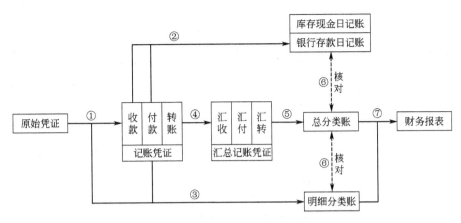

图 12-3 汇总记账凭证核算组织程序的账务处理程序

经济活动的发生情况。但是，汇总转账凭证是按每一贷方科目，而不是按经济业务的性质归类汇总，因而不利于日常核算工作的合理分工，而且定期汇总记账凭证的工作量也比较大。这种核算组织程序适用于规模较大、业务量较多的企业。

五、汇总记账凭证核算组织程序举例

例 3 见例 1 资料，记账凭证核算组织程序举例中有关经济业务及其编制的记账凭证。

要求：中信会计师事务所作为代理记账机构，采用汇总账记账凭证核算组织程序，进行相应的账务处理。汇总记账凭证根据记账凭证按月编制。

根据记账凭证编制汇总记账凭证，如表 12-45～表 12-61 所示。

表 12-45　汇总收款凭证

20××年 4 月

应贷账户：银行存款　　　　　　　　　　汇收字第 1 号　　　　　　　　　　单位：元

应贷账户	金　额				总账账页	
	1-10 日	11-20 日	21-30 日	合计	借方	贷方
实收资本	100 000			100 000		
短期借款	50 000			50 000		
主营业务收入			5 850	5 850		
合　计	150 000		5 850	155 850		

表 12-46　汇总付款凭证

20××年 4 月

应贷账户：库存现金　　　　　　　　　　汇付字第 1 号　　　　　　　　　　单位：元

应贷账户	金　额				总账账页	
	1-10 日	11-20 日	21-30 日	合计	借方	贷方
管理费用	600			600		
应付职工薪酬			2 300	2 300		
合　计	600		2 300	2 900		

表 12-47 汇总付款凭证

20××年 4 月

应贷账户：银行存款　　　　　　　　汇付字第 2 号　　　　　　　　单位：元

应贷账户	金　额				总账账页	
	1-10 日	11-20 日	21-30 日	合计	借方	贷方
库存现金	2 500		2 300	4 800		
管理费用	24 000	4 800		28 800		
库存商品	28 000	45 000		73 000		
合计	54 500	49 800	2 300	106 600		

表 12-48 汇总转账凭证

20××年 4 月

应贷账户：主营业务收入　　　　　　汇转字第 1 号　　　　　　　　单位：元

应贷账户	金　额				总账账页	
	1-10 日	11-20 日	21-30 日	合计	借方	贷方
应收账款		5 000		5 000		
合计		5 000		5 000		

表 12-49 汇总转账凭证

20××年 4 月

应贷账户：库存商品　　　　　　　　汇转字第 2 号　　　　　　　　单位：元

应贷账户	金　额				总账账页	
	1-10 日	11-20 日	21-30 日	合计	借方	贷方
主营业务收入			8 400	8 400		
合计			8 400	8 400		

表 12-50 汇总转账凭证

20××年 4 月

应贷账户：应交税费　　　　　　　　汇转字第 3 号　　　　　　　　单位：元

应贷账户	金　额				总账账页	
	1-10 日	11-20 日	21-30 日	合计	借方	贷方
营业税金及附加			350	350		
合计			350	350		

表 12-51 总分类账

账户名称：库存现金　　　　　　　　　　　　　　　　第　页　　单位：元

20××年		凭证字号	摘　要	借方	贷方	借或贷	余额
月	日						
4	30	汇付 1			2 900	贷	2 900
4	30	汇付 2		4 800		借	1 900

表 12-52　总分类账

账户名称：银行存款　　　　　　　　　　　　　　　　　　　　　　　第　页　　单位：元

20××年		凭证字号	摘　要	借方	贷方	借或贷	余额
月	日						
4	30	汇收 1		155 850		贷	155 850
4	30	汇付 2			106 600	借	49 250

表 12-53　总分类账

账户名称：应收账户　　　　　　　　　　　　　　　　　　　　　　　第　页　　单位：元

20××年		凭证字号	摘　要	借方	贷方	借或贷	余额
月	日						
4	30	汇转 1		5 000		借	5 000

表 12-54　总分类账

账户名称：库存商品　　　　　　　　　　　　　　　　　　　　　　　第　页　　单位：元

20××年		凭证字号	摘　要	借方	贷方	借或贷	余额
月	日						
4	30	汇付 2		73 000		借	73 000
4	30	汇转 2			8 400	借	64 600

表 12-55　总分类账

账户名称：短期借款　　　　　　　　　　　　　　　　　　　　　　　第　页　　单位：元

20××年		凭证字号	摘　要	借方	贷方	借或贷	余额
月	日						
4	30	汇收 1			50 000	贷	50 000

表 12-56　总分类账

账户名称：应交税费　　　　　　　　　　　　　　　　　　　　　　　第　页　　单位：元

20××年		凭证字号	摘　要	借方	贷方	借或贷	余额
月	日						
4	30	汇转 3			350	贷	350

表 12-57　总分类账

账户名称：实收资本　　　　　　　　　　　　　　　　　　　　　　　第　页　　单位：元

20××年		凭证字号	摘　要	借方	贷方	借或贷	余额
月	日						
4	30	汇收 1			100 000	贷	100 000

表 12-58　总分类账

账户名称：主营业务收入　　　　　　　　　　　　　　　　　　　　　第　页　　单位：元

20××年		凭证字号	摘　要	借方	贷方	借或贷	余额
月	日						
4	30	汇收 1			5 850	贷	5 850
4	30	汇转 1			5 000	贷	10 850

表 12-59 总分类账

账户名称：应付职工薪酬   第 页   单位：元

20××年		凭证字号	摘 要	借方	贷方	借或贷	余额
月	日						
4	30	汇付 1		2 300		借	2 300

表 12-60 总分类账

账户名称：营业税金及附加   第 页   单位：元

20××年		凭证字号	摘 要	借方	贷方	借或贷	余额
月	日						
4	30	汇转 3		350		借	350

表 12-61 总分类账

账户名称：管理费用   第 页   单位：元

20××年		凭证字号	摘 要	借方	贷方	借或贷	余额
月	日						
4	30	汇付 1		600		借	600
4	30	汇付 1		28 800		借	29 400

日记账、各种明细分类账的登记和财务报表的编制与记账凭证核算组织程序相同。

第五节　多栏式日记账核算组织程序

一、多栏式日记账核算组织程序的概念和特点

多栏式日记账核算组织程序又称专栏式日记账核算形式，就是设置多栏式现金日记账和银行存款日记账，对于收款、付款业务，先根据收款凭证和付款凭证登记多栏式现金、银行存款日记账，月终时再根据多栏式日记账汇总登记总分类账，对于转账业务仍根据转账凭证逐笔登记总分类账的一种核算形式。这种核算形式的主要特点就是各种有关收、付款项的经济业务均需通过多栏式日记账进行汇总，再据以登记总分类账。

二、多栏式日记账核算组织程序下凭证、账簿的设置

在这种核算组织程序下，仍应分别设置收款、付款和转账三种记账凭证，还应分别设置多栏式现金日记账和多栏式银行存款日记账，以便明确反映收、付款项经济业务的账户对应关系，并简化收、付款项业务的记账工作。此外，还应设置总分类账，进行总分类核算，设置一定种类的明细分类账，进行必要的明细分类核算。

多栏式现金日记账和多栏式银行存款日记账分别按借、贷方科目设置若干专栏。总分类账一般采用三栏式，明细分类账可根据具体情况分别采用三栏式、多栏式或数量金额式。

三、多栏式日记账核算组织程序的账务处理程序

多栏式日记账核算组织程序的账务处理程序如下所示：

① 根据原始凭证填制记账凭证。

② 根据收、付款凭证登记多栏式库存现金日记账和多栏式银行存款日记账，如表 12-62

与表 12-63 所示。

③ 根据原始凭证和记账凭证登记明细分类账。

④ 月末根据各多栏式日记账各对应科目结出金额一次登入总账。

⑤ 月末将明细账同总分类账进行核对。

⑥ 根据总分类账和明细账编制财务报表。

多栏式日记账核算组织程序的账务处理程序如图 12-4 所示。

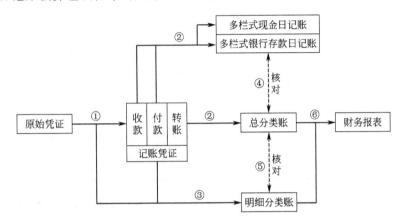

图 12-4　多栏式日记账核算组织程序的账务处理程序

四、多栏式日记账核算组织程序的优缺点及适用范围

在这种核算形式下，由于各种收款、付款业务是通过多栏式日记账进行汇总后登记总分类账的，这就大大简化了这一部分经济业务的总分类账的登记工作。同时，由于多栏式日记账按总账科目的对应关系分设专栏进行登记，因而能够明确反映收、付款项经济业务的账户对应关系，便于了解这一部分经济业务的来龙去脉。多栏式日记账核算形式的主要缺点是，由于多栏式现金和银行存款日记账成为登记总分类账的直接依据，因而日记账与总分类账就丧失了相互核对的作用。这种核算形式一般适用于经营规模不大，收款、付款业务较多，而转账业务较少的单位。

五、多栏式记账核算组织程序举例

例 4　见例 2 资料，记账凭证核算组织程序举例中的有关经济业务及其编制的记账凭证。

要求：中信会计师事务所作为代理记账机构，采用多栏式记账凭证核算组织程序，进行相应的账务处理。汇总记账凭证根据记账凭证按月编制。

根据记账凭证编制多栏式库存现金日记账与多栏式银行存款日记账如表 12-62~表 12-63 所示。

表 12-62　库存现金日记账（多栏式）　　　　　　　　　　　　单位：元

| 20××年 | | 凭证字号 | 摘要 | 应贷账户 | 现金收入合计 | 应借账户 | | 现金支出合计 | 余额 |
月	日			银行存款		管理费用	销售费用		
4	2	银付1	提现备用	2 500	2 500				2 500
4	7	现付1	购买办公品			600		600	1 900
4	28	银付6	提现备发工资	2 300	2 300				4 200
4	30	现付2	发放工资				2 300	2 300	1 900
			本期发生额及余额	4 800	4 800	600	2 300	2 900	1 900

表 12-63　银行存款日记账（多栏式）　　　　　　　　　　　　　单元：元

20××年		凭证字号	摘要	应贷账户			现金收入合计	应借账户				现金支出合计	余额
月	日			实收资本	短期借款	主营业务收入		库存现金	管理费用	库存商品	应付职工薪酬		
4	1	银收1	收到投资款	100 000			100 000						100 000
4	2	银付1	提现备用					2 500				2 500	97 500
4	5	银付2	支付房租						24 000			24 000	73 500
4	6	银付3	付购货款							28 000		28 000	45 500
4	10	银收2	取得借款		50 000		50 000						95 500
4	15	银付4	付购货款							45 000		45 000	50 500
4	20	银付5	支付保险费								4 800	4 800	45 700
4	25	银收3	现销商品			5 850	5 850						51 550
4	28	银付6	提现备发工资					2 300				2 300	49 250
			本期发生额及余额	100 000	50 000	5 850	155 850	4 800	24 000	73 000	4 800	106 600	49 250

各种总账、明细分类账的登记和财务报表的编制与记账凭证核算组织程序相同。

本 章 小 结

本章系统地介绍了几种常见的会计核算组织程序。其中阐述了会计核算组织程序的概念与使用意义，会计核算组织程序的种类及选用会计账务处理程序的基本要求。会计核算组织程序是各种会计核算方法的综合运用，是做好会计核算工作，提高会计信息质量和会计工作效率的重要保证。分别介绍了记账凭证核算组织程序、科目汇总表核算组织程序、汇总记账凭证核算组织程序和多栏式日记账核算组织程序各自的特点、账务处理步骤及其优缺点，并举例说明了各账务处理程序的具体运用。本章的重点是各种账务处理程序的区别，难点是编制科目汇总表和汇总记账凭证的方法。

复 习 思 考

1. 单项选择题

(1) 各种会计核算组织程序的主要区别是（　　）不同。

A. 填制会计凭证的依据和方法　　　　B. 登记总账的依据和方法

C. 编制会计报表的依据和方法　　　　D. 登记明细账的依据和方法

(2) 在下列会计核算组织程序中，最基本的是（　　）。

A. 汇总记账凭证核算组织程序　　　　B. 科目汇总表核算组织程序

C. 记账凭证核算组织程序　　　　　　D. 多栏式日记账核算组织程序

(3) 科目汇总表账务处理程序的主要缺点是（　　）。

A. 登记总账的工作量太大　　　　　　B. 编制科目汇总表的工作量太大

C. 不利于人员分工　　　　　　　　　D. 看不出科目之间的对应关系

(4) 根据记账凭证逐笔登记总账的会计核算组织程序是（　　）。

A. 记账凭证核算组织程序　　　　　B. 汇总记账凭证核算组织程序

C. 科目汇总表核算组织程序　　　　D. 多栏式日记账核算组织程序

（5）科目汇总表是直接根据（　　）汇总编制的。

A. 原始凭证　　　　　　　　　　　B. 汇总原始凭证

C. 记账凭证　　　　　　　　　　　D. 汇总记账凭证

（6）记账凭证核算组织程序的主要特点是（　　）。

A. 根据各种记账凭证编制汇总记账凭证

B. 根据各种记账凭证逐笔登记总分类账

C. 根据各种记账凭证编制科目汇总表

D. 根据各种汇总记账凭证登记总分类账

（7）各企业使用的账务处理程序虽不相同，但各种核算组织程序存在着密切的关系，都是以（　　）为基础发展演变而来的。

A. 记账凭证核算组织程序　　　　　B. 科目汇总表核算组织程序

C. 汇总记账凭证核算组织程序　　　D. 多栏式日记账核算组织程序

（8）既能汇总登记总分类账，减轻总账登记工作，又能明确反映账户对应关系，便于查账、对账的核算组织程序是（　　）。

A. 科目汇总表核算组织程序　　　　B. 汇总记账凭证核算组织程序

C. 多栏式日记账核算组织程序　　　D. 日记总账账务核算组织程序

2. 多项选择题

（1）在科目汇总表核算组织程序下，记账凭证是用来（　　）的依据。

A. 登记现金日记账　　　　　　　　B. 登记银行存款日记账

C. 登记明细分类账　　　　　　　　D. 编制科目汇总表

（2）在各种会计核算组织程序下，明细分类账可以根据（　　）登记。

A. 原始凭证　　　　　　　　　　　B. 科目汇总表

C. 记账凭证　　　　　　　　　　　D. 汇总记账凭证

（3）在各种会计核算组织程序下，总分类账可以根据（　　）进行登记。

A. 记账凭证　　　　　　　　　　　B. 科目汇总表

C. 汇总记账凭证　　　　　　　　　D. 转账凭证和多栏式日记账

（4）在科目汇总表核算组织程序需要设置的记账凭证有（　　）。

A. 收款凭证　　　　　　　　　　　B. 付款凭证

C. 转账凭证　　　　　　　　　　　D. 科目汇总表

（5）总账的登记依据可以是（　　）。

A. 记账凭证　　　　　　　　　　　B. 汇总记账凭证

C. 科目汇总表　　　　　　　　　　D. 原始凭证

（6）各种会计核算组织程序的相同之处表现为（　　）。

A. 根据原始凭证编制汇总原始凭证

B. 根据原始凭证或原始凭证汇总表编制记账凭证

C. 根据记账凭证逐笔登记总账

D. 根据总账及明细账编制会计报表

（7）关于科目汇总表核算组织程序，下列说法正确的有（　　）。

A. 科目汇总表核算组织程序可以大大减轻总账的登记工作

B. 科目汇总表核算组织程序可以对发生额进行试算平衡

C. 科目汇总表核算组织程序下，总分类账能明确反映账户的对应关系

D. 科目汇总表核算组织程序适用于规模大、业务量多的大中型企业

(8) 在汇总记账凭证核算组织程序下，明细分类账登记的依据是（   ）。

A. 原始凭证　　　　　　　　　　B. 汇总原始凭证

C. 记账凭证　　　　　　　　　　D. 汇总记账凭证

3. 判断题

(1) 各种会计核算组织程序的主要区别是其所采用的账簿的格式结构不同。（   ）

(2) 汇总记账凭证核算组织程序可以简化总账的登记工作，所以适用规模大、经济、业务较多的大中型企业单位。（   ）

(3) 记账凭证核算组织程序是最基本的一种会计核算组织程序。（   ）

(4) 各种会计核算组织程序的主要区别是登记总分类账的依据和方法不同。（   ）

(5) 不同会计核算组织程序下，编制会计报表的依据是相同的。（   ）

(6) 利用科目汇总表可以进行发生额试算平衡。（   ）

(7) 无论采用哪种核算组织程序，记账凭证都可以采用收款凭证、付款凭证和转账凭证。（   ）

(8) 总分类账只能根据记账凭证逐笔登记。（   ）

(9) 任何会计核算组织程序的第一步必须将所有的原始凭证都汇总编制为汇总原始凭证。（   ）

(10) 各企业可以结合本单他的业务特点，自行设计或选用科学合理的会计核算组织程序。（   ）

4. 思考题

(1) 什么是会计核算形式？有何意义？

(2) 各种会计核算形式的特点、适用性和优缺点是什么？

5. 业务题

一、目的：练习科目汇总表的编制。

二、资料：利丰公司20××年6月份发生下列交易事项。

(1) 6月1日，向B公司购入甲种材料，货款20 000元，增值税3 400元。货款及税款以银行存款支付。材料已运到，并验收入库。按其实际采购成本入账。

(2) 6月3日，出售给C公司A产品，货款50 000元，增值税8 500元。货款及增值税收到，并存入银行存款账户。

(3) 6月5日，企业收到投资单位投入的新机器设备一套，价值800 000元。

(4) 6月6日，以银行存款200 000元，偿还前欠F公司材料费。

(5) 6月8日，向银行取得短期借款250 000元，存入银行存款账户。

(6) 6月10日，出售给东方公司A产品，货款20 000元，增值税3 400元。货款及税款尚未收到。

(7) 6月13日，接银行收款通知，本月售给东方公司A产品的货款及税款23 400元，收到并存入银行。

(8) 6月15日，以银行存款120 000元购入新机器一台。

(9) 6月20日，以银行存款80 000元，上交本月应交增值税。

(10) 6月30日，结转本月销售发出A产品的销售成本35 000元。

三、要求：

（1）根据以上资料做出会计分录；

（2）根据所做会计分录编制利丰公司20××年6月份的科目汇总表。

科目汇总表

20××年6月

会计科目	账　页	本期发生额		记账凭证讫号
	略	借方	贷方	略
银行存款				
应收账款				
原材料				
库存商品				
固定资产				
短期借款				
应付账款				
应交税费				
实收资本				
主营业务收入				
主营业务成本				
合计				

第十三章 会计工作组织

本章学习目的

- 了解会计工作组织的重要意义
- 掌握会计工作的基本要求
- 了解会计机构的设置
- 了解会计人员的权限和主要职责
- 掌握会计人员的任职要求
- 了解会计工作规范
- 掌握会计档案的保管要求

导入案例 ▶▶▶

　　某会计小张因为工作努力，潜心钻研业务，多次被公司评为先进会计工作者。小张的丈夫在一家私有电子企业担任总经理，在其丈夫的多次要求下，小张将在工作中接触到的公司新产品研发计划及相关会计资料复印件提供给了丈夫，给公司带来一定的损失。公司认为小张不宜继续担任会计工作。小张违反了哪些会计职业道德要求？

　　　　　　　　　　　　　　　　　资料来源：114学习网—管理文库，作者略有删改。

　　组织和管理好会计工作，对于建立和完善会计工作秩序，提高会计工作质量，充分发挥会计的职能和作用，实现会计目标具有十分重要的意义。本章将介绍会计工作组织的有关内容，让读者了解把各种会计核算方法付诸实施需要创造的条件，以便在实践中合理安排会计核算的组织工作。

第一节　会计工作组织的意义和要求

一、会计工作组织的意义

　　会计工作组织有广义和狭义之分。从广义上讲，会计工作组织是指一切与组织会计工作有关的事情。从狭义上讲，会计工作组织是指会计人员的配置、会计机构的设置、会计法规的制定与执行和会计档案的保管。科学地组织会计工作，对全面完成会计任务，充分发挥会计在经济管理中的作用具有重要的意义。

　　首先，会计是对有关主体经济活动的客观记录和描述。这些记录和描述需要通过会计循环来完成，有关数据的输入、加工、传递和输出，在各种手续、各个步骤之间存在着密切的联系。在实际工作中，往往会由于某种手续的遗漏或者工作程序的脱节，或者某一数字的错误，造成会计信息的不准确，从而误导会计信息的使用者。科学地组织会计工作，使会计工作按照预先规定的手续和处理程序进行，可以最大程度上避免手续的遗漏、程序的脱节和数字的错误。一旦出现这样的问题，也能尽快地发现并加以纠正。

其次，会计是一种综合性的信息系统，不仅要提供与企业生产经营有关的现金流动方面的信息，还要提供企业价值流动方面的信息。科学地组织会计工作，使会计的信息披露与企业价值管理的各个环节紧密结合，可以使会计提供更多、更好和更及时的信息，满足企业管理当局的需要，提高企业的核心竞争力。

最后，会计还是一种综合性极强的经济管理工作，对企业生产经营的各个环节发挥着监督和控制的作用。会计的管理活动和其他经营管理活动，在加强管理、提高效益的共同目标下，相互补充、相互促进。科学地组织会计工作，能协调会计工作和其他经营管理工作，共同完成管理的目标，实现企业价值的最大化。

二、组织会计工作的要求

科学地组织会计工作，要遵循以下几项要求。

（一）根据国家的统一要求组织会计工作

《中华人民共和国会计法》中规定国务院财政部门管理全国的会计工作，地方各级人民政府的财政部门管理全国的会计工作。随着《企业会计准则》的发布，各有关会计主体都要遵循《企业会计准则》，组织本单位的会计工作。

（二）因地制宜地组织会计工作

国家对组织会计工作的统一要求只是提出了一般的规定。在组织会计工作时，必须因地制宜，适合特定企业、部门、岗位和项目的实际情况，而不能盲目照搬别人的做法。具体来讲，就是在会计机构的设置、会计人员的配备和对国家统一会计法规的执行等方面，都要结合本单位的业务经营特点和经营规模大小等具体情况，做出切合实际的安排和具体实施办法。

（三）协调好同其他经营管理活动的关系

会计工作是一项综合性的经济管理工作，它和其他经营管理活动一起，服务于企业价值最大化和股东权益最大化的目标。一方面，会计要对企业经营活动的绩效以数字的形式加以反映，发挥监督的作用；另一方面，企业经营管理活动也会影响和制约会计作用的发挥，如通过对会计政策施加影响而影响会计报表中所披露的数字。所以，在组织会计工作时，要同其他各项经济管理工作互相协调，互相配合，共同完成任务。

（四）经济原则

会计工作作为一项管理工作，和销售、生产活动一样，都要讲求经济效果。建立会计工作所需要的环节和程序，要花费一定的人力和物力，付出一定的代价。可这种代价不能太大，不应超过建立这种工作体制所能带来的收益或成本的节约和效率的提高。经济原则要求在组织会计工作时，要贯彻重要性原则和灵活性原则。重要性原则是指把会计工作的注意力集中于重要事项，对数额很小的项目和无关大局的事项可以从略。灵活性原则是指在组织工作时要具有足够的弹性，使得会计工作能够适应变化的企业经营的内部环境和外部环境。科学地组织会计工作，要在保证会计工作质量的基础上，注意提高会计的工作效率，尽量节约会计工作的时间和费用，防止机构重叠、手续繁杂、重复劳动等不合理现象的发生。

（五）领导推动原则

我国的《会计法》中明确规定，单位负责人对本单位的会计工作和会计资料的真实性、完整性负责。其中的单位负责人，是指一个单位的最高领导者。单位负责人要领导本单位的会计机构、会计人员和其他有关人员认真执行《会计法》，按照国家的规定组织好本单位的会计工作，支持本单位的会计机构和会计人员依法独立开展会计工作，并保障会计人员的职权不受侵犯。此外，单位负责人还要保证本单位的会计资料不存在弄虚作假、隐瞒不报等情况。

三、会计工作的组织形式

独立核算单位，是指对本身生产经营活动或业务活动过程及其结果进行全面、系统、独立会计核算的单位，这些单位通常拥有一定量的资金，在银行独立开户，对外办理结算，独立编制计划，单独计算盈亏和编报会计报表，并具有完整的凭证、账户、账簿系统，完整、全面地进行记账、算账，定期编报会计报表，并对其经济活动进行分析与检查。而非独立核算单位，即"报账单位"，是向上级机构领取一定量物资和备用金从事业务活动，定期地报送日常业务资料，由上级机构综合进行会计核算的单位。独立核算单位的会计工作的组织形式，一般分为集中核算和非集中核算两种。集中核算就是把整个单位的会计工作主要集中在会计部门进行。单位内部的其他部门和下属单位只对其发生的经济业务填制原始凭证或原始凭证汇总表，送交会计部门。原始凭证或原始凭证汇总表由会计部门审核，然后据以填制记账凭证，登记有关账簿，编制会计报表。非集中核算，又被称为分散核算，就是将会计工作分散在各有关部门进行，各会计部门负责本单位范围内的会计工作，单位内部会计部门以外的其他部门和下属单位，在会计部门的指导下，对发生在本部门或本单位的经济业务进行核算。在一个单位内部，对各部门和各下属单位所发生的经济业务可以分别采取集中核算和非集中核算。实行集中核算还是非集中核算，主要取决于经营管理的需要。如果该单位要实行内部经济核算制，就需要进行分级管理和分级核算，即进行非集中核算，这样可以有利于各部门及时利用核算资料进行日常考核和分析，解决生产和经营管理上的问题。如果该单位规模较小，经济业务不多，实行集中核算可以减少核算层次，精简机构，并减少会计人员。

会计机构对单位内部各个非独立核算单位的核算工作，都应该加强指导和监督。

第二节 会 计 机 构

我国《会计法》明确规定，国务院财政部门管理全国的会计工作，地方各级人民政府的财政部门管理本地区的会计工作。也就是说，我国的会计工作实行统一领导、分级管理的管理体制。会计机构是各企事业单位办理会计事务的职能机构。合理地设置会计机构，是保证会计工作的正常进行，充分发挥会计职能的重要条件。

一、会计机构的设置

依据《会计法》的要求，企业、事业、行政机关等单位应当根据会计业务的需要，设置会计机构。

为了有效地发挥会计的职能作用，大、中型企业（包括集团公司、股份有限公司、有限责任公司等）应当设置会计机构。对于实行企业化管理的事业单位、业务较多的行政单位、社会团体和其他组织也应设置会计机构。

各级主管部门一般设置会计（财务）司、局、处、科。主管部门的会计机构主要负责组织、领导和监督所属单位的会计工作。基层单位的会计机构，一般称为会计（财务）部、处、科、股、组等。基层单位的会计机构，在单位行政领导人或总会计师的领导下开展会计工作。

《会计法》规定，会计机构内部应当建立稽核制度和内部牵制制度。

稽核是稽查与复核的简称。会计稽核是会计机构本身对会计核算工作进行的一种自我检查或审核工作。建立会计机构内部稽核制度，目的在于防止会计核算工作上的差错和有关人员的舞弊。

内部牵制制度，也称钱账分管制度，是指凡涉及款项和财物收付、结算及登记的任何一项工作，必须由两人或两人以上分工办理，以起到相互制约作用的一种工作制度。实行内部牵制制度，主要是为了加强会计人员之间的相互制约、相互监督、相互核对，提高会计核算工作质量，防止会计实务处理中发生失误和差错，以及经济活动中营私舞弊行为的发生。

在一些规模小、会计业务简单的单位，可以不设置会计机构。根据《会计法》的规定，不单独设置会计机构的单位，应当在有关机构中设置会计人员并指定会计负责组织管理会计事务、行使会计机构负责人的职权。

不具备设置会计机构和会计人员条件的单位，应当委托经批准设立从事会计代理记账业务的中介机构代理记账。

二、会计机构的类别

从会计机构的具体职能来看，我国的会计机构分为两大类：一类是中央和地方政府设立的主管会计工作的机构，如各级财政部门设置的会计事务管理机构；另一类是各单位单独设立的财务会计机构，如企业单位设置的财务会计处、科、股等。

中央政府财政部门设置的会计管理机构（财政部会计司）负责全国会计工作的宏观管理工作，体现的是政府管理职能。各省、直辖市、自治区的各级地方政府设置的会计管理机构（如省财政厅会计处、市财政局会计科等），负责管理本地区的会计工作，体现的也是政府管理职能。

企业、事业等单位设置的会计机构，负责本单位会计业务的处理和其他会计管理工作。由于会计管理与生产、销售、质量等管理活动同是整个企业管理的基本内容，因此，企业的会计工作管理体现的是企业单位的内部管理职能。

中央各部、委和地方各厅、局设置的管理本系统范围会计工作的机构（如中央各部设置的财务会计司，各省厅、局设置的财务会计处等），实际上担负着双重任务，既要负责本系统的会计业务处理工作（如会计业务处理、会计报表汇总与分析等），又要负责本系统会计行政事务的管理工作。随着我国市场经济体制的确立与完善以及政府宏观调控机制的真正形成，此类会计工作机构的内容、方式都将发生重大变革（如有些部、委的财务会计司已经与其他机构合并成立"经济调节司"等）。

三、会计机构的任务

国务院财政部会计司，是我国会计工作的最高领导和管理机构。其主要职责是：负责组织和实施各项全国性的会计法令、规章、制度；审查各地区、各部门拟定的会计管理办法；检查全国的会计工作情况，总结交流会计工作经验，研究、拟定改进会计工作的措施；管理、监督注册会计师及注册会计师事务所的业务；制定全国会计人员培训规划，推动和协调各地区、部门做好会计人员培训工作；管理全国会计人员技术职称的资格考试与聘任工作等。各省、直辖市、自治区财政厅、局设置的会计处，作为主管本地区会计工作的办事机构。

我国的企业、事业单位中，由于会计工作与财务工作关系非常密切，通常把两者合并在一起，设置一个财务会计机构，统一办理财务和会计工作。其主要任务是：对日常经济业务进行会计核算；利用各种会计资料对企业经济活动进行分析、评价；为企业管理层提供有利于其改进经营管理工作的经济信息；按有关法律、法规要求提供对外财务报告；制订财务成本的预算或计划，负责企业资金的筹措、使用与分配；直接参与企业有关重大问题的决策等。在企业单位会计机构内部，尚可根据具体情况建立会计岗位责任制，如许多企业在财务会计处内设置材料组、工资组、成本组、出纳组和综合组等，由每个职能组负责一个特定方面的会计核算与管理工作。

第三节　会计人员

会计人员是指直接从事会计工作的人员，各企业、事业、行政机关等单位，都应根据实际需要和相关法规的规定，配备一定数量的会计人员。

一、会计人员的权限

会计人员的权限是指国家相关法规赋予会计人员的工作权力。我国会计人员的权限主要包括以下内容：

① 有权要求本单位有关部门、人员认真执行国家批准的计划、预算，遵守国家法规及财经纪律和财务会计制度。

② 有权参与本单位编制计划、制定定额、签订经济合同等工作；参加有关的生产、经营管理会议。

③ 有权提出有关财务开支和经济效益方面的问题和建议。单位领导人和有关部门对会计人员提出有关问题和建议，要认真考虑，对合理的意见要加以采纳。

④ 有权监督、检查本单位有关部门的财务收支、资金使用和财产保管、收发、计算、检查等情况。

会计人员的工作权限是国家有关法规所赋予的，各级领导和有关人员要支持会计人员正确地行使其工作权限。本单位领导人、上级机关和执法部门对会计人员反映的有关损害国家利益、违反财经纪律等问题，要认真及时地调查处理。如果会计人员反映的情况属实，单位领导人或上级机关不及时采取措施加以纠正，则由领导人和上级机关负责。如果有人对会计人员坚持原则、反映情况进行刁难、阻挠或打击报复，上级机关要查明情况，严肃处理。情节严重的，要给以党纪国法制裁。

二、会计人员的主要职责

会计人员的职责是指国家相关法规对会计人员所提出的及时提供真实可靠的会计信息、认真贯彻执行和维护国家财经制度和财经纪律、积极参与经营管理、提高经济效益等的职责要求。根据《会计法》和《规范》的相关要求，会计人员的职责如下所述。

（一）进行会计核算

会计核算是会计人员最基本的职责。会计人员要以实际发生的经济业务为依据，记账、算账和报账；在会计业务处理过程中，做到手续完备，内容真实，数字准确，账目清楚，日清月结，按期报账；如实反映财务状况、经营成果和财务收支情况，满足国家宏观经济管理的需要，满足企业加强内部经营管理和有关各方了解本单位财务状况、经营成果和财务收支情况的需要。

(二) 实行会计监督

各单位的会计机构、会计人员依法对本单位实行会计监督。会计人员对不真实、不合法的原始凭证，不予受理，并向单位负责人报告；对记载不准确、不完整的原始凭证，予以退回，并要求按规定予以更正补充；发现账簿记录与实物、款项不符的时候，应当按照有关规定进行处理；无权自行处理的，应当立即向本单位行政领导人报告，请示查明原因，作出处理；对违反国家统一的财政制度、财务制度规定的收支，不予办理；各单位必须接受审计机关、财政机关和税务机关依照法律和国家有关规定进行的监督，如实提供会计凭证、会计账簿、会计报表和其他会计资料及有关情况，不得拒绝、隐匿、谎报。

(三) 拟订本单位办理会计事务的具体办法

会计人员应根据国家颁布的会计法规，结合本单位的实际，建立规范本单位会计工作的会计人员岗位责任制、内部牵制和稽核制度、费用报销等会计事项管理办法。

(四) 参与拟订经济计划、考核、分析预算、财务计划的执行情况

会计人员通过会计核算和会计监督，可以检查各项收支预算或财务计划的执行情况，以有利于提高所编制的财务计划的可行性，充分发挥会计人员为企业经营管理出谋划策的参谋作用。

(五) 办理其他会计事务

随着经济的发展，会计在社会经济管理中发挥着越来越重要的作用，会计事务也日益丰富多样，例如，实行责任会计、经营决策会计、电算化会计等。会计人员应适应时代的要求，守职尽责，努力做好会计核算、会计监督、会计分析、会计检查等多方面的会计工作，不断提高会计为经营管理服务的质量。

三、会计人员的专业技术职称和任职要求

(一) 会计人员专业技术职称

企、事业单位和行政机关的会计人员，依据学历、从事财务会计工作年限、业务水平和工作成绩，通过专业职务资格考试，可确定相应的专业技术职称。目前会计专业职务有：初级会计师、中级会计师、高级会计师。其中，会计员和助理会计师为初级会计职称，会计师为中级职称，高级会计师为高级职称。

会计员要求初步掌握财务会计知识技能，熟悉并能遵照执行有关会计法规和财务会计制度，能担负一个岗位的财务会计工作，大学专科或中等专业学校毕业，在财务会计工作岗位上见习1年期满，并通过会计员专业技术职务资格考试。会计员的基本职责是：负责具体审核和办理财务收支，编制记账凭证，登记会计账簿，编制会计报表和办理其他会计事务。

助理会计师要求掌握一般的财务会计基础理论和专业知识，熟悉并能正确执行有关的财经方针、政策和财务会计法规、制度，能担负一个方面或某个重要岗位工作，取得了硕士学位或取得第二学位，或研究生班结业证书，具备履行助理会计师职责的能力；或本科毕业，在财务会计工作岗位上见习1年期满；或专科毕业并担任会计员职务2年以上；或中等专业学校毕业并担任会计员职务4年以上，并通过助理会计师专业技术职务资格考试。助理会计师的基本职责是：负责草拟一般的财务会计制度、规定、解释、解答财务会计法规、制度中的一般规定；分析、检查某一方面或某些项目的财务收支和预算的执行情况。

中级会计师要较系统地掌握财务会计基础理论和专业知识，掌握并能正确贯彻执行有关的财经方针、政策和财务会计法规、制度，具有一定的财务会计工作经验，能担负一个单位或管理一个地区、一个部门、一个系统某个方面的财务会计工作，取得博士学位，并具有履

行会计师职责的能力；取得硕士学位并担任助理会计师职务 2 年左右；取得了第二学位或研究生班结业证书，并担任助理会计师职务 2~3 年；本科或专科毕业并担任助理会计师职务 4 年以上，掌握一门外语，并通过会计师专业技术职务资格考试。会计师的基本职责是：负责草拟比较重要的财务会计制度、规定、办法；解释、解答财务会计法规、制度中的重要问题；分析、检查财务收支和预算的执行情况；培养初级会计人员。

高级会计师要较系统地掌握经济、财务会计理论和专业知识，具有较高的政策水平和丰富的财务会计工作经验，能担负一个地区、一个部门或一个系统的财务会计管理工作，取得博士学位，并担任会计师职务 2~3 年；取得硕士学位、第二学士或研究生班结业证书，或本科毕业并担任会计师职务 5 年以上，较熟练地掌握一门外语。高级会计师的基本职责是：负责草拟和解释、解答在一个地区、一个部门、一个系统或在全国施行的财务会计法规、制度、办法；组织和指导一个地区或一个部分、一个系统的经济核算和财务会计工作；培养中级以上会计人才。

（二）会计人员的任职要求

各单位应当根据会计业务需要配备持有会计证的会计人员。未取得会计证的人员，不得从事会计工作。担任单位会计机构负责人、会计主管人员除取得会计从业资格证书，对其思想道德、专业知识技能方面的要求外，还应当具备会计师以上专业技术职称，主管一个单位或者单位内一个重要方面的财务会计工作时间不少于 2 年。

会计法对会计从业资格证书的管理做了严格的规定：因有提供虚假财务会计报告、做假账、隐匿或者故意销毁会计凭证、会计账簿、财务会计报告，贪污、挪用公款、职务侵占等与会计职务有关的违法行为，被依法追究刑事责任的人员，不得取得或者重新取得会计从业资格证书。另外，违法违纪行为被吊销会计从业资格证书的人员，自被吊销会计从业资格证书之日起五年内，不得重新取得会计从业资格证书。

第四节　会计工作规范

会计具有技术属性和经济属性，会计的经济属性决定了会计所提供的经济信息必定会影响利益相关人的经济利益，从而影响到经济资源的有效配置，所以会计信息必须依据一定的标准或规范加以报告。同时，由于委托方极其分散而且远离企业，其对企业会计信息有着各种不尽相同的需求，若不对此做出明确统一的规范，其使用会计信息时就会存在诸多问题。此外，会计信息是由企业会计提供的，对外界缺乏应有的公信力，为此，有必要建立独立审计制度，对企业对外公开的会计报表的可信性作出鉴定。独立审计工作在评价各单位对外会计报告的质量时，需要一种统一规范的判断标准，因此，建立会计标准和规范就十分重要。我国会计工作的基本规范由《会计法》、会计准则和会计制度三部分组成。

一、会计法

在我国，制约会计工作的基本法规是《中华人民共和国会计法》（以下简称《会计法》）。该法于 1985 年 1 月 21 日由第六届全国人民代表大会常务委员会第九次会议决议通过，并于同年 5 月 1 日起施行，目的是加强会计工作，保障会计人员依法行使职权，发挥会计工作的作用。《会计法》对会计工作的主体、客体、方法、程序等做出了规定，明确财政部是我国会计工作的最高政府管理部门。1993 年和 1999 年先后对《会计法》进行了两次修订。

《会计法》是一项重要的经济法律，是会计工作的基本法，是制定其他一切会计法规、制度、办法、手续、程序等的法律依据，它涉及会计工作的各个方面，主要包括以下六方面。第一，总则部分。第二，规定了会计核算的内容和要求。第三，做出了公司、企业会计核算的特别规定。第四，规定了实行会计监督的原则。第五，会计机构的设置和会计人员的配备。第六，法律责任。

二、会计准则

《会计法》虽然规范了会计核算的内容和要求、会计监督的原则等内容，但根据《会计法》还难以具体规范会计人员的行为，必须依据《会计法》制定会计准则。会计准则是会计人员从事会计工作的规则和指南，按其使用单位的经营性质，可分为营利组织的会计准则和非营利组织的会计准则。2006年我国出台了新企业会计准则，包括1项基本准则、37项具体业务准则、1项新旧会计准则衔接准则，之后又颁发了会计准则应用指南，从而使中国会计准则基本上达到了国际会计通行标准水平，实现了我国会计准则同国际会计准则的趋同。在我国，会计准则由财政部会计准则委员会统一制定，并以财政部文件的形式公布。

三、会计制度

会计制度是指有关行业、企业、单位根据《会计法》和会计准则所制定的处理各类会计业务的具体规章、方法、程序等。会计制度一般包括总说明、会计科目名称和编号、会计科目使用说明、会计报表格式、会计报表编制说明、会计报表附注。根据本单位特点、管理要求和具体准则的规定设计会计制度，是现代会计人才所必备的一项专业技能。

第五节　会计职业道德

会计职业道德是指会计人员在从事会计工作过程中应该遵守的行为规范。总的来说，会计人员在会计工作中应当遵守职业道德，树立良好的职业品质、严谨的工作作风，严守工作纪律，努力提高工作效率和工作质量。

按照《会计基础工作规范》的规定，会计人员的职业道德主要包括以下几个方面。

一、爱岗敬业

会计人员应当热爱本职工作，努力钻研业务，使自己的知识和技能适应所从事工作的需要。

二、熟悉财经法规

会计人员应当熟悉财经法律、法规、规章和会计准则及会计制度，并结合会计工作进行广泛宣传。

三、依法办事

会计人员应当按照会计法律、法规和会计准则规定的程序与要求进行会计工作，保证所提供的会计信息合法、真实、准确、及时、完整。

四、实事求是、客观公正

会计人员办理会计事务应当实事求是、客观公正。

五、搞好服务

会计人员应当熟悉本单位的生产经营和业务管理情况，运用掌握的会计信息和会计方法，为改善单位内部管理、提高经济效益服务。

六、保守秘密

会计人员应当保守本单位的商业秘密。除法律规定和单位领导人同意外，不能私自向外界提供或者泄露单位的会计信息。

财政部门、业务主管部门和各单位应当定期检查会计人员遵守职业道德的情况，并作为会计人员晋升、晋级、聘任专业职务、表彰奖励的重要考核依据。会计人员违反职业道德的，由所在单位进行处罚；情节严重的，由会计发证机关吊销其会计证。

第六节　会　计　档　案

一、会计档案的概念和特点

会计档案，是指企事业单位和机关团体在经济管理和各项会计核算活动中直接形成的作为历史记录保存下来的会计凭证、会计账簿和会计报表等材料。它是记录和反映经济业务、财务收支状况及其结果的重要史料和证据，是国家全部档案的重要组成部分。

会计档案的特点是以数字为主要内容，客观记录，反映历史。会计档案有如下特点。

（一）专业性强

会计核算是会计特有的专门手段，从凭证、账簿到报表，有一整套科学的、完整的核算方法和核算程序，这种与一般档案不同的特殊内容、专门手段，使会计档案具有较强的专业性。

（二）会计档案面广量多

凡有经济、财务活动的地方，都有数量不等的会计档案。

（三）会计档案的共性突出

会计工作遍布社会的各个角落，但各个门类会计的基本核算方法是相同的，都会形成会计凭证、会计账簿、会计报表。

（四）会计档案是相互制约、密切联系的

在会计核算中，首先有会计凭证，然后依据会计凭证登记会计账簿，最后根据账簿编制会计报表。环环相扣，密切联系。

（五）会计档案形式特殊

会计凭证、账簿和报表都有特定的统一格式和项目，与一般文件不同，因此会计档案的装订、保管也有一定的特殊性。

二、会计档案管理的要求

各单位每年形成的会计档案，应当由会计机构按照归档要求，负责整理立卷，装订成册，编制会计档案保管清册。当年形成的会计档案，在会计年度终了后，可暂由会计机构保管一年，期满之后，应当由会计机构编制移交清册，移交本单位档案机构统一保管；未设立档案机构的，应当在会计机构内部指定专人保管。出纳人员不得兼管会计档案。移交本单位档案机构保管的会计档案，原则上应当保持原卷册的封装。个别需要拆封重新整理的，档案机构应当会同会计机构和经办人员共同拆封整理，以分清责任。

各单位保存的会计档案不得借出。如果有特殊需要，经本单位负责人批准，可以提供查阅或者复制，并办理登记手续。查阅或者复制会计档案的人员，严禁在会计档案上涂画、拆封和抽换。各单位应当建立健全会计档案查阅、复制登记制度。

会计档案的保管期限分为永久、定期两类。定期保管期限分为 3 年、5 年、10 年、15 年、25 年五类。会计档案的保管期限，从会计年度终了后的第一天算起。会计档案保管期限具体见表 13-1 所示。

表 13-1　企业和其他组织会计档案保管期限表

序　号	档案名称	保管期限	备　注
一	会计凭证类		
1	原始凭证	15 年	
2	记账凭证	15 年	
3	汇总凭证	15 年	
二	会计账簿类		
4	总账	15 年	包括日记账
5	明细账	15 年	
6	日记账	15 年	现金和银行存款日记账保管 25 年
7	固定资产卡片		固定资产报废清理后保管 5 年
8	辅助账簿	15 年	
三	财务报告类		包括各主管部门汇总财务报告
9	月、季度财务报告	3 年	包括文字分析
10	年度财务报告（决算）	永久	包括文字分析
四	其他类		
11	会计移交清册	15 年	
12	会计档案保管清册	永久	
13	会计档案销毁清册	永久	
14	银行余额调节表	5 年	
15	银行对账单	5 年	

保管期满的会计档案，可以按照以下程序销毁：①由本单位档案机构会同会计机构提出销毁意见，编制会计档案销毁清册，列明销毁会计档案的名称、卷号、册数、起止年度和档案编号、应保管期限、已保管期限、销毁时间等内容。②单位负责人在会计档案销毁清册上签署意见。③销毁会计档案时，应当由档案机构和会计机构共同派员监销。国家机关销毁会计档案时，应当由同级财政部门、审计部门派员参加监销。财政部门销毁会计档案时，应当由同级审计部门派员参加监销。④监销人在销毁会计档案前，应当按照会计档案销毁清册所列内容清点核对所要销毁的会计档案，销毁后，应当在会计档案销毁清册上签名盖章，并将监销情况报告本单位负责人。

但是，如下情形除外：①保管期满但未结清的债权债务原始凭证和涉及其他未了事项的原始凭证，不得销毁，应当单独抽出立卷，保管到未了事项完结时为止。单独抽出立卷的会计档案，应当在会计档案销毁清册和会计档案保管清册中列明。②在项目建设期间的建设单位，其保管期满的会计档案不得销毁。

采用电子计算机进行会计核算的单位，应当保存打印出的纸质会计档案。具备采用磁带、磁盘、光盘、微缩胶片等磁性介质保存会计档案条件的，由国务院业务主管部门统一规定，并报财政部、国家档案局备案。

单位因撤销、解散、破产或者其他原因而终止的，在终止和办理注销登记手续之前形成的会计档案，应当由终止单位的业务主管部门或财产所有者代管或移交有关档案馆代管，法律、行政法规另有规定的，从其规定。

单位分立后原单位存续的，其会计档案应当由分立后的存续方统一保管，其他方可查阅、复制与其业务相关的会计档案；单位分立后原单位解散的，其会计档案应当经各方协商后由其中一方代管或移交档案馆代管，各方可查阅、复制与其业务相关的会计档案。单位分立中未结清的会计事项所涉及的原始凭证，应当单独抽出由业务相关方保存，并按规定办理交接手续。

三、案例分析

某集团公司财务部拟组织本系统会计职业道德培训。为了使培训工作更具针对性，公司财会部就会计职业道德概念、会计职业道德与会计法律制度的关系、会计职业道德规范的内容、会计职业道德教育，以及组织实施等问题，分别与会计人员王晴、周雯、姚萍、范涛、陈进等5人进行了座谈。现就5人回答的主要观点摘录如下。

（1）关于会计职业道德概念问题，王晴认为，会计职业道德是会计人员在社会交往和公共生活中应当遵循的行为准则，涵盖了人与人、人与社会、人与自然之间的关系。

（2）关于会计职业道德与会计法律制度的关系问题，周雯认为，会计职业道德与会计法律制度两者在性质、实现形式上都一样。

要求：

从会计职业道德角度，分别分析判断王晴、周雯2人的观点是否正确？如不正确，请阐述正确的观点。

本章小结

会计是一个综合性的经济信息系统。系统中的各个组成部分相互协调、有条不紊地运行，是有效发挥会计在经济管理中的作用、顺利完成会计基本任务的前提。科学、合理地组织会计工作具有重要的意义。科学组织会计工作有利于保证会计工作的质量，提高会计工作的效率，可确保会计工作与其他经济管理工作协调一致，同时也可以确保国家财经法规的贯彻，以维护社会经济秩序。

会计法规是国家规定的有关会计业务必须遵守的法规、法律。

会计机构是从事和组织领导会计工作的职能部门。

会计人员的任职资格时会计人员业务素质的基本规定。对不同层次的会计人员的任职资格要求不同。

会计人员应注重职业道德和行为。会计职业道德内容包括：爱岗敬业、熟悉财经法规、依法办事、实事求是、客观公正、搞好服务、保守秘密。

会计应该严格按照相关规定做好会计档案的保管工作。

复 习 思 考

1. 单项选择题

（1）在一些规模小、财务收支数额不大、会计业务简单的单位，应（　　）。

A. 单独设置会计机构　　　　　　　　B. 在有关机构中配备专职或兼职会计人员

C. 不设专职的会计人员　　　　　　　D. 在单位领导机构中设置会计人员

（2）经济业务多、财务收支量大的单位，应（　　　），以保证会计工作的效率和会计信息的质量。

A. 单独设置会计机构　　　　　　　　B. 在有关机构中配备专职或兼职会计人员

C. 不设专职的会计人员　　　　　　　D. 在单位领导机构中设置会计人员

（3）有关货币资金的内部牵制原则，是出纳人员（　　　）。

A. 不得兼管总账的登记　　　　　　　B. 应兼管现金总账的登记

C. 应负责会计档案的保管　　　　　　D. 应负责债权债务账目的总分类核算

（4）担任单位会计机构负责人除取得会计从业资格证书外，还应具备（　　　）以上专业技术职务资格或从事会计工作 3 年以上经历。

A. 会计员　　　　　　　　　　　　　B. 助理会计师

C. 会计师　　　　　　　　　　　　　D. 高级会计师

（5）下列资料属于会计档案的是（　　　）。

A. 年度预算　　　　　　　　　　　　B. 年度计划

C. 会计凭证　　　　　　　　　　　　D. 财务制度

（6）查阅会计档案时，档案原件（　　　）。

A. 可以借出

B. 一律不得查阅

C. 办理借阅手续后可以借出还应当具备

D. 报主管单位批准，办理借阅手续后可以借出并在指定地点查阅

（7）企业年度会计报表的保管期限为（　　　）。

A. 5 年　　　　　　　　　　　　　　B. 15 年

C. 25 年　　　　　　　　　　　　　　D. 永久

（8）关于会计部门内部的岗位责任制，下列说法中错误的有（　　　）。

A. 可以一人一岗、一人多岗或者多人一岗

B. 必须贯彻内部牵制原则，或表述为钱、账、物分管制度

C. 会计人员只要有责任心，可以兼管钱、账、物

D. 会计人员的工作岗位应当有计划地进行转换

（9）会计准则规定了（　　　）。

A. 账簿组织体系　　　　　　　　　　B. 填制和审核凭证的方法

C. 会计核算内容与科目　　　　　　　D. 组织会计核算的基本规范

（10）会计准则分为（　　　）两个层次。

A. 宏观准则和微观准则　　　　　　　B. 企业会计准则和预算会计准则

C. 基本准则和具体准则　　　　　　　D. 会计准则和财务通则

2. 多项选择题

（1）一般而言，一个单位是否单独设置会计机构，往往取决于（　　　）。

A. 单位规模的大小　　　　B. 经济业务的繁简　　　　C. 财务收支的繁简

D. 经营管理的要求　　　　E. 领导的意图

（2）会计机构内部应当建立稽核制度。出纳人员不得兼管（　　　）。

A. 稽核　　　　　　　　　B. 会计档案保管　　　　　C. 收入、费用账目的登记

D. 总账的登记　　　　　　E. 债权债务账目的登记工作。

（3）会计工作的国家监督也是一种外部监督，参与政府监督的有关部门有（　　　）。

A. 财政　　　　　　　　B. 审计　　　　　　　　C. 人民银行

D. 证券监管和保险监管　E. 税务

（4）我国会计法规制度体系由（　　　）。

A. 会计法　　　　　　　B. 会计准则　　　　　　C. 会计制度

D. 会计报表　　　　　　E. 会计方法

（5）定期保存的会计档案的保管期限有（　　　）。

A. 会计凭证　　　　　　B. 会计账簿　　　　　　C. 会计报表

D. 会计方法　　　　　　E. 会计准则

3. 判断题

（1）会计工作独立于其他经济管理工作，但同其他经济管理工作不存在密切联系。（　　　）

（2）组织会计工作应遵循的要求是指组织工作时必须遵循的原则和信条。（　　　）

（3）会计机构是间接从事和组织领导会计工作、办理会计事务的职能机构。（　　　）

（4）单位内部计量验收包括：计量检测手段和方法，计量验收管理要求和计量验收人员的责任和奖励办法。（　　　）

（5）《会计基础工作规范》强调各单位应建立、健全内部稽核制度。（　　　）

（6）会计人员有权参与拟定本单位的经济计划和业务计划，如生产、供销、新产品试制、基本建设、固定资产更新改造、大修理等计划。（　　　）

（7）现行会计法于 1999 年 10 月 31 日由人大常委会第十二次会议修订通过，自 2000 年 7 月 1 日起施行。（　　　）

（8）中、高级会计人员继续教育时间不少于 72 小时，初级人员继续教育时间不少于 68 小时。（　　　）

（9）采用会计电算化后，会计人员只需对原始凭证进行审核和录入，其余工作由电子计算机来自动完成。（　　　）

（10）保管期满的会计档案可以按照程序销毁。（　　　）

4. 思考题

（1）组织会计工作的意义和要求有哪些？

（2）国家对会计机构的设置有何要求？会计人员的职责有哪些？

（3）我国的会计法规体系主要包括哪些内容？

（4）何谓会计档案？

参 考 文 献

[1] 单惟婷. 基础会计学. 北京：中国金融出版社，2007.

[2] 陈炳辉. 会计学原理教程. 北京：中国金融出版社，2007.

[3] 范抒，陈园，吕智杰. 基础会计学. 沈阳：东北大学出版社，2002.

[4] 何伟胜，关玉红，何显威. 基础会计习题集. 沈阳：东北大学出版社，2004.

[5] 会计从业资格考试辅导教材编审组编. 财经法规与会计职业道德. 北京：经济科学出版社，2005.

[6] 全国会计专业技术资格考试领导小组化验室编. 高级会计实务科目考试大纲. 北京：经济科学出版社，2005.

[7] 郭惠云. 基础会计. 大连：东北财经大学出版社，2005.

[8] 陈国辉. 基础会计. 大连：东北财经大学出版社，2007.

[9] 会计从业资格考试辅导教材编审组编. 会计从业资格考试辅导教材丛书. 初级会计电算化及应试指南. 北京：经济科学出版社，2005.

[10] 王敏，吕玉芹. 基础会计. 北京：经济科学出版社，2001.

[11] 中华人民共和国财政部制定. 企业会计准则（2006）. 北京：经济科学出版社，2006.

[12] 本指南导读组编. 企业会计准则——应用指南（2006）. 北京：中国经济出版社，2006.

[13] 财政部会计资格评价中心. 初级会计实务. 北京：中国财政经济出版社，2007.

[14] 李海波. 会计学原理. 上海：立信会计图书用品社，1990.

[15] 刘峰，潘琰，林斌. 会计学基础：第二版. 北京：高等教育出版社，2006.

[16] 王允平，孙丽红. 会计学基础. 北京：经济科学出版社，2004.

[17] 于玉林，王建忠. 会计原理. 北京：经济科学出版社，2003.

[18] 王觉. 基础会计. 大连：东北财经大学出版社，2006.